本书获得云南省李小云专家工作站（202305AF150133）、中国农业大学2115人才工程、腾讯为村乡村建设计划（202107211811086）的资助

乡村振兴的维度

李小云 著

生活·讀書·新知 三联书店

Copyright © 2024 by SDX Joint Publishing Company.
All Rights Reserved.

本作品版权由生活·读书·新知三联书店所有。
未经许可，不得翻印。

图书在版编目（CIP）数据

乡村振兴的维度 / 李小云著. —北京：生活·读书·新知三联书店，2024.2（2024.7重印）
ISBN 978-7-108-07724-0

Ⅰ.①乡…　Ⅱ.①李…　Ⅲ.①农村－社会主义建设－研究－中国　Ⅳ.① F320.3

中国国家版本馆 CIP 数据核字 (2023) 第 177016 号

责任编辑	唐明星
装帧设计	赵　欣　康　健
责任校对	张　睿
责任印制	董　欢

出版发行　生活·讀書·新知三联书店
　　　　　（北京市东城区美术馆东街 22 号 100010）

网　　址	www.sdxjpc.com
经　　销	新华书店
印　　刷	河北松源印刷有限公司
版　　次	2024 年 2 月北京第 1 版 2024 年 7 月北京第 2 次印刷
开　　本	635 毫米 × 965 毫米　1/16　印张 20
字　　数	255 千字　图 24 幅
印　　数	6,001－9,000 册
定　　价	69.00 元

（印装查询：01064002715；邮购查询：01084010542）

云中苗寨建设完成后的全景图(摄于2023年6月)

李小云在河边村

2020年7月,李小云在河边村指导村中妇女熨烫客房中的枕套

2020年7月,李小云在麦地冲村与村长协商村庄规划。这是李小云正在自己的笔记本上给村长展示他的想法

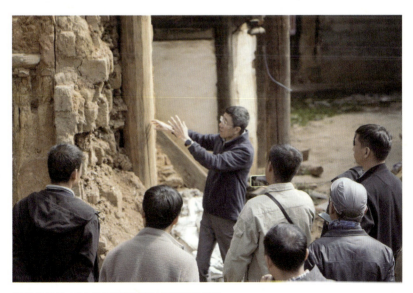

2020年10月,李小云在雁塔村指导村民建设的细节

河边村第一栋公益共享公寓的客厅（摄于2021年6月）

2022年1月，李小云在石水井村和村支书讨论村庄景观建设用材

2022年8月,李小云在萝卜山村和村里的"乡村CEO"一起交流村庄发展情况

2023年2月,李小云在河边村与村民讨论客房升级改造时与村民的合影

2023年2月,李小云在河边村与学生一起整理道路旁散落的木材。这是正在和学生一起搬运木头的李小云

2023年2月,李小云在小龙潭村与"乡村CEO"和村民交流日常生活生计情况

2023年8月,李小云在上海参加"中国农大–腾讯为村乡村CEO计划"(二期)组装式集训。这是李小云在为学员们做授课分享

雁塔村村内吸引入驻的商户开设餐厅"花巷小厨"

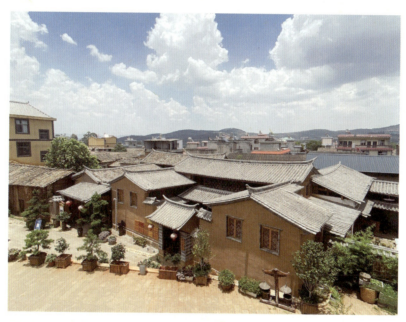

雁塔村改造后的村景,仍然维持了古村原先的基本样貌,保留了不同时期的建筑遗迹

雁塔村炮仗花巷,村民在改造时将这条巷道都种上了炮仗花

雁塔村炮仗花巷标识牌,标识牌上方是李小云手绘的雁塔花巷

雁塔村原先的董家老宅修旧如旧,吸引商户入驻,成为集文创、研学、茶饮于一体的"有花小院"

雁塔村在保留原装的修缮过后,将空置的房屋打造成各有特色的小型商业空间,汇集在"古村商业街"中

雁塔村在修缮过后引入的新业态"面包坊"

云中苗寨,村里原先一个废弃的猪圈被改造成了咖啡店,成了昭通的网红打卡地

云中苗寨的村口立着"中国农业大学·昭通市脱贫致富示范区先导工程"的牌子

云中苗寨花山节开幕仪式(摄于2023年6月)

云中苗寨咖啡店柜台里,穿着民族服装的村民正在为游客制作咖啡

云中苗寨咖啡店内景
(摄于2022年7月)

目 录

自 序　1

第一章　脱贫衔接振兴　1
　　脱贫攻坚有何创新？　3
　　脱贫之后仍有贫困　7
　　稳固脱贫挑战何在？　12
　　脱贫与振兴如何衔接？　17
　　河边村的脱贫稳固吗？　21

第二章　新乡村的时代　26
　　"三农"问题的转向　27
　　"离土"、"守土"与"归土"　31
　　乡村振兴的"三个困境"　35
　　新乡村主义思潮　37
　　乡村的困惑　47
　　如何推进乡村振兴？　52
　　乡村振兴不能单独从乡村中寻找答案　56
　　乡村振兴需要城市　62
　　乡村振兴与"乡村正确"　65
　　乡村是"净土"？　68

第三章　乡村的建设　73

从建设城市到建设乡村　74

乡村建设为何政府建，农民看？　79

乡村建设如何"规划"？　83

乡村也要有美学　88

雁塔村如何建？　91

"没有规划"的乡村建设　94

我为什么喜欢在村里盖房子？　97

厕所为何要革命？　101

合村并居错在哪里？　106

第四章　小农的发展　111

何为小农？　113

小农生产的强制性　116

腊东萝卜的故事　120

李早琴的核桃油　123

帮东村的"无人农场"　128

新电商如何助农？　130

社区电商助小农户对接大市场　134

"地主"缘何成"雇农"？　137

种粮也能致富？　142

麦地冲村村民分红了　145

第五章　经营乡村　150

昆明实验做什么？　151

乡村闲置资产如何激活？　156

雁塔村的新业态　160

麦地冲村的烤烟房　164

矣美堵村的资源变产业　168

大苗寨的咖啡店　172

　　　　石水井村的"圣托里尼"　175
　　　　河边村的"公益共享公寓"　179
　　　　季官村的集体为何富裕？　181

第六章　集体经济和"乡村CEO"　186
　　　　乡村组织的发展功能　187
　　　　集体经济怎么搞？　190
　　　　合作社为何步履艰难？　194
　　　　何家岩村的"共富"如何搞？　198
　　　　为何要培养"乡村CEO"？　202
　　　　乡村需要自己的CEO　206
　　　　"乡村CEO"的尴尬　209
　　　　"稻香小镇"里的"乡村CEO"　214

第七章　他山之石　219
　　　　如何认识农业和乡村的发展？　221
　　　　英国农业转型的历史景观　224
　　　　人少地多的美国农业　231
　　　　人多地少的日本农业　235
　　　　复杂的印度农业　239

附　录　244
　　　　乡村贫困的共性是"现代性缺失"　244
　　　　乡村振兴战略是脱贫攻坚的升级版　249
　　　　通过乡村振兴解决相对贫困问题　251
　　　　应警惕乡村振兴成为乡建运动竞赛　255
　　　　乡村振兴核心在城乡融合　261
　　　　乡村振兴，靠什么来吸引人才？　272
　　　　培养"乡村CEO"，不再是天真浪漫的想法　275
　　　　把城市的动能带到乡村　283

自 序

我出生在陕西北部的定边县,小的时候和姥姥一起生活,九岁才去和父母团聚,算是一个留守儿童。在我童年的印象中,乡村是丰衣足食的。那个时候城里人的生活靠国家供应,吃的东西并不丰富。陕北的乡村虽然靠天吃饭,但是地很多,每家的自留地也很多,一旦雨水好,他们的谷子、荞麦、马铃薯一年的收获可以吃两年。暑期的时候,姥姥会把我送到乡村的亲戚家里。夏季的黄土高原景色非常美,我印象里的那一群一群羊、马、驴和骡子,让我每到假期都想去。这一经历或许真的影响了我今天的乡村工作。

1977年7月,我高中毕业,当时只有15岁,不到上山下乡的年龄,所以就到我毕业的中学宁夏吴忠中学(原东方红中学)的校办工厂做临时工。那个时候我的梦想是当一名艺术家,所以我房间的墙上贴满了自己画的画。就在那个时候,国家决定恢复高考。当时我年龄很小,对于大学没有任何认识。大院里早几年高中毕业到农村插队的很多年轻人都从乡下回来参加高考复习,我依然在练习画画。我当时一心想考到西安美术学院,我最崇拜的画家是西安美术学院的刘文西教授,崇拜他画的那些陕北农民人物画,因为他画的人物和我在乡村里见到的那些人一模一样。当时的我并没有意识到我儿时的爱好会在今天乡村建设的舞台上派上用场。有一天,父亲走进我房间,看着我满墙的素描速写,说美术学院在一个省就招那么几个人,那么多人都在画画,言下之意他觉得我考不上。我高中的几位同学也想办法说服我和他们一起参加高考,他们说,画画不能救国,科学可以救国。我觉得他们这句话说服了我。我们这代人，从小学开始接受爱国主义、共产主义、集体主义的教育，我们最熟悉的是毛主席的"老三篇"，在思想深处都接受了为国家、为人民服务的理念。就这样，我放弃了报考美术学院的想法，抱着科学救国的情怀走进了恢复高考第一年的考场。

恢复高考第一年只考四门课，语文、数学、政治、理化。那个时候插队的知识青年、在工厂工作的年轻人，很多都是老三届，除个别人成了工农兵大学生以外，大部分人都没有机会上大学。我记得1977年的那场高考，是我所在的那个城市的一件大事，几乎家家户户都在谈论。高考结束以后，我们被告知，需要从当地广播电台公布的结果中了解自己的高考情况。我记得是在一个傍晚，很多人围着一根电线杆，上面装着一个喇叭，广播员在播高考的成绩，我很快就听到了自己的名字，也就是说我的成绩上线了。当年宁夏的录取分数线为190多分，我考了246分。1977年，我所在的中学应届高中毕业四个班中只有三个人上了录取线。那年的高考题虽然是最简单的，但是因为"十年动乱"严重干扰了正常的教学，像我这样的学生，数学、物理、化学都没有系统地学完，也没有系统学习过历史，对于西方的历史更是一无所知，语文的功底也很差，尤其对古文了解甚少，到现在都经常念错字。和现在的学生相比，我真的算是一个"文盲"，很多的知识都是后来读大学逐渐补上的，所以有时候大家说我是一个知名的专家，我自己觉得很惭愧。我脑子里的专家是那些知识渊博的前辈，感觉像我这样没有受到很好基础教育的人，作为学者，真是"才不配位"。

那个时候大家对于考大学都没什么概念，我觉得自己化学学得好，老师说大连工学院（今天的大连理工大学）化学专业很好，所以我就报考了大连工学院。到了录取的时候，很多人都陆续收到了入学通知书，我一直都没有收到。眼看录取工作快要结束了，我还是没有收到录取通知书，我父亲找到招生办公室才发现我被很多大学退档了，原因是"政审"不过关。招生办的人告诉我父亲，现在只能去宁夏农学院（现宁夏大学）。那个时候大家最怕的是政策变，如果政策变了我就得去插队，所以如果能够上大学，将来就会有工作。就这样，我父亲做主，我就进了宁夏农学院，自此与农结缘。

到了大学，第一学期学的都是基础课，我还能够接受。但第二学期以后，开始陆续接触生命科学和农业的课程。这些课程和我上中学时所接触到的知识几乎没有关联，也不是我想学的内容，所以假期回到家，我提出要退学。父亲当然不同意我退学，他找了当时学校的领导，做我的思想工作。我记得当时有一位教土壤学的老师，他说服了我不退学。很多年之后他做了地方的领导，在北京见面时，还说起当年做我思想工作的事。现在很多人都说我对乡村、农业和农民有感情，坦率地说，如果说有这份感情，那也是逐渐培养出来的。

我大学同宿舍里有两位老三届的同学，他们在大学二年级的时候就开始讨论考研究生。我不懂什么是研究生，宿舍里的那位杭州知青同学告诉我，研究生就是大学毕业以后继续搞研究，他给我介绍他要报考的中国科学院上海植物生理研究所研究光合作用的王天铎老师。也在同一时期，有一位教遗传学的老师，还有一位教昆虫学的老师，都考上了研究生。大学四年级，指导我实习的黄敬芳教授也鼓励我考研究生，他推荐我报考北京农业大学（现中国农业大学）。就这样，我从边远的宁夏来到了北京。我虽然读的是农学专业，但在研究生阶段所做的研究基本上属于作物学的基础理论研究，对乡村、农业和农民了解并不多。

我对乡村、农业和农民的了解，得益于我的导师郑丕尧教授。郑丕尧教授是当时北京市玉米生产顾问团的团长，他每年都要带着专家定期去北京郊区考察指导玉米生产，每次去的时候他都带着我，我这才开始慢慢地了解农业生产的问题。那个时候北京郊区延庆、密云、平谷的山区种旱地玉米，而昌平、顺义的平原区则主要是小麦玉米套种。我在攻读硕士和博士研究生期间，经常跟随我的导师考察北京郊区的玉米生产,实地观察,听专家们讨论,耳濡目染了解了玉米种植密度、施肥等各方面的实践知识。前不久,媒体以"我们在非洲种玉米"和"我们在非洲种大豆"为题报道了我们这些年在非洲从事援助工作的情况,很多人还问我是在哪里学会种玉米、种大豆的。这些知识一方面是我的专业知识,另一方面是我跟着导师学习到的,同时我自己在中国医学科学院药用植物研究院的试验地种了两亩地的玉米。从播种、施肥到收获,都是我带着研究助理一起做,也算当过两年真正意义上的"农民"。

我在读硕士期间和很多同学一样,梦想着出国,那个时候只要托福过关,给美国的教授写一封信,基本就能拿到奖学金。所以考托福和每天在图书馆里的杂志上找自己研究领域的国外教授并给他们写信,是我们那代人联系出国的重要路径。我是研究玉米生理学的,联系到了美国艾奥瓦州州立大学的一位教授,他是研究玉米生理学的权威。我当时给他写了信,大约一个多月后收到了他的回信,他说非常欢迎我到他那里读博士,他希望我做完硕士论文,把硕士论文的摘要寄给他看,大概是要审核一下我的研究能力。由于一些原因,我没有赴美留学,在农大继续读博。我于1987年毕业,成为中国第一位作物栽培学博士。自此以后,我彻底放弃了成为艺术家的梦想,打算以后成为一名农业科学家。但是,一个偶然的机会又一次改变了我的职业生涯。

20世纪80年代是中国改革开放的高潮阶段,农村改革家喻户晓,大家都知道中央书记处农村政策研究室,都知道杜润生先生。1987年,我博士毕业,本应该留校成为一名教师,但是组织分配我到中央书记处原农村政策研究室一组,从事生产力政策研究。那个时候研究室里有很多年轻的研究人员,他们中很多人后来都成了领导和知名的专家。我是学习农业技术的,对农业略有了解,但对农村政策完全陌生,所以我在研究室里一直都是一个"学生"。我开始了解什么是农村政策,了解农村政策制定的过程,也了解了针对农业、农村、农民的各种政策的观点，认识了各方面的领导和专家。以前在学校里听老师讲农业现代化、粮食安全，到了研究室才真正知道了什么是粮食安全和农业现代化。我在研究室工作的时间不算很长，但是这段经历算是把我真正领到了乡村研究的道路上，也培养了我后来工作中一直呈现的"政府情结"和"政策情结"。

1989年，我调回北京农业大学工作。当时的校长石元春教授希望我在学校负责中国和联邦德国的一个合作项目，同时能够负责组织农大在黄淮海的农业开发。我原来参与过中央和国务院关于农业开发的一些文件的起草，但是对于如何实践农业开发一窍不通。按照学校和河北省签署的协议，学校在邯郸、沧州、衡水地区建立农业开发的试验区。学校组建了一个黄淮海开发的推广队伍，是一支由十多位中青年组成的专业团队，我就带着这批人到了河北邯郸、沧州、衡水等地的乡村。那个时候我们都是住在村里，做种植玉米、小麦与养牛、养鸡等方面的技术示范，每天都和乡镇干部、村民们在一起工作。当时工作的重点是把学校的各种实用技术组装配套起来，然后通过试验示范的方式在农村推广。这样的经历让我从一个政策研究者又走向了乡村的实践者。

1991年，我到德国学习进修，第一段学习的经历是在德国发展基金会参加一个农业系统的短期培训班。结束以后，我到德国霍恩海姆大学，原计划是学习农村社会学和农业推广。临出国前，自学了一段时间的德语，到了德国以后，发现完全不能参与到正常的课程中。我的德国同事就建议我到荷兰参加一个英语的课程研究班学习。这个课程班专门培训发展中国家的青年专家，培训的内容主要是农业和乡村发展，我比较系统地接触到了参与式发展、农民需求为导向、小农生产系统等概念。

我在欧洲不仅仅学习到了一些西方发展的理论知识和实践经验，更重要的是，我深切地体验到了什么是现代化。德国、荷兰的农业机械化、合作社、乡村的基础设施、农民的生活以及乡村的建设等，都给我留下了深刻的印象。我这几年的乡村建设实践深受当年在欧洲学习的影响。

回国以后，我虽然也从事乡村工作，但是大部分的时间都在为各种类型的国际组织服务。这些工作虽然也是在乡村，但多数都是在按照国际组织的框架做乡村发展的项目，从今天的视角看，这些工作很多都脱离了中国的乡村实际。2015年，我算是真正地回到了中国的乡村大地。云南省勐腊县河边村的几年，把我从"专家"变成了乡村的"学生"。河边村之后，我在湖北的恩施，帮助新湖集团和恩施市建设了枫香河村。这几年我和同事们又在昆明市、临沧市、怒江州、昭通市、曲靖市开展乡村建设工作。我从一个不懂事的少年跨入农业大学，其间虽然也经历了反复的变化，但不仅没有脱离"农"，反倒越粘越紧。今年我已经62岁，从心理上真正觉得自己的生命属于乡村。

这几年，我写了一些涉及扶贫、乡村实践、公益和对外援助工作的随笔和评论，我把这些随笔和评论都做了分类，先后整理出版了《发展援助的未来》《贫困的终结》《公益的元问题》三本书。我在这三本书里都讲了，这些书不是系统性的理论研究，也不是系统性的工作总结，而是这几年间的思考和随笔。最近我利用疫情防控居家的时间，把涉及乡村的随笔、建议、评论、媒体的采访等汇总在一起。这些随笔、建议和评论等都是在不同的时间、不同的场合通过不同的形式表达的一些我对乡村问题的体会和观点，很多也是我在乡村的实践经历，我的学生林晓莉、杨程雪、吴一凡、郑添禄、马阳帮我进行了整理，形成了这本书，在此感谢这些同学的辛勤工作。还要强调的是，这些观点出自不同时期，前后逻辑并非一致，而且在内容上还会有重复，甚至存在前后矛盾。我没有做太多的修改，算是给大家一个我思想认识过程的真实呈现。在此感谢我的同事和学生对这本书出版的支持，特别感谢三联书店和本书责任编辑对此书所提供的有价值的建议和支持。

第一章　脱贫衔接振兴

2017年，我写过一篇关于2020年之后贫困问题的文章，主要观点是即便到2020年年底全面实现消除农村绝对贫困的目标以后，贫困也不会消失。这篇文章的观点很快引起了高层的关注，从而影响了其后针对2020年以后如何应对贫困问题的相关政策研究。2018年之后，关于2020年之后贫困问题的讨论主要涉及三个方面。第一，如何定义绝对贫困之后的新的贫困问题。2020年消除农村绝对贫困以后，贫困还会以相对贫困的形式存在。这一观点是大家的共识。但是从政策和宣传的角度讲，在消除绝对贫困之后，仍然讲贫困继续存在，大家不太好接受。大家会说，既然贫困都消除了，怎么还会有贫困？因为从大众的角度很难区分绝对贫困和相对贫困这些概念。因此，如何定义2020年之后的贫困问题在说法上是有些困难的。现在，从政策的角度，不讲贫困了，也不讲贫困地区了，正式说法是脱贫摘帽地区。第二，大家都认为脱贫攻坚之后贫困问题还会以不同的形式存在，因此针对贫困地区和贫困群体的政策，在一段时间里还是要继续坚持。但是，因为2020年已经消除了农村绝对贫困，就不能再说扶贫项目了，所以我们现在是说稳固脱贫攻坚的成果。第三，扶贫与乡村发展之间的关系。由于我们的扶贫工作主要在乡村，扶贫的对象是贫困农户，所以扶贫的主要措施都是属于农业发展和乡村发展类的手段。从本质上讲，脱贫攻坚就是乡村发展的一个组成部分。所以，当脱贫攻坚结束以后，稳固脱贫攻坚成果的工作实际上就是乡村振兴的工作，这是顺理成章的。

在讨论相关政策时有人曾经问我，脱贫攻坚和乡村振兴是什么关系？我提出了2020年之后需要考虑脱贫攻坚与乡村振兴有机衔接的问题。之所以讲有机衔接，原因有：首先，扶贫工作和乡村发展工作分处不同的部门，未来从行政上需要一个有机的衔接。其次，以往的扶贫开发项目与乡村发展项目虽然本质上都是乡村发展，但实质上存在目标和管理方式上的差异，未来在没有绝对贫困问题的前提下，二者应该融为一体。最后，不管如何定义2020年之后的贫困，客观性的相对贫困问题还会存在。因为地区差异、城乡差异、贫富差异都存在，所以就会出现一个整体上如何将稳固脱贫攻坚成果与乡村振兴有机衔接的问题，这是中国特色的政策和实践的问题。

近几年，我在云南的很多地方做乡村建设的实践，非常关注如何稳固脱贫攻坚成果的问题。一个总体的印象是，贫困群体的吃饭问题、住房问题应该说完全解决了，贫困群体孩子的教育问题也解决了。新农合在很多贫困村基本做到了全覆盖，针对贫困群体的大病救助制度也发挥了作用。脱贫攻坚所形成的兜底效应非常明显，这是脱贫攻坚的重要成果。大规模的移民搬迁虽然还存在很多问题，但总体上解决了贫困的代际传递问题。有些地方搬迁了几十万人口，不能说都解决了他们的就业，但是生活条件改善了，社会公共服务覆盖到了全部搬迁群体，贫困的代际传递问题得到了解决。现在看，影响稳固脱贫攻坚成果的最大挑战是农民的增收问题。农民的增收问题，一方面与宏观经济发展有关，另一方面也涉及微观层面产业的选择。很多地方的扶贫产业如果说是成功，更多的是产业本身的成功。因为为了迅速带动产业的发展，很多地方都采用"公司+农户"的形式，农民通过流转土地获得了地租，在地里打工获得了收入。从收入的变化来看，收入是提升了，但是产业发展的好处大多都流向了企业，没有解决收入合理分配的问题。也就是说，从相对贫困的角度讲，这类产业并没有起到严格意义上的扶贫作用。如何把发展产业的收益主要留在农民手里，这是乡村产业发展和乡村经济发展制度发育的重要问题，也是实现共同富裕的核心问题。从这个角度讲，解决农村贫困问题是乡村振兴的基础性维度。

脱贫攻坚有何创新？

进入到新世纪以来，大规模农村贫困减少基于的经济社会条件开始发生变化。

首先，中国GDP增速从2011年的9.5%左右逐年下降到2015年的6.9%，经济增长的动力从要素投入转向创新和消费。这给中国扶贫带来了新的挑战，即经济增长速度放缓，特别是投资放缓会影响贫困人口就业；同时贫困人口的消费和人力资本储备又很难适应经济增长动力转变的趋势，经济结构的转型越来越不利于贫困人口直接受益于经济发展。

其次，收入不平等日益加剧，社会分化日益明显，环境资源问题凸显，农村以及城乡差距等问题更是受到社会的广泛关注，中国开始面临公平和效率的双重挑战。中国的基尼系数从1978年的0.121增加到2007年的0.376，再到2017年的0.4左右。社会不平等程度的加大，会影响高经济增长的可持续性，同时也会极大地削弱减贫的效益。

最后，按照中国政府原来的农村贫困标准，2007年中国农村的贫困发生率就已经下降到了1.6%，但这个标准是一个很低的赤贫标准。低贫困线的主要问题：一是低估了实际贫困人口的数量，二是很难展开有说服力的国际比较。因此，2011年中国政府以2010年不变价2300元为基数，大幅提高了农村贫困标准。在此标准下，中国农村贫困人口在2011年为12238万人。

贫困线的提高又加大了扶贫的难度，如再考虑到中国政府到2020年全面消除农村绝对贫困目标的要求，扶贫任务则会比历史上的任何时候都要困难得多，这意味着新阶段的农村扶贫工作需要采用超常规的扶贫策略。这些因素改变了2011年以来中国农村贫困的景观，引发了中国农村扶贫机制的重大转变和创新。

近十年中，贫困发生率大幅降低。2011年，国务院印发新千年第二个扶贫开发纲要《中国农村扶贫开发纲要（2011—2020年）》，为了完成《纲要》提出的到2020年消除农村绝对贫困的目标，2013年中国政府启动了精准脱贫攻坚战。脱贫攻坚实施以来，农村绝对贫困人口的数量和贫困发生率大幅下降。全国农村贫困人口从2010年的16567万人下降到2018年的1660万人，贫困发生率从2010年的17.2%下降至1.7%。

精准脱贫攻坚战的巨大成就不仅表现在收入性贫困指标的大幅改善，还体现在贫困地区基础设施、教育、卫生以及居民住房等生产、生活环境和公共服务的改善。据统计，截至2017年年底，贫困地区农村居民居住在钢筋混凝土房或砖混材料房的农户比重为58.1%，比2012年上升18.9个百分点；户均住房面积也比2012年增加21.4平方米；饮水无困难的农户比重为89.2%，比2013年提高了8.2个百分点；贫困地区有文化活动室的行政村比例达到89.2%，有卫生站（室）的行政村比重达到92.2%，贫困地区通电的自然村接近全覆盖，84.7%的农户所在自然村上幼儿园便利，88.0%的农户所在自然村上小学便利。

新时期的扶贫工作之所以能在相对不利于减贫的社会经济条件下依然取得与改革开放之初相当的成就，主要原因在于精准脱贫攻坚战的一系列扶贫创新。

创新一：资源供给奠定脱贫基础，实行扶贫新领导机制和资源筹措的新机制。政府主导是中国发展的主要经验，也是长期以来扶贫工作的基本模式。脱贫攻坚实施以来，中央在此基础上，实行"第一书记挂帅"的集中统一领导体制，通过以党的领导权威超越行政治理规范的方式进一步强化政府的主导性，从而为克服各种结构性制约提供了制度供给。这一新的制度供给在扶贫资源的筹措方面效果显著。在

"五级书记挂帅"机制的统领下，农业、林业、水利、教育、卫生、交通和基础设施等几乎所有的政府部门的各种资源迅速投向最为需要的贫困地区和贫困人口。

从某种意义上讲，脱贫攻坚实施以来，之所以能够取得如此大的成绩，很大程度上得益于新的制度条件下用于扶贫的资源供给强度。据统计，2017年包括扶贫重点县以及连片特困地区贫困县在内的贫困地区（832个县）所获得的扶贫资金总额达到4419.5亿元，比2010年增加了6倍多，其中中央拨付2053.6亿元，包括对口帮扶、东西扶贫协作、企业帮扶在内的其他资金为2027亿元；省级财政332亿元，比2010年的25.4亿元增加了10倍多。

创新二：建档立卡帮助精准扶贫，实行直接瞄准贫困群体的建档立卡贫困户识别机制。到2020年消除农村绝对贫困的目标要求不能落下一个人，这需要识别谁是扶贫的对象。这一机制从客观上为根本改变长期以来针对贫困人口的机制瞄准失灵的局面奠定了基础。2014年，中国政府开始在全国展开贫困户的建档立卡制度。为了准确识别农村贫困人口，中国政府采用了2010年不变价格2300元的收入标准，同时附加容易识别的"两不愁三保障"（不愁吃、不愁穿，保障基础教育、保障基本医疗、保障个人住房安全性）的非收入性贫困指标。这一指标体系把握了收入标准的维度，但更重要的是克服了利用收入维度难以识别贫困人口的缺陷，将容易识别的衣、食、住房、教育、医疗作为瞄准的指标内容，从而从技术的角度解决了识别贫困人口的方法问题。这是中国扶贫历史上第一个真正意义上的贫困人口瞄准机制。

在这样一个体系的基础之上，各地根据自己的情况创造出了众多的瞄准创新，如贵州广泛采用的"一看房，二看粮，三看劳动力强不强，四看家中有没有读书郎"，极大地丰富了识别贫困人口的方法。按照这个方法，2014年全国共识别出2948万户建档立卡贫困户、8962万贫困人口。为了确保建档立卡农户的精准性，中国政府对已识别的建档立卡农户进行了反复的核查。扶贫标准设置在技术上的可识别性以及相应的核查机制,最大程度地减少了挤入和漏出,从而确保了真正贫困人口的覆盖度。

创新三:分类施策保证扶贫效果,确保扶贫的精准施策。中国政府在建档立卡的基础之上对贫困户的致贫原因进行了分类,并做出了"五个一批"的具体部署,即通过发展生产脱贫一批、易地搬迁脱贫一批、生态补偿脱贫一批、发展教育脱贫一批、社会保障兜底一批,此外还通过就业扶贫、健康扶贫、资产收益扶贫等方式对贫困户进行分类施策。从扶贫的角度看,分类施策有助于直接瞄准已经发生的贫困问题,从而避免扶贫资源使用的偏离,确保扶贫效果。基于致贫原因的分类施策将统筹之后的扶贫资源再次分配到各个专业部门,使得部门的专业技术作用得以发挥,调动了各个部门的专业积极性,同时也为这些回应部门业绩考核和审计提供了合法的依据。

创新四:创新模式增加扶贫渠道,创新扶贫方式。精准脱贫攻坚战实施以来,在2020年高质量脱贫目标的约束下,出现了大量的扶贫创新模式,极大地丰富了中国的扶贫实践。更为重要的是,很多扶贫实践模式的意义超越了扶贫本身。比如,土地流转扶贫实践为农村土地改革提供了经验;"扶贫车间"为缓解外出就业与留守矛盾提供了很好的解决方案;旅游扶贫为乡村产业兴旺和农业多功能化发展提供了方向;电商扶贫则很好地解决了农产品销售难的问题。

创新五:独立评估提供制度保障,建立确保脱贫攻坚质量的第三方独立考核评估。精准脱贫是中国政府在进入到新世纪第二个十年以来实施的重大民生工程。中国政府从实施这一计划开始,即提出了脱贫攻坚的效果要经得起历史考验的要求,因此对于脱贫攻坚的每一个环节都设置了严格的考核评估制度,比如针对建档立卡、精准施策等实行定期核查,对于贫困退出则采用严格的第三方独立评估机制。

精准脱贫中的第三方独立评估体系的建立和实践,是自2004年中国正式成立第一家政府业绩评估专业机构展开独立评估以来,在政府绩效管理中最为系统和严谨的独立评估机制。这一机制不仅是确保扶贫资源使用效率的制度性约束，更重要的是确保到2020年如期完成全面消除农村绝对贫困目标的制度性保障。

精准脱贫攻坚是在中国经济社会结构趋向于不利于减贫的条件下实施的立足社会公平的政治行动。虽然很多的政策和措施都是基于以往的实践基础，但是精准脱贫将保护式和开发式扶贫进行了有机对接，将中国的经济社会发展与减贫在制度层面进行了整合，在一系列扶贫方式上进行了创新，将从瞄准到施策，再到评估整合为一个系统，形成了迄今为止最为系统的科学减贫战略和政策框架，从而构成了中国扶贫的新实践体系。

脱贫之后仍有贫困

自2012年起，不断强化的脱贫攻坚战是进入21世纪第二个十年以来最为重要的经济社会行动。到2020年，按照现有标准全面消除农村绝对贫困，标志着长期困扰中国的绝对贫困问题将成为历史，全面建成小康社会目标即将实现。

2002年党的十六大明确要求，继续大力推进扶贫开发，巩固扶贫成果，尽快使尚未脱贫的农村人口解决温饱问题，并逐步过上小康生活。2012年党的十八大报告首次正式提出到2020年全面建成小康社会。2011年中央根据经济社会发展的实际水平大幅度提高农村绝对贫困线，确定将农民人均纯收入2300元/年（2010年不变价）作为农村绝对贫困标准，以后随物价进行调整；并同时将"两不愁三保障"确定为消除农村绝对贫困的目标内容。在此标准下，2012年年底农村绝对贫困人口仍有近1亿人。经过多年艰苦卓绝的脱贫攻坚，我国贫困治理取得巨大成就，为全面建成小康社会奠定了坚实的基础。国家统计局数据显示：以现行标准衡量，1978年年末我国农村贫困发生率高达97.5%，农村贫困人口7.7亿人，而截至2018年年底，只剩下1660万人未脱贫。2013—2018年农村累计减贫8239万人，连续6年平均每年减贫1300多万人。而截至2018年，物价上涨调整后的农村绝对贫困人口为1660万人，预计2019年年底95%的贫困人口脱贫。所以，从收入贫困指标来衡量，2020年全面消除农村人口贫困应该没有悬念。与此同时，在脱贫攻坚战进入决胜阶段以来，中央和地方政府都把强化落实"两不愁三保障"作为脱贫攻坚战最后阶段的工作重心，因此到2020年，按照"两不愁三保障"的目标，解决农村绝对贫困问题也应该问题不大。2020年全面消除农村绝对贫困无疑是一个高质量的成果。世界银行发布的一份报告称，中国在快速经济增长和减少贫困方面取得了"史无前例的成就"。

全面小康社会建成后，贫困问题仍将是中国发展的主要突出问题。脱贫攻坚战实施以来，出于调动社会资源和压实责任等方面的需要，对于到2020年全面消除农村绝对贫困这样的提法讲得很多，尽管中央反复强调到2020年消除农村绝对贫困的目标是在现有水平的前提下，但是仍然会在社会大众中产生一个印象，那就是2020年之后将会没有贫困。

事实上，即便从绝对贫困标准来看，2011年所制定的2300元/年的贫困标准，严格意义上只能对标国际赤贫标准1.9美元/天。考虑到收入贫困所隐含的购买力之外的社会福利的内容，中国现有的农村绝对贫困标准也仅比国际赤贫标准高出一点。这意味着现有的贫困标准在国际上仅仅是一个低收入国家广泛使用的标准。按照世界银行的划分，低收入国家2018年人均GDP为2024.659美元，而中国人均GDP已经达到近1万美元，开始接近高收入国家。国际贫困比较中设立了中低收入国家贫困标准为3.2美元/天和中高收入国家贫困标准为5.5美元/天。如果按照3.2美元/天的标准计算，中国贫困人口将会有9702万；按照5.5美元/天标准计算，贫困人口将会有3.76亿。所以从这个角度理解，扶贫工作还远远没有结束。即便按照现在脱贫攻坚战每年减少1300万贫困人口的速度，按照中低收入国家3.2美元/天的贫困标准，实现脱贫需要7.46年，按照中高收入国家5.5美元/天的标准，实现脱贫需要28.9年。从这个意义上来讲，扶贫工作也远远没有结束。

虽然我国脱贫攻坚取得重大成就，但也需要认识到，国际的贫困比较并不必然意味着中国的贫困人口多于其他国家。按照2011年购买力平价计算的贫困标准已经考虑到了按此标准所得到的收入、所能够购买到的社会福利的水平，但是国家与国家之间经济发展水平存在差异，国家通过再分配机制所形成的基础设施、社会服务以及普惠性社会公共产品的获得方面差异很大。因此，在很多情况下即使消除了收入维度上的绝对贫困，贫困可能还会广泛存在，这突出表现在一些进入到中等收入水平的发展中国家的贫困状况上。此外，在很多情况下，收入维度的贫困缓解可能进展不大，但公共服务和普惠性公共物品可及性更加公平，整体的绝对贫困水平反而并不高，古巴就是一个典型案例。中国脱贫攻坚战的目标除收入性脱贫目标之外，同时附加了"两不愁三保障"等多维度指标。所以到2020年，全面实现这一综合的脱贫目标意味着，尽管从收入目标上来衡量还是一个较低水平的贫困标准，但是一旦这些目标都能顺利实现，那将意味着不仅困扰中国的农村绝对贫困会得以消除，而且也意味着2020年全面消除农村绝对贫困是一个高质量的成果。

由于社会上广泛存在全面小康社会建成之后将会没有贫困的认识误区，而且也有可能由于全国各地、全社会高强度的参与，对脱贫攻坚战出现某种"厌战"心理，人们期盼脱贫攻坚战尽快结束，因此，呈现出2020年之后贫困问题将可能不再是中国发展的主要突出问题的错误印象。

事实上，只要经济社会在发展过程中，贫困问题在任何社会都会永远存在。美国是全世界最发达的国家之一，根据美国政府2019年统计报告，2018年美国贫困人口达3810万。人类在消除贫困的道路上，主要经历了两个阶段：第一阶段为消除绝对贫困的阶段。不论国家间经济社会水平的差异有多大，对于绝对贫困的理解是有基本共识的。这一共识反映在国际社会对以购买力平价为基准的国际贫困线的认同。这一贫困线主要包含了消除食物性贫困和非食物性贫困所具备的购买力。国家发达程度不同，购买力平价中的内容稍有差异，造成了不同收入国家之间绝对贫困线的差异，但这个差异没有完全超越有尊严的基本生存的范畴。所以从这个意义上讲，随着经济发展水平的提高，一个国家是完全可以消除绝对贫困的。很多发达国家已经消除了绝对贫困。当然所谓消除绝对贫困并不意味着这个社会没有一个人发生贫困。第二阶段即相对贫困阶段。在消除绝对贫困以后，也就是说一个社会如果没有人吃不饱穿不暖，每个人都有基本住房、教育和医疗以后，这个社会即可认为是没有绝对贫困的社会。但是这个社会的差异依然存在，比如说这个社会中男女之间受教育程度有差异，不同群体之间医疗、教育存在差异，社会收入也产生很大分化。这些差异才会导致所谓的相对贫困。所以，绝对贫困的消失并非意味着贫困的消失，而是意味着人类社会发展阶段中第一种贫困形态的终结。在此之后，贫困将会以相对的形式呈现。一个国家的部分人口由绝对贫困进入相对贫困阶段，同时也意味着这个国家的经济社会发展水平超越了低收入、低水平的发展阶段。由于相对贫困并没有绝对的指标，而是采用相对贫困指标来评价，所以相对贫困永远不会消失。例如，美国等很多发达国家对相对贫困的定义是：家庭或个体低于中位数50%以下即可被确定为贫困。假如某一年，社会的中位数为1万美元，中位数的50%是5000美元，那么家庭年收入5000美元以下，即可被认为是贫困家庭，这样的贫困家庭并非处于绝对贫困，而是说以这样的收入将无法获得社会平均水平的福利。再过5年，社会整体收入提高，如全社会的家庭收入中位数为2万美元，那么家庭收入1万美元以下的家庭，则成为贫困家庭。因此进入以相对收入为衡量标准的阶段以后，贫困就进入到一个持续存在的状态。

全面小康目标实现后，我国进入贫困治理新阶段。2020年之后，消除农村绝对贫困标志着中国进入以相对贫困为主要特点的阶段；而相对贫困是相对的、多维度的。从某种意义上讲，应对相对贫困问题更加复杂，因为相对贫困问题涉及收入和福利的调节，而调节收入和福利分配涉及不同区域和不同群体。这一工作相比直接面对绝对贫困要更加复杂，在很多情况下往往很难驾驭，需要认识到相对贫困无法消除，只能逐渐缓解。这意味着到2020年以后，扶贫工作将会从攻坚战转为持久战。很多人觉得2020年以后，扶贫工作可以放松，甚至觉得从事扶贫工作的同志也可以转行，这些认识都是有偏颇的。如上所述，2020年扶贫工作不仅不能结束，而且将会逐渐面对众多全新的情况。过去长期以来基于消除绝对贫困的战略和手段都需要按照缓解相对贫困的需要进行调整。这意味着不仅需要继续扶贫工作，同时需要从研究、体制建设等诸多方面进一步加强未来的扶贫工作。一个国家一旦进入以相对贫困为特点的阶段，意味着经济社会发展取得了一定进展，但是经济社会发展的水平还不够高，同时又面临收入分配调节和社会福利调节等一系列问题。这个阶段产生矛盾的频率高，所引发的社会不稳定的风险较大，而其中的扶贫工作恰恰是能够有效缓解这些问题的重要政策工具。因此，2020年之后的扶贫工作不仅应着眼于贫困群体本身的收入分配、社会保障、教育医疗等具体问题，而且要着眼于新的条件下国家改革发展的大局。从这个意义上讲，我们不仅需要克服扶贫的"厌战"心理，还需要做好迎接新的挑战的心理准备。

应对相对贫困将会是一个长期任务，而且随着社会经济的发展，不同阶段应对相对贫困的政策和措施也将会不同。从这个意义上讲，应对相对贫困无法采用脱贫攻坚的形式，而更多地应聚焦于建立缓解相对贫困的长效机制。应对相对贫困不再是一个"人海战"，也不再是一个"资金投入战"，而将更多地依托经济发展、税收、公共财政以及公平就业等方面的政策措施。

首先，应建立起性别敏感的公平就业政策，尤其是建立起适合当地发展水平的最低工资制度，这是长效机制的重要内容。没有一个基于公平的就业制度，社会不同性别、不同群体的收入差距将无法缩小，因此很难缓解相对贫困问题。

其次，应该解决社会公共物品在不同区域、在城乡和在不同群体之间的差异问题，尤其是城乡差异，包括教育、卫生等。这既是缓解相对贫困的主要内容，也是缓解相对贫困的主要手段。

最后，缓解相对贫困的长效机制应着眼于从以往的扶贫战略向"防贫"战略转变。这一转变也意味着从体制的设置到公共财政的配置，以及相应的一整套缓解贫困的手段均需要调整。

稳固脱贫挑战何在？

脱贫攻坚最重要的成果，一是从根本上建立了缓解和消除贫困的制度性基础，这包括领导体制、财政转移支付、对口帮扶机制、教育、卫生和社会保障等多方面。这是脱贫攻坚取得的最重要的成果。二是多维度贫困的缓解和消除。脱贫攻坚的目标不单单是消除收入性贫困，而且也包括了"两不愁三保障"以及社会公共服务均等化这样的多维度脱贫目标。由于脱贫攻坚在这两个方面均取得了根本性的成果，所以脱贫摘帽地区出现规模性返贫的概率不大。但同时，我们也需要看到脱贫的不稳定性依然存在。因此，巩固脱贫攻坚成果依然面临诸多挑战。

脱贫的稳定性问题。我们认为，在脱贫攻坚战的推动下，脱贫摘帽地区乡村通路、通电、通水、义务教育、医疗保障、住房保障这些问题基本得到了解决。按照这些指标衡量，在今后很长一段时间之内不大可能发生规模性返贫，而影响巩固脱贫攻坚成果最大的变量是脱贫摘帽地区农民的收入问题。

为了估算收入性贫困可能出现的概率，我们采用了一个间接的估算方法，即对比低于我国人均GDP和与我国人均GDP相近国家的贫困发生率的变化，通过这一变化来间接地说明中国的脱贫稳定性。理论上讲，当贫困标准由低向高调整时，贫困人口的数量会增加。贫困标准由低向高调整，贫困人口数量增加少的国家说明该国家在调整贫困线的区间贫困人口少，这也意味着任何外部影响对此区间群体的影响不大，以及此国家在这个标准下所实现的脱贫比较稳定。

我们发现当贫困标准从1.9美元/天提高到3.2美元/天时，中国的贫困发生率增加虽然不大，但与很多中等收入国家相比，变化的幅度依然较大。与中国人均国民收入较为接近的哈萨克斯坦、巴西、俄罗斯、土耳其等国家在采用高一级贫困标准后，贫困发生率的变化都没有中国明显。按照2015年的数据，当贫困线从1.9美元/天提高到3.2美元/天时，马来西亚的贫困发生率只从0上升到0.2%，而中国则从0.7%上升到7.0%。这说明中国在1.9美元/天之上、3.2美元/天之下的贫困人口的可比较数量高于马来西亚，同时说明了中国越过1.9美元/天贫困线，但有可能再次落入1.9美元/天贫困线之下的贫困群体数量要高于马来西亚。虽然这一间接估算并不能说明这一群体一定会返贫，但此群体属于接近贫困线的边缘群体，一旦出现风险，相较于高一级贫困线之上的群体，这一群体的返贫可能性会更大。贫困标准提高以后贫困人口数量大，说明在贫困线之上聚集着大量的边缘贫困群体，这将会造成很大的贫困下行和按照高一级贫困线脱贫的压力。从绝对数量角度讲，脱贫攻坚结束以后，巩固脱贫攻坚成果的挑战在于如何从收入角度实现脱贫的稳定性。

减贫动力机制的转化问题。中国之所以能够从1978年开始持续减少贫困人口并最终消除农村绝对贫困，主要原因是在不同阶段不断发育出连续的、能够稳定前期减贫成果的机制。如农村经济发展带来的农民收入提升，20世纪80年代中后期的乡镇企业发展，90年代中期以来的工业化和城镇化带来的农民非农收入的大幅提升以及党的十八大以来脱贫攻坚的超常规行动带来农民综合性收入的大幅提升，后续的减贫动力机制有效弥补前期减贫动力机制效应的弱化，从而形成了中国改革开放以来减贫动力机制的可持续性。中国以往大规模的农村减贫主要表现为减贫动力机制与农民收入增长高度关联。但自2014年以来贫困地区的农民收入在年均持续增长的同时，收入构成则呈现出一系列新的变化，这暗示了中国农村的减贫机制正在发生新变化。

第一，农民工资性收入增长出现"瓶颈"。贫困地区农民来自工资性的收入自2013年以来增长的同时，增速呈逐年下降趋势，收入占比趋势相同。这表明具有经济增长益贫特点的打工收入的增长开始遭遇"瓶颈"。这可能与中国城市化速度放缓背景下的人口动态变化相关。2010年以来，全国农民工总量虽然一直在增加，但增速总体呈下降趋势，增量主要来自"离土不离乡"的本地农民工，而进城打工人数则在2016年和2018年出现下滑。这一变化至少意味着通过劳动力转移来提高农民收入的政策措施的有效性可能会遭遇挑战。

第二，来自农业的收入增长开始下滑。同样，贫困地区农民经营性收入增长的同时，增速逐年下降。收入占比和增速均有所下滑。统计局数据显示，2013年农民经营性收入增速11.3%，2016年为4.9%，2017年为6.9%，2018年为7.1%。贫困地区农民来自一产的经营收入同比分别增长了2.7%、3.2%、-1.1%，虽然同期来自二、三产的经营收入分别增长了13.9%、20.4%、22%，但由于一产收入占经营性收入比重较大，经营性收入整体增速仍呈放缓态势。且经营性收入对于贫困地区农民增收的贡献率也逐年降低，2019年仅为23%，远低于工资性收入与转移性收入的增收贡献率。2013年以来农民经营性收入增长减缓的趋势一定程度表明，通过农业产业进行扶贫，其增收的边际效应在逐渐降低。这与很多关于产业扶贫项目的减贫影响有限的实证结果一致。

值得注意的是，无论工资性收入还是经营性收入的增长减缓都出现在脱贫攻坚期间，说明依靠传统的打工和农业产业驱动农民收入提升的机制遭遇挑战，需要发展新的机制以维系农民收入的持续增长。

第三，农民财产性收入出现增长。贫困地区农民可支配收入构成中，财产性收入无论是绝对值还是占比都最小。2013—2019年，其比重一直在1.2%—1.4%，这与21世纪第一个十年贫困县农民纯收入中财产性收入比重（1.0%—2.3%）不高的现象是一致的。2020年统计局数据显示，全国居民财产性收入占可支配收入比例为8.7%，其中城镇居民占比为10.6%，农村居民占比为2.4%，但值得注意的是，农民财产性收入的增速加快。

第四，转移性收入不断提升。党的十八大以来，贫困地区农民收入构成中增幅最大的是转移性收入，农民转移性收入2019年比2013年增加了将近6倍，而同期工资性收入和经营性收入增加不到1倍。转移性收入的增收贡献率在脱贫攻坚期间更是逐渐上升，到2019年达到37.1%，可以说基本赶上了工资性收入（38%）的增收贡献率。转移性收入的增长与脱贫攻坚战实施以来中国政府在社会保障、农村低保、教育、医疗等诸多方面的大规模投入有关。转移性收入成为脱贫攻坚过程中减贫的新的动力要素，呈现了明显的"制度性脱贫"的特征。

由此可见，按照收入维度来衡量，农民收入构成机制正在发生变化，因此从增加收入的角度巩固脱贫攻坚成果的相应措施也需要调整。

如上所述，从制度供给的角度和从多维度贫困衡量所取得的脱贫攻坚成果来看，未来出现规模性返贫的可能性不是很大。巩固脱贫攻坚成果的主要挑战在于稳固和提升脱贫摘帽地区农民的收入。

首先，维持过去农民收入增长的要素正在发生变化，例如很多边境少数民族地区在过去几年中都有比较高的边民补贴，边民补贴作为转移性收入在这些地区家庭收入中的比例高达20%，从2021年起，很多地区开始逐渐取消了这样的补贴。其次，脱贫攻坚期间，脱贫摘帽地区农民经营性收入很大程度上来自政策引导，如定点帮扶单位、社会组织等形成的对于农产品的集团购买。随着脱贫攻坚的结束，这样一个制度所提供的经营性收入出现大幅下降。最后，持续两年的新冠疫情防控工作已经对脱贫摘帽地区农民收入产生了负面影响。这个影响主要是两个方面：一是外出打工收入急剧下降，二是农产品的销售受到影响。虽然农民收入的变化并不会马上影响其他维度贫困的变化，但由于农户支出的刚性并没有减弱而且还在继续增加，农户对可支配收入的依赖依然很高。因此，稳定和提升脱贫摘帽地区农民的收入是当前和今后稳固脱贫攻坚成果的主要挑战。从收入角度讲，大规模返贫的可能性并非不存在。

因此，我们建议：

第一，提升农民收入不能依靠瞄准个体的方式予以扶持，主要还得依靠市场机制。对于脱贫摘帽地区而言，持续稳固脱贫攻坚的成果主要还在县域经济社会的发展。脱贫摘帽地区的基础设施已经有了根本改善，具备承载经济发展的条件，应加快吸引劳动密集型产业转向这些地区，将各种加工厂设在乡村。建议尽快研究针对这些地区县域经济社会发展的新举措。

第二，稳定和提升脱贫摘帽地区农民的工资性收入。首先，应该逐步转变农民工在城市短期打工缺乏社会保障的城乡二元分割的就业保障模式，按照城乡一体化的思路促进农民工在城市的就业，并使他们逐步成为城镇群体，避免他们在年老之后返回乡村成为乡村的负担群体。其次，需要改变增加农民工资性收入单纯依靠外出打工的模式，要促进乡村产业的多元化，特别是在乡村发展有技术含量的加工业和服务业，三产融合，发展农户家庭加工，生产特色农产品。乡村旅游、康养在很多脱贫摘帽地区都具有基础和潜力，改变以往占用农地发展大康养、大旅游的做法，将康养、乡村旅游等新兴产业直接建设在乡村。要改变资本进入乡村后，产业发展了、农民受益少的格局，强化以农民为受益主体的机制。

第三，创新农业增产增收的新机制。农民的经营性收入长期以来增长疲乏，其主要原因是家庭土地规模过小，农业土地生产率和劳动生产率无法提升，加之青壮年劳动力不断流失，农业成为夕阳产业。为此，需要加快和深化土地制度改革。同时，要改变农业技术创新模式与劳动密集的技术模式，利用我国已有的技术优势尽快形成既节约劳力又节约土地的新农业技术发展模式，如设施农业、替代农业、智慧农业。

第四，增加农民收入不能仅仅盯着外出打工和种地，必须尽快调整农村产业结构，增加二产、三产比重，发展新业态产业吸纳就业，同时也需要开始关注如何提升农民财产性收入问题。建议在脱贫摘帽地区就如何盘活农村闲置资产走向市场，如何吸纳社会资本以及如何实现乡村资产增值等问题展开政策试点。

脱贫与振兴如何衔接？

党的十九届五中全会提出脱贫攻坚与乡村振兴有效衔接，为全面消除农村绝对贫困、巩固脱贫攻坚的成果以及应对相对贫困指出了新的方向，同时也为乡村振兴工作注入了新内容。可以说，将脱贫攻坚与乡村振兴有效衔接是党中央对我国未来农村扶贫工作以及乡村振兴工作进行的战略性部署。这一部署将稳固脱贫攻坚工作与乡村振兴工作有机地整合到全面实现小康社会和实现两个一百年奋斗目标的体系中，为在"十四五"规划中如何稳固脱贫攻坚成果，推进乡村振兴、区域发展、新型城镇化以至于发育国内、国际大循环相结合的新的发展格局提供了战略性框架。

脱贫攻坚战所取得的重大成就，不仅仅表现在现有标准下农村绝对贫困人口数量的消失，更为重要的是，在脱贫攻坚战的推动下，贫困地区各种产业体系、基础设施、教育卫生以及农村社会保障体系都得到了极大改善。这意味着长期困扰中国经济社会健康发展的城乡差异问题在脱贫攻坚战的强力推进下，有了历史性缓解的同时，脱贫攻坚战也极大地改善了贫困地区乡村的治理状况，贫困人口在与贫困做斗争的过程中发展能力有了极大提升，精神面貌有了极大改善。

全面建成小康社会的短板是农村发展，而农村发展的短板又是贫困问题，因此，绝对贫困问题的解决为乡村振兴工作和全面实现小康社会发挥了巨大作用。脱贫攻坚战极大地缩小了贫困地区农村和中部及发达地区农村在各个维度上的差异，补齐了实现小康社会的第一个短板。这在客观上形成了贫困地区与其他地区农村实现同步发展的基础。但同时，从贫困发生的客观规律而言，消除农村绝对贫困并不意味着贫困的最终解决，正如习近平同志所指出的，"脱贫摘帽不是终点"，农村绝对贫困问题解决之后推动乡村振兴工作并不意味着不再推动扶贫工作，就大多数乡村，特别是脱贫摘帽地区而言，扶贫工作不会终止，二者的有效衔接是未来稳固脱贫攻坚成果和乡村振兴工作的关键。

随着农村绝对贫困问题的终结，乡村振兴对于实现两个一百年奋斗目标的重要性日益凸显。从全国发展格局看，乡村振兴工作大致可以分为三种类型：第一种类型是受城镇化和工业化影响比较大的农村地区，这类农村地区主要集中在大城市郊区、经济社会发达地区；第二种类型主要是以农业为主的农村地区；第三种类型是贫困地区，也就是脱贫摘帽地区的农村。从总体上而言，这三类地区乡村振兴的路径会有不同。而从脱贫攻坚与乡村振兴有效衔接的角度讲，这三类地区所面临的任务也有所不同。发达地区和大部分中部地区虽然不是脱贫攻坚的重点区域，但是未来将面临应对相对贫困以及防止在新的经济社会条件下新贫困发生的挑战。因此，这些地区同样需要强调脱贫攻坚与乡村振兴有效衔接的问题。而对脱贫摘帽地区而言，稳固脱贫攻坚成果的任务依然艰巨。脱贫攻坚与乡村振兴的有效衔接将会是这些地区乡村振兴工作、区域发展工作以及经济社会整体发展的重点。返贫问题、脱贫不稳定的问题以及相对贫困问题都将会同时存在，从而成为这些地区乡村振兴工作的重点。从这个角度讲，中央强调脱贫攻坚与乡村振兴的有效衔接，实际上也主要是指脱贫摘帽地区未来经济社会发展工作。脱贫攻坚与乡村振兴的结合需要在整体发展的战略上做到有效衔接，而实现有效衔接需要两者按照有机的过程展开。笔者认为，脱贫攻坚与乡村振兴的有效衔接需要在以下五个方面展开。

第一，脱贫攻坚与乡村振兴需要在目标上做到有效衔接。脱贫攻坚的目标是到2020年年底实现现有标准下消除农村贫困人口，贫困地区全部摘帽，贫困人口"两不愁三保障"，贫困地区实现城乡公共服务均等化。同时，乡村振兴的目标包括产业兴旺、生态宜居、乡风文明、治理有效、生活富裕。实现脱贫攻坚的目标关键是稳固实现既定目标，而乡村振兴的目标恰恰是有机对接了脱贫攻坚稳固实现的目标体系。也就是说，当脱贫攻坚的总体目标全面实现以后，乡村振兴的目标将会为进一步稳固脱贫攻坚成果提供有机的衔接点。从全国的整体情况而言，实现城乡社会公共服务均等化又成为稳固脱贫攻坚成果与全面推进乡村振兴工作的核心连接点。因此，在落实脱贫攻坚与乡村振兴有机衔接的工作中，应把如何缩小城乡公共社会服务差距作为重要内容。

第二，脱贫攻坚与乡村振兴需要在领导体制上做到有效衔接。脱贫攻坚能取得重大成绩的重要原因在于五级书记挂帅、第一书记驻村的领导和工作体制。这一机制最大程度地发挥了中国的体制优势，在很短的时间克服了官僚体制和各种不同的制约因素，迅速动员全社会的资源向贫困地区和贫困人口集中，这是在短期内补齐全面实现小康社会第一个短板的根本性原因。在推动乡村振兴的工作中，中央政府明确提出党抓乡村振兴工作。乡村振兴工作的核心是调整城乡发展的不平衡问题。这一工作在客观上面临着与扶贫工作相似的诸多制约因素，只有充分发挥中国的体制优势，才有可能扭转乡村衰落的格局。脱贫攻坚中所形成的这一体制经验，对于乡村振兴的工作至关重要。同时，这一经验也可以确保将稳固脱贫攻坚的成果以及应对相对贫困纳入到乡村振兴的具体工作中。

第三，脱贫攻坚与乡村振兴需要在政策上做到有效衔接。脱贫攻坚的政策在总体上属于贫困地区乡村发展的政策，虽然脱贫攻坚的政策具有扶贫的特殊性，但贫困地区的乡村振兴工作实际上首先是一项扶贫工作。在贫困地区推动乡村振兴虽然在字面上不同于脱贫攻坚工作，但实质上无论是发展产业，还是解决贫困人口的教育、卫生短板及基础设施建设都是乡村振兴工作的内容。因此，脱贫攻坚的政策在总体上与乡村振兴的政策是完全一致的，需要将脱贫攻坚的政策体系与乡村振兴的政策体系有机衔接，从而促进乡村振兴工作，进一步稳固脱贫攻坚成果。

第四，脱贫攻坚与乡村振兴需要在措施上做到有效衔接。脱贫攻坚中所形成的"五个一批"的具体措施是在脱贫攻坚整体战略和政策指导下形成的综合性脱贫措施，这些措施的关键在于瞄准贫困群体的基本需求，具有明显的扶贫性质。同时这些措施所针对的问题又恰恰是贫困地区乡村发展的短板，贫困地区的脱贫在很大程度上存在着"政策脱贫"的特点，脱贫的基础还不够稳固。因此，在这些地区需要保持这些措施的连续性，而同时稳固这些地区的脱贫攻坚成果又需要一个"升级版"来推动。全面推进乡村振兴的一系列举措恰恰是这些地区稳固脱贫攻坚成果的重要举措。因此，将脱贫攻坚的一系列措施与乡村振兴的措施有机衔接将会有效稳固脱贫攻坚成果，实现这些地区乡村的振兴。

第五，脱贫攻坚与乡村振兴需要在机制上做到有效衔接。脱贫攻坚的机制是强调在发展中通过政府主导、全社会参与和以贫困群体为主体而实现的。这一机制将政府的作用、市场的作用和贫困群体的主体性有机地结合起来，强调内生动力是脱贫的关键，是脱贫攻坚工作取得重大成果的重要机制。乡村振兴工作同样离不开政府的作用、市场的作用和农民的主体性，乡村振兴不可能仅由政府来做，农民是实现乡村产业兴旺、生态宜居、乡风文明、治理有效、生活富裕的主体。同时，需要认识到的是无论脱贫攻坚还是乡村振兴，又是一个发展的问题，需要在发展中不断推进，二者的有效衔接需要积极支持广大农民提升自身能力并在市场机制的推动下展开。

脱贫攻坚与乡村振兴的有效衔接，是乡村振兴工作，特别是脱贫摘帽地区经济社会发展工作的新任务，做到以上五个方面，需要对脱贫攻坚和乡村振兴工作有一个科学的认识，需要全面理解实现两个一百年奋斗目标所面临的挑战，同时也需要因地制宜制定适合本地区特点的具体对接措施。

河边村的脱贫稳固吗？

2022年初，由于疫情相关原因，我没有去过河边村。这是我自2015年以来第一次没有在河边村过春节。河边村扶贫是我个人和团队亲身经历的、在脱贫攻坚过程中一个极端贫困山寨摆脱贫困的案例。

我和团队在2015年对河边村的贫困诊断中提出了河边村处在物资资产、人力资产极端匮乏的贫困陷阱中的假设。当时，提出这一假设的主要依据是：首先，河边村的村民没有安全住房，按照当地建设一处安全住房最低需要15万元的标准，以2015年人均收入的增长来估测，河边村的几户村民没有可能在很短的时间内改善基本居住条件。其次，河边村的村民几乎家家都欠债，我当时对这一点感到非常惊讶。因为他们生活水平很低，自己种地，能够自给自足，为什么会这样？后来了解才发现，自从他们搬到现址以后，开始了与外部市场越来越紧密的联系，孩子到山下学校上学，从上小学开始就是寄宿，花费越来越多。每周接送孩子是固定的，接送孩子就得买摩托车，使用摩托车就得买油，就得修理。河边村的村民越来越离不开现金，但是他们的收入主要依靠年底砍了甘蔗和收集砂仁所得现金。日常生活离不开现金，但是日常的生产活动又很难及时获得现金，因此，他们就通过各种形式借账。实际上，他们过去的支出都大于收入，导致了无法偿还债务。过去这么多年，我们在河边村仍然能看到信用社的同志到村里农户家里催账。所以说，金融资产的缺乏造成农户陷入贫困陷阱。最后就是我们讲的所谓人力资产的缺乏，2015年我到村里的时候发现，村里高中毕业的人数是很少的，初中毕业的也不多，大部分都是小学文化程度。河边村有一个"最富的人"，刚进村的时候发现他开了一辆车，后来村民说他那辆车是别人欠他债抵押的，可这个"最富的人"到现在仍然是债务缠身。我初到河边村的时候发现，这个村没有一个真正富裕的人，因为从村民的房子上就能看出来，村里居然没有一个人能够"闯"出来发财。从这个侧面看得出河边村人力资产缺乏的程度。

基于这样的假设，我们提出了提升农户综合资产水平的脱贫方案。首先，对于这样处在贫困陷阱的河边村村民而言，如果没有外部支持，走出贫困陷阱是很困难的，因此我们与政府协商，将河边村易地扶贫搬迁的经费统筹起来，为每一户村民都修建了安全的住房，并给每家每户都嵌入了一套"瑶族妈妈的客房"。我们又通过社会公益组织的支持，在河边村建了服务于小型会议、自然教育和休闲康养的配套设施，如河边会议厅、酒吧、便利店等。一方面通过政府的投入，给农户注入资产；另一方面，通过打造业态，将政府注入的资产变成农户走出贫困陷阱的资本。其次，对农民特别是妇女进行新技能的培训，包括清理客房、维护客房卫生、接待客人、提供各种服务、制作瑶族特色手工艺品等，提高农户人力资产水平。特别重要的是，为了确保通过植入新业态，帮助农民走出贫困陷阱的有效性，确保农户的边际收益，成立了全村农户参与的雨林瑶家合作社，将改善农户个体的人力资产，改造成全村组织性、集体性的人力资产，从而确保河边村的新业态是以村民收益为主体的。

截至2019年，按照我们的设计，河边村按照政府的考核，正式脱贫。实际上，我们采取了边建设边收益的思路，河边村的部分村民从2017年开始就逐渐有收益了。到2018年,大部分的农户都已经摆脱了贫困。2015年,农户的户均收入大致在一万多元;到2019年,农户的户均收入达到了三万多元。在这个过程中,我们确保了当中最贫困的农户也能够受益。农户的收入出现了差异,但总体上差别是不大的。2019年,农户60%以上的收入来自于新业态。对河边村这样的小农户而言,单纯依靠某一种收入,会将小农户置于市场风险之下,一旦发生风险,很容易重新陷入贫困。因此我们从2018年开始部署复合型产业体系的示范工作,其主要的工作思路就是,分别在养鱼、养蜂、酿酒等不同方面开展示范,尤其是鼓励农户开展冬季蔬菜的种植。到2019年年底,河边村的整村建设、农户的生活水平都发生了很大的变化。我们很有信心地讲,河边村脱贫了。

河边村的脱贫能否稳固、可持续,是这几年很多人都在问我的问题。2020年,河边村经历了第一波疫情的影响。到2021年年初,我们到村里去,发现农户的收入没有下降,而且还有所提升,河边村2020年的户均收入高于2019年,这一点让我很惊讶,很多农户都买了汽车。仔细分析一下,不难看出,2020年疫情到6月份基本缓解,很多活动都恢复了,所以2020年虽然有疫情,但是影响不大。2021年我没有去村里,对2021年疫情对村民的影响没有直接的认识,但是我的学生们整理了一年一度的数据,2021年河边村的收入没有下滑,疫情的影响是断断续续的。2020年和2021年,农户客房收入与2019年相比是下降的,但农户来自农业的收入是上升的。我们从2018年开始推动的生计多元化发挥了很大的作用。如果2022年疫情大致维持在前两年的水平,也就是说,如果不会导致长时间的管控,应该说河边村不会陷入返贫。但是,由于勐腊县在2021年被列入疫情防控的边境口岸地区,这极大地限制了河边村在过去几年形成的相对固定的客源流动。如果这样一种管控继续下去的话,对河边村村民的生计会产生负面的影响。所以很多人关心河边村,问我河边村在疫情之下情况如何,我大致也是这样和他们说的。河边村村民家家户户都有了安全的住房，每户都有地可种，陷入真正意义上的贫困的概率是很小的，但是要实现村民向往的那种现代化的生活，道路还是艰巨而漫长的。

河边村的村民和我开玩笑说，李老师帮助我们脱了贫，现在要帮助我们致富。我说好啊。其实当大家问我河边村脱贫是否可持续的时候，我想得更多的是像河边村这样的村庄，未来会是什么样的。疫情暴发时，我的两位学生告诉我，他们在村里没菜吃了，和村民一起进山采野菜，这当然是因为县里发现了阳性病例，把所有的村子都封闭起来了。村里平时种的菜很少，都靠到山下去买，这样一管控就没菜吃了。那几年，村里考出去的大学生没有一个回到村里来的，偶尔假期回来见到他们，我从他们的眼神里看到的是：回来看一看就赶紧走。在我和他们的交谈里看到的是：能不回来就永远不回来。事实上，我刚进村那段时间送出去的几位大学生，也都陆续在外结了婚，河边村的老光棍和年轻光棍没有一个人领着媳妇回来。稳定的收入，美丽的乡村，似乎都不如嘈杂的县城。所以我在想，如何衡量河边村脱贫能否稳固、可持续。

2020年年底，河边村雨林瑶家合作社进行了重组，因为很多的管理者都不想干了。这之前的一段时间里，村里的现状是：合作社的网络没有钱继续了，没有收入，工资发不了了。他们描绘的图景让我突然想到了我在非洲的工作，当年我们在坦桑尼亚的两个村子里都建了学习中心，家具和设备都是从中国运过去的。有一天，我在我们的工作群里看到坦桑尼亚朋友在学习中心开会的照片，看着那些照片，我心里就觉得有一种酸楚。

我最近几年一直在讲现代化的问题，也用河边村的例子来讲如何让传统与现代对接。实际上，无论我们是谈贫困还是谈乡村振兴，本质上就是一个现代化的问题。现代化对中国的乡村就意味着经济、社会和人的转型。河边村在脱贫过程中植入很多现代化的要素，这些要素能不能在河边村这样一个传统的村落里生根发展，是河边村能否稳定脱贫的关键。村里的年轻人特别多，七年以前上初中的现在都成了大小伙子，他们在村里骑着摩托车转，中午的时候太热了，他们躺在吊床上看手机。我学生的妈妈在广东做企业，听说村里有这么多年轻人，想着把他们雇过去，征求村里年轻人的意见都没有人愿意去。这几年也有陆陆续续出去的年轻人，过几天就回来了，给的理由很简单，吃饭不习惯，工作太累了。所以说河边村的脱贫能否稳固和可持续，其实在很大程度上并不取决于这两年收入有没有下降，而在很大程度上取决于村庄和村民在多大程度上真正进入到了现代化的实践中，这是脱贫能否稳固和可持续的根本所在。我在很多地方也讲了，定义河边村的贫困是我们这些人的视角——当然这并不是说河边村的人觉得自己很富裕。当初我在村里的时候，村民真的是热切地希望改变面貌，因为那个时候连进村的路都没有。但是，随着基本生活条件的改善，河边村以后的发展将会越来越复杂。

我们定义的脱贫是一个包含物质和精神要素的概念，脱贫意味着进入到现代状态，这种状态与城市和工业化、现代的消费、现代的文化连在一起，从这个角度讲，河边村如果说稳定脱贫，那就意味着河边村要从原来那个传统的、落后的状态彻底转型成为一个现代的状态。事实上河边村已经开始了这样一个转型，越来越多的农户买上了汽车，尽管他们买的汽车其实并没有太多的用处，但他们把拥有汽车作为生活改善的最重要目标。河边村能否稳定脱贫的重要因素，实质是困扰我们的传统与现代的关系问题。我在河边村的实践中讲到了传统与现代的对接，这句话其实并没有学理的支持，传统与现代是很难相互包容的不同的东西。我仍然无法回答河边村会走向何处，但是从物质和河边村村民的精神层面讲，他们似乎正在远离那些共同体特征明显的过去。

第二章　新乡村的时代

对于从事"三农"研究和实践的人来说，近十年是"三农"工作的黄金时期。脱贫攻坚以前所未有的投入规模，解决了从事"三农"工作的同事过去一直在呼吁的很多问题。与此同时，中央提出了全面推进乡村振兴的战略。新世纪初对农业、农村、农民问题越来越重视的现象，从一个侧面反映了中国现代化进程在不断推进。20世纪八九十年代，"三农"问题的核心是增加粮食生产、减轻农民负担、提高粮食收购价格、发展乡镇企业、提高农民收入、促进农业剩余劳动力转移等。那个阶段，中国人口的大多数还在农村，农业还是农民的主要收入来源。更为重要的是，中国在那个阶段进入到快速工业化的阶段，工业化需要农业提供原材料，提供低价的食品和廉价的劳动力。因此，在那个阶段，农民总体上是受剥夺的。

进入新世纪后，"三农"工作依然面临着提高农民收入、推动工业化、劳动力转移等方面的任务，但是随着农业税的减免，以及新农合、农村教育、"两免一补"等农村社会保障体系的建立，"三农"工作的范式和乡村发展的路径已经开始发生根本性的转变。也就是说，从新世纪以来，中国的现代化路径从以往相对单一的推动城市化，转向城市化与乡村建设同步推进。这一同步性的路径在十八大以后越来越明显，脱贫攻坚就是一个很好的案例。中央的政治表述是，中国的工业化和城市化达到了一定的水平，逐步开始进入城市反哺农村、工业支持农业的阶段。从发展的理论和实践角度讲，在农业GDP占总GDP的比重越来越小、直接从事农业的人口越来越少、城市化程度越来越高的条件下，乡村发展的路径就会从传统的剥夺农民向保护农民转型。这是原发性现代化国家和已经实现了现代化的后发性国家的基本经验。显然，中国近十年的乡村发展实践也正在向保护农民、发展乡村的现代化路径上转变。

所不同的是，中国特有的城乡二元化的格局造成了中国现代化过程中城乡关系和工农关系的极大不协调。与实现了现代化的国家相比，中国农业劳动力占比和农业总产值占比仍然不协调，农村土地问题的特殊性和制度安排的不合理造成了城乡要素流动的不对等，以此形成了一系列的转型困境。随着中国的发展进入到一个新的历史阶段，乡村不再被看作是中国现代化的一个包袱，乡村正在成为中国经济社会发展新的政治、经济、社会资源。乡村振兴战略的提出，恰恰是乡村新的价值的体现，乡村的发展进入到了一个新时代。

"三农"问题的转向

这几年，学术界和媒体对"三农"问题的关注开始发生变化。与20世纪90年代末至新世纪后的十多年相比，除"三农"话语由"农民增收""减轻负担"等逐渐转为"土地权益""留守"以外，"乡愁""美丽乡村"等新的话语不断出现。曾经牵动着政府、社会和农民的"三农"悲情话语正在渐渐淡出热点范围。相比之下，关于乡村价值、农业意义、土地流转、乡村旅游等的讨论则正在成为学术界和社会关注的焦点。实际上，中国乡村的变迁在集体主义之后，经历了"前三农"时代，"三农"时代，最后进入到了"后三农"时代。这一系列变化实质上是中国乡村变迁中的国家—社会—农民三者关系的变化。不同时期的这一三角关系呈现了不同的利益组合和分野，构成了中国乡村发展变迁的重要内容。

一、"前三农"时代与"三农"利益的聚合

经历了集体主义之后的中国乡村肩负了为社会保障粮食安全,为工业化提供廉价物资和劳动力以及解决农民自身生计的多重任务。农村、农业、农民三者之间的关系实际是国家—社会—农民的互动关系的呈现。农村是国家获取发展资源,农民获取收入以及公众获取食物的空间。由于存在许多约束三者利益整合的"瓶颈",因此,国家放松了一系列的管制。

国家的一系列政策,如家庭联产承包责任制、提高粮食收购价格、发展乡镇企业和鼓励劳动力流动等从根本上促进了三者利益在农村这个空间的整合。在此空间中,农业生产成了聚合三者利益的集中地,国家从农业增长中获得工业化的资本,农民从农业增长中获得收入,而社会则从农业发展中获得廉价的食物供给。国家—社会—农民之间呈现了相对和谐的互动关系。由于农民的生计以农业生产为主,而社会正在经历农产品由短缺向满足需求的过渡,国家的工业化需要大量的廉价农产品供给,农产品的生产成为国家和社会以及农民关系的核心,国家、社会和农民三方的利益在这点上实现了相对的一致化。这也在某种程度上解释了改革开放初期中国经济和农业迅速发展的原因。1978年到1984年,农业总产值提高了将近一倍,粮食总产量到了4亿吨;农民人均纯收入年均增长15%,达到了历史最高值。当农业进入常态化增长之后,乡镇企业继续成为农民收入增长的来源。同时乡镇企业也成了中国工业化的主要动力。

在"前三农"阶段,农村是农民收入的主要来源地,是国家工业化的基地,是社会粮食安全的基地。国家的政治利益、农民的经济利益和公众的社会利益有机地整合到了农村这个社会地理空间中。在传统发展主义的路径下,"三农"利益在农村这个政治社会和地理空间中发挥作用,"三农"利益的聚合,构成了发展主义驱动下农村发展的模式。

二、"三农"时代与"三农"焦点的分野

农民的收入在经历了80年代中期之前的高速增长之后，开始进入低速甚至持续下降的阶段。一方面，国家对粮食安全的长期追求和通过农业税费获得农业资本的需求，以及社会对农产品的即时需要等因素都在要求农民继续提高农业生产能力，而另一方面，在非农产业迅速发展的条件下，农业生产的比较利益持续下降，加之国家对农业投入的不到位，这些导致农民农业生产积极性下降，农民负担加重，收入下降。

1997—2000年，农民人均纯收入实际增长分别为4.6%、4.3%、3.8%和2.1%，为历史最低。1998—2000年农民从农业中获得的收入也持续下降。同时，国家开始将工业化的重点转向国有企业的改造，为了下岗职工的就业，各地纷纷出台限制使用农民工的政策，加之乡镇企业的调整，导致了农民非农收入的下降。至此之后，国家、社会与农民的关系由"前三农"时代的有机结合逐渐转变成冲突型关系。

"三农"由相对一致的利益组合体逐渐转变成了约束中国发展的组合型矛盾体。围绕着农民负担重、农业比较利益低、农民收入下降和农业生产积极性低等问题形成了中国转型发展中的"三农"话语，从而催生了"三农"学术研究和舆论的极大关切。"前三农"时代对农业的关注主要在于如何通过各种政策促进农业生产的提高，"一靠科技，二靠政策"就是那个时期的话语。而到了20世纪90年代末期以后，"三农"利益开始分野。农业增长进入常规化阶段，迫使国家开始寻求工业化的新的资源供给。从20世纪90年代中期开始，中国的外商直接投资迅速增加。农业对于工业化的意义开始下降，农民从农业中获得的好处也开始减少。围绕农业建立的国家、社会和农民的政治、社会、经济利益共同体开始瓦解。农业成为了不赚钱的产业，农民成了弱势群体，乡村成了农民纷纷离开的穷乡僻壤。在此条件下,以维护农民权益为特征的"三农"话语迅速出现。

这种情况不仅主导了从20世纪90年代末期到过去十多年中国乡村发展的研究,而且推动了农村、农业和农民问题的分离。在这一背景下,国家开始解除一系列压在农民头上的经济负担,不断推出农村转移支付、农村税费改革、农村合作医疗、农村义务教育和农村低保等措施。特别是加入WTO以后,社会对国内的食物供给的依赖性开始下降等,都标志着以农业为基础、以农民为核心的工业化阶段的结束。

三、"后三农"时代与新乡村主义

农村、农业和农民问题的逐渐分离导致了曾经主导学术和媒体的"三农"话语的解体。在过去数年中,"三农"话语逐渐被边缘化,"三农"时代宣告结束,乡村变迁开始进入我称为的"后三农"时代。"前三农"时代国家发展的重点在农村,农民的重点在农业;"三农"时代国家的重点开始离开农村和农业,农民的重点也开始"离土"。与前两个时代不同的是,"后三农"时代"归土"和"乡愁"开始出现,曾经人人远离的乡村重回国家、社会和农民的视野。农业虽然依然肩负着为国家提供农产品供给的功能,但已不再是国家工业化和农民收入的主要来源,农业的功能开始变得多元化。大量观光、休闲农业的出现正在扩展农业的基本功能。乡村旅游的发展使得农村这个曾经"过剩"的资源变成了"稀缺"的资源。农村户口不再是负担,农民也不再愿意将其转为城市户口。城市化催生了大量的"拆迁大款",从而推高了农民"守土"的预期。国家、社会和农民的关系开始聚焦到"土地"上,围绕着"征地、占地"的博弈构成了新时代乡村发展的主要内容。虽然如经济学家刘守英所讲,农民与土地的黏性依然很强,但实际上农村、农业和农民三者之间呈现出进一步分化远离的趋势。

农村和城市的地理界限开始模糊,城市中有"乡村",乡村中有

"城市",农民也不再是农村的居民,城里有农民,城里人也不全在城市,乡村也有城里人。农业不再完全是农民的产业,城里人也开始从事"农业"。农村、农业和农民的传统身份均发生了变化,加在农村、农业和农民头上的传统文化符号也在发生变化。城市—农村、农民—非农民的边界完全模糊化。农民不再是一个一成不变的群体,也不再是一个完全弱势的群体。"三农"作为一个标志性和同向性的问题开始消失,从而导致"三农"问题的解体。大量"后三农"话语不断出现,如"美丽乡村""乡愁"等等。

这就是所谓的新乡村主义现象。新乡村主义背后有传统主义、发展主义、后发展主义等不同形式的意识形态,这主要表现在把乡村作为一个新的经济空间、新的社会空间和新的文化空间。过去十年所出现的这一变化,对于乡村振兴具有重要的现实意义。因为新乡村主义实践给乡村的发展带入了新动能,这一新动能开始触及到人、地、产业和乡村文化价值的系统性问题。

"离土"、"守土"与"归土"

谈及乡村振兴,就意味着当前乡村的现状和"振兴"之间存在距离,而这种距离则取决于我们如何定义乡村振兴。政府从经济、政治、文化、社会和生态方面对乡村振兴提出了具体而明确的目标,包括产业兴旺、生态宜居、乡风文明、治理有效、生活富裕。很显然,缩小乡村现状和乡村振兴战略要求之间的差距,是开展乡村振兴工作的主要内容。而从根本上讲,乡村振兴仍然是中国现代化的问题。

20世纪20—40年代,中国出现了第一波乡村建设运动,并成为当时中国现代化运动的重要内容之一。当时,包括国民政府、地方官僚、商业精英和知识分子在内的多方主体共同倡导在农村推行平民教育、卫生建设等工作，这实际上是中国精英阶层推动中国现代化的过程。

当下中国农村与20世纪三四十年代完全不一样。在30年代，95%以上的人口聚集在农村地区，农业占国民经济的比重约为60%以上；今天，中国农村人口约占总人口的41%，农业对国民经济的贡献不到8%。而且，随着城市化发展，农村的地理空间被大大压缩，越来越多的农民成为"现代人"。所以当今的乡村振兴和早先的乡村建设是完全不一样的问题。

近年来乡村呈现了独特的问题——"离土"、"守土"与"归土"——"三土聚合"。这"三土"现象集中呈现了中国乡村变化的核心特点，构成在当代政治经济社会背景下乡村的"三重变奏"。

"离土"，这一现象以前由于很多原因十分缓慢，改革开放以来不断加强，直到最近几年才有所减弱，但其总体趋势并没有发生改变。"离土"的过程使得中国三四亿人离开乡村，构成今天城市居民的主体。只要城市或城镇空间能够不断接纳外来人口，乡村人口还会继续向城镇转移。而且随着城乡社会的公共服务差异不断缩小，农民整体素质逐渐提高，乡村人口有了更强的在城市"落脚"的能力。

乡村人口向城市流动减缓的主要原因，不是乡村人口主观上不愿意流动，而是由于城乡居民在教育、医疗、卫生等各个方面被差别化对待，且农村人口的知识技能难以满足城市现代化需要。当然，"离土"的趋势仍在持续，因为我国农业就业人口比例远超农业对GDP的贡献率，这意味着中国城镇化还远远没有完成，"离土"依然是当前乡村振兴的主旋律。

在"离土"的同时，中国乡村又出现了"守土"现象，很多农民不愿意离开土地，尽管他们可能早已离开乡村，但仍旧守着自己的承包地、宅基地。

第一种情况是"不得不守"。在有些极度贫困的地区，有些农民由于多重原因无法掌握能在城市安身的知识技能，流动能力薄弱，为了生计安全，只能留守乡村。这种情况比较少，主要发生在深山区或少数民族聚集区。

第二种情况是"守望乡土"，这是中国人"守土"的核心。很多农民在城市拥有稳定的工作和住房，甚至子女已经是城市户口了，但仍旧守着家乡的土地，尽管这些土地已经脱离了他们的实际需求。我在云南遇到一位在外致富的农民，他把自己家的房子盖得像一座宫殿，花了400万元。我问他为什么花这么多钱盖这栋房子，他说这是他的家。乡和土是中国农民的精神寄托，这是农耕文明的特点。刘守英讲，中国乡土社会土地关系中最重要的特征之一是农民和土地的黏性极强，这样的黏性除由于土地制度本身所产生的强制性黏着以外，恐怕还有农耕社会文化的原因。所以农民从文化价值的角度，是不愿意放弃土地的。这一点与我在德国、荷兰和英国看到的情况类似，很多年以前，我在英国的一个乡村问农民为什么待在乡村，他们也说，这是他们祖祖辈辈的家。

第三种情况是"守望福利高地"。国家制度允许农民在进城的同时，可以不放弃乡村的土地，这种情况下，农民可以享受到"双重福利"。农民进城谋得一份职业，一方面能获得市场对行业的优惠补贴，另一方面也能拥有国家对乡村的政策福利。农村不仅正在成为一种稀缺资源，还逐渐成为"福利高地"，农民也慢慢有了"隐形"政治价值，自然愿意守住手里的"香饽饽"。

城市化快速发展，城市人口逐渐增长，使得"农村"成为一种稀缺资源。城市人希望获得农村的土地，而由于中国特定的土地制度，城市人购买农村土地是违法行为，农村的土地只能在农村社区内部流转。但由于农民普遍缺乏流转土地所需的资本，所以参与土地流转的兴趣不强。依靠土地与房产是中国人的致富经验，城市人对农村土地的期望也提高了农民守土的决心。囿于制度因素，农民或者自己种一点地，或者租给他人种，或者撂荒，他们在等待中继续"守土"。

上述三种情况中，最为普遍的是后两种，"不得不守"的情况极少，我相信那些农民也能守住，不过当地会成长出观光旅游等新产业，传统乡村终将消失。现代化发展必会带来传统乡村结构的解体，关键是我们该如何适应，此类的"守土"现象也只是中国乡村振兴过程的时代低音。

在"离土"和"守土"之外，中国乡村最近又出现另一个趋势，可以称之为"归土"。首先是一些基本解决现实需求的人，厌倦了城市生活，也不大需要社会的公共服务，于是在乡村安静地过起自己的生活，这是个人生活方式的选择，不是主流话题。还有一批人手持资本，看到了乡村的稀缺性，希望在乡村投资创业，属于商业活动。

最特殊的现象是知识分子去到乡村，严格意义上这不算"归土"，更适合称为"去乡"。与20世纪30年代的乡村建设相似，当代"去乡"的中国知识分子在"乡村作为问题"的语境中通过实践寻求解决"问题"的答案。参与这个浪潮的知识分子同样各怀动机。

一批是像我这样的知识分子，奉行现代发展主义，希望通过实践来推动中国现代化的进程，让乡村接入到现代化的铁轨上，可能被批判为乡村传统的破坏者。另一批知识分子偏后现代，他们的"去乡"行为从正面讲是情怀，从批判角度讲更多是个人改造社会的一种想象，在思想与现实中可能会发生割裂。总之，因为社会结构拉长，后现代、现代、前现代群体各方"势力"混在一起，这些"去乡"都是实现知识分子个人理想价值的行动，与农民自己的需要、社会实践的需要是有差距的。包括"去乡"在内的归土趋势，在主流之外，成为中国乡村发展变迁的协奏曲。

"离土"、"守土"和"归土"作为中国当代乡村发展的三重变奏，清楚地折射出中国处于传统—现代之间的结构性矛盾，也折射出中国在步入现代化过程中所遇到的转型困境，这种转型困境呈现出非常典型的"国家—社会"关系、"城市—乡村"关系的重新建构。最核心的是，中国通过乡村振兴政策推动国家现代化过程，也呈现出相当复杂的政治经济社会的张力。

乡村振兴的"三个困境"

中国乡村呈现出衰落景观主要是由于两个方面的原因。第一是在现代化过程中，城市出现过密化，包括人口、资本、产业，乡村出现过疏化，包括人才流失、资本流失、产业凋敝，这也是以城市化和工业化为主线的现代化过程所出现的通病。第二是中国现代化过程的特殊性造成的，这个特殊性主要表现在清末以后西方资本主义对中国传统小农经济的冲击，中国被动进入一个现代化的阶段。在农业没有发生革命的条件下，殖民和半殖民的工业化和城市化冲击中国乡村自给自足的经济体系，造成了中国近代的乡村衰落。新中国成立以后，中国进入主动现代化的阶段，这一阶段所采取的策略在推动城市化和工业化的同时又导致了农民、土地和乡村制度的一系列不协调，造成了乡村要素和价值的流失。从乡村振兴的角度讲，这些历史因素依然在影响着乡村振兴的建设。

第一，城乡资产制度的差异导致了城乡居民财富积累方式的巨大差异。农民积累的财富、挣到的钱盖了房，不能转变为财富，而城市的人在城里挣到的钱，实现了财富增长。但同时，在政府推动的工业化过程中，农民的资产又通过其他形式变成了国家和其他社会成员的财富，其中很多被利益集团瓜分，所以造成了城乡差别巨大。乡村土地资产的制度设置一方面是出于从长远考虑农民的生计安全，但是城乡居民资产制度设置的问题也十分明显。农民各种形式的资产盘活，往往会受到各种利益集团的盘剥。土地制度是最为典型的案例，农村的土地资源无法进入市场，因而无法实现其市场价值，但是若将土地私有，很多人认为农民就有可能面临无家可住、无地可耕的流离失所状态。因此在确保公平正义、社会稳定与农民财产增值之间，的确存在着结构性张力。

第二，由于中国城乡二元结构形成的社会公共物品的差异，农业在国民经济中的作用越来越小,农村人口不能有效向城镇转移,导致我国农业劳动生产力过低,农产品竞争力较弱。举个例子,由于农业人口数量庞大,当前我国平均每个农民养活3个人,而美国单个农民可以养活150个人,无须计算就能直接感受到我国农民艰难与尴尬的处境。与此同时,国家不可能为庞大的农村人口提供与城市居民相同的社会保障,农民的收入受到了经济结构的约束,无法大幅度提升,国家又不能够提供足够的社会保障,形成了在乡村振兴中经济结构与社会之间的张力,影响了乡村振兴的有效实现。

第三,小农的组织与有效进入市场的张力。中国的小农户将会长期存在,而单个的小农户很难融入市场经济的体系。小农户有效融入市场体系存在三个方面的缺口:首先是资本的缺口,进入市场需要规模化的生产,小农户往往缺乏足够的资本开发自身的资源;其次是农户知识和管理技能的缺口;最后是组织缺口。小农户有效进入市场,需要管理和技能,同时也需要有效的组织形式。虽然这几年有很多的专业合作社,但是专业合作社并没能够解决农户的三个缺口,从而导致了大量社会资本进入乡村。社会资本以公司的形式,一般都具有基本技能和组织的优势,这种形态虽然弥补了农户的三个缺口,有效地将农户带到了市场,但是最大的问题是瓜分了小农的利益,出现了反客为主的现象。

乡村振兴中这三方面的张力,影响着中国乡村整体的现代化。乡村振兴不能脱离农业问题。农业转型成功有两个指标:一是农业劳动生产力提高,二是农业就业人口的收入持续提高。这两个指标主要体现在四个方面:一是农业占国民经济比例逐渐下降,二是农业就业人口逐年下降,三是农业劳动生产力至少保持30年持续提高,四是农民收入保持20—30年持续提高。这四个方面比较具体,可以作为乡村振兴的衡量标准。

虽然当前中国农业GDP比重下降,农业就业人口减少,但农业生产力改善没有持续,农民收入提高不明显。从某种意义上来讲,中国乡村振兴仍然在路上，我们依旧没有完全实现现代化的农业转型。

从国际经验来看，英国是世界上第一个实现农业转型和工业化的国家，它的农业发展历程最有说服力。英国率先完成农业革命后，其国内食品安全得以保证，但在此后100年，农业和农民收入都没有持续提高，直到工业化和移民潮出现，英国大量人口离开土地移民北美，农民收入才第一次大幅度改善。

美国作为移民国家，它的农业也具有移民国家的特点——基础设施依靠外来投资，主要投资来自欧洲大陆。美国农业商业化程度高，殖民时期，美国为欧洲本土供应烟草等经济作物，走上商业农业道路，即便这样，当时美国农民收入也很低。真正的转变则是发生在20世纪90年代，由于美国农村人口的非农业收入提高，农村和城市的居民收入差别才逐渐缩小。

日本同样如此，作为后发性国家，日本农民收入的提高和农村农业的改善都是在20世纪60年代后工业化迅速发展，使得出口产业占据主导后才实现的。

从英国、美国、日本等发达国家的经济发展和农业转型的基本经验可以看出：首先，农业非常重要，对国家经济发展发挥了很大的作用；其次，这种作用并没有使农民的收入提高，农民收入提高必须依赖于工业化和城镇化带来的非农产业发展。对中国来说，在城乡关系不变的情况下，通过改善农业生产提高农民收入不太可能，因此要进一步推动工业化、城镇化，乡村振兴需要乡村和城市的联动发展来实现。

新乡村主义思潮

乡村主义是指基于乡村立场、乡村利益和乡村价值，强调通过乡村路径解决乡村问题的意识形态。这里第一点是乡村立场，即在乡村和城市两个主体中，是站在乡村的立场思考问题。二是基于乡村利益，即考虑的是乡村利益，而非工业利益。三是乡村价值，强调乡村自有的社会文化价值。由此可见，乡村主义是以乡村为中心的一套意识形态和相应的社会实践体系，其宣扬乡村的社会文化价值、经济价值，与普遍崇尚城市主义和工业主义的意识形态相对应。

乡村主义的意识形态有时也很纠结。在理性和现代化引导和控制的主流意识形态中，乡村主义有时候显得有些"虚伪和浪漫"，这里的"虚伪"并不带有价值判断，把乡村主义的主张落实到一个自然人时，你倡导的意识形态和你的行动可能就不一致了。乡村主义有比较极端的乡村主义（来源于重农主义和后现代思潮），当然也有相对温和的乡村主义主张。

乡村主义的主张主要包括四个方面的内涵。

一是政治内涵。乡村主义不是政治中立的，一般都不同程度地反对资本主义的生产方式。乡村主义在方法论和认识论上比较倾向于结构主义范式。乡村主义之所以反对资本主义的生产方式，主要是因为资本主义生产方式是以消解乡村为结果的。这里不是说资本主义不要乡村，资本主义者们也喜欢乡村（乡村别墅，田园般的生活），在资本主义的生产方式中，乡村主义的意识形态是落后的，乡村主义的生产方式与资本主义的生产方式互不相容。

二是社会文化的内涵。乡村主义倡导基于农业和乡村的文化传统和社会价值。家和农业放在一起，农业是生产方式，家是社会关系的基本单元。这种农耕文化的生产关系塑造出了一种特定的社会价值，这种社会价值基于家庭纽带以及老幼远近的秩序。这种社会价值基于乡村，只有乡村才会有。除此之外，衍生出一个由近到远的亲缘社会网，以及为了维持这样一个网络所形成的乡村社会规范和一定的秩序结构，从而形成了一套基于乡村伦理的制度。这一套价值规范与基于个体主义、以劳动分工为基础的资本主义和工业化生产方式格格不入，因为现代资本主义的劳动分工，客观上要求对个人权利的高度尊重，而乡村主义则是更强调公共性、集体和共享性。以个人主义为中心的工业主义文化处处存在着张力和竞争，因为人与人之间的关系构建不是基于共享的社会关系，而是基于利益竞争关系。

三是经济内涵。大多数的乡村主义者都比较强调小农的经济理性和资源利用的高效率，认为小农在经济上是最经济的，这一优势在家庭和社区的食物安全方面尤其明显。

四是技术内涵。乡村主义倡导生态主义，对于现代技术，特别是转基因技术都很谨慎，甚至持反对态度。

我把中国的乡村主义划分为古代朴素的乡村主义、近代的乡村主义和现代的新乡村主义三个部分。这是我自己的划分，是不是合适可以讨论。

古代朴素乡村主义 孔子说："吾观于乡，而知王道之易易也。"老子说："修之与乡，其德乃长。"一个讲"观"，一个讲"修"，都是讲乡村。老子把乡村和德连在一起，讲了礼，把重视乡村看成是德，这个德是一个很大的范畴。孔子讲得更具体，孔子是为统治者服务的，孔子讲只有关注乡村，你的统治才能不断地延续。老子讲到了乡村和社会的关系，孔子讲乡村和政治的关系。孟子讲："乡里同井，出入相友，守望相助，疾病相扶持。"这些朴素的乡村主义思想植根于中国传统的农耕文化。

1949年，陈序经写了一篇文章《乡村建设运动的史略与模式》，其中有很多关于中国古代乡村主义思想的论述，这也是最早研究乡村建设历史的著作。古代的朴素乡村主义的意识形态和实践，植根于农耕文化和相应的社会秩序，其核心是重农的经济基础与中国村社传统中的患难相恤、邻里互助的思想，这也构成了中国传统社会的道德规范。经典的朴素乡村主义与中国社会传统的政治治理一起构成了中国乡村治理的历史，所以有乡史、乡绅、乡村治理，以及以乡村自治为基础的国家治理模式。这是一种基于乡村意识形态而形成的政治传统。这种传统是统治者和被统治者都认可的。

我们一方面说皇权不下县，另一方面又说国家强有力地控制着社会。实际上，前者说的是看得见的权，后者则说的是看不见的文化。中国古代国家对社会控制的基本意识形态，以及乡村社会治理的基础都来源于乡村主义。乡村主义不仅是一个经济问题，也是政治社会秩序的问题。刚才我们所讲的，"修之与乡，其德乃长"，说的就是秩序问题。宋代的《吕氏乡约》，就是把乡村主义这件事情延伸成为乡约。

古代朴素的乡村主义是在没有工业主义对比，没有城市主义意识形态以及没有现代性的冲击之下的意识形态。从某种意义上讲，古代朴素的乡村主义没有替代性的意识形态的竞争，因此我们很难讲古代基于乡村价值和乡村立场的主张就是严格意义上的乡村主义，但是我们今天主张的乡村主义或者新乡村主义的确与早期这些朴素的乡村主义思想有着天然的联系，而且这种联系也不是很远的事，所以我们都有那样一种浓浓的乡愁。这无关理性问题，也无关效率问题。乡愁，说白了又是一种看不见的情怀，是一种矛盾，是过去和现实矛盾的情感呈现。

近代的乡村主义　　河北定县米鉴山、米迪刚父子是中国近代历史上第一个把现代教育和农业发展概念运用到乡村改造上的，他们开启了中国近代乡村主义的先河。中国近代乡村主义在民国时期主要有三方面的实践。

一是由知识和商业精英推动。比较著名的有晏阳初1926年选择河北定县进行以识字教育为中心的乡村建设实验或称定县实验，梁漱溟在山东所展开的邹平实验以及卢作孚在重庆北碚的乡村实验。他们三者的基本出发点都有不同，视角也不尽相同，但都有乡村主义的色彩。其中梁漱溟的乡村主义情结最为明显。

二是由地方政治精英推动。最早的是孙发绪的山西村政。山西村政是在阎锡山的主持下，在山西全省范围内展开，是中国地方政治精英推动的范围最广、影响最大的乡村改造运动，主要措施是禁鸦片和反对缠足等，并大力发展以养牛为主的畜牧业。

三是国民政府官方推动的新村改造。国民政府开始对于民间和地方所展开的乡村改造不以为然,但随着全国各地知识、商业和地方政治精英们在其影响范围内所展开的乡村改造的不断扩展,民国政府不得不开始面对这样一个民间思潮,所以在国民党第二次全国论证会议上,通过了宪政改革。这是国民政府的第一个宪政改革。

1933年7月,国民党中央政治会议提出在全国成立5个县及县镇进行建设实验,河北定县、山东邹平、菏泽、江苏江宁、浙江兰溪将民间乡村建设运动纳入到国家控制的轨道,在很多关键的地方,蒋介石亲自派政治大学的教官担任县长,派他的学生去当科长。紧接着在汪精卫的推动下,国民政府在行政院成立了农村扶贫委员会,其职责是设计指导和推动乡村建设。

民国的乡村建设从民间走到民间与官方的结合,再到官方主导,显示了在中国现代化进程中民间与国家关系的建构过程。传统中国的国家与民间关系的基础一直都是基于农村、农业、农民这三个要素。中国社会在乡村出现的资源和人口关系失调,导致国家和社会关系的对抗以及在对抗之后形成间隔性的缓解,构成了中国传统国家与社会关系的基本格局。

进入民国以后,中国国家与社会关系的基础性要素发生了变化。孙中山先生的三民主义旨在推动中国实现西方现代化,所以民国以后主导中国社会变迁的思想是西方现代化。严复等人把西方启蒙主义的思想传入中国,中国的政治精英、知识精英和地方商业精英基本都深受这一思潮影响。

现在很多人都会把民国的乡村建设与乡村主义连在一起来看,这当然也有道理。但实际上民国不同类型的乡村建设实践,虽然从形式上看是推动乡村的发展,尤其是梁漱溟的乡村建设更有乡村复兴的思想,但是民国乡村建设的主旋律并非乡村本位,而是现代化本位,是将乡村作为改造对象的社会运动。因为在受过现代化教育的中国知识精英、商业精英和政治精英的思想和认识中,乡村是贫穷落后的,所有中国乡村的习俗，都是改造的对象。从某种意义上说，近代的乡村建设虽然也都说保留乡村传统，但根本还是"去传统"。比方说，在乡村修学校倡导西学，很多建设的措施都是按照西方现代化的价值体系来改造乡村。民国三种类型的乡村建设，严格意义上讲是中国现代化建设进程中的一部分。

与此同时，中国左派知识分子精英或者说以中国共产党为代表的知识精英，对于这样一些在没有改变中国基本生产关系情况下展开的乡村改造，是抱有怀疑态度的。中国共产党认为如果不改变生产关系，中国不可能得到发展。

总之，无论是民国时期的乡村建设实践，还是中国共产党在所控制地区展开的土地改革，依我看，都是把乡村看作落后的和改造的对象。它们的区别不在于如何看待乡村，而在于如何改造乡村。

民国时期的乡村主义思想虽然也继承了中国传统的农本思想，在实践上也重视农业，比如山西新政的养牛和发展水利，但是实质上具有不同的含义。

首先，民国乡村主义思想是近代中国现代化或现代主义思潮的组成部分，它实质是要将以农业为主体的中国社会改造成以工业为主体的现代化社会。

其次，民国时期，无论是谁推动乡村主义实践，都是把乡村看作落后的、需要改造的对象，尽管这些实践也或多或少地强调乡村自身的价值。

最后，民国时期，不论是政府推动还是民间推动的乡村主义实践，都具有对乡村"管"和"治"的含义，即把乡村管起来再治理。如果从绝对意义上说，近代乡村建设基本上属于非乡村立场的乡村主义，严格说还不是纯粹的乡村主义意识形态。

现代的新乡村主义思潮　广义上讲，在新的社会经济条件下，所有不同程度的基于乡村立场和价值的不同类型的乡村建设实践和相应的意识形态，都可以被称为新乡村主义思潮。虽然这种以乡村为本的意识形态与朴素的乡村主义，与以往的乡村建设实践至少在形式上是有联系的，有些人甚至把现在的新乡村主义实践看作是民国时期以来乡村建设和乡村改造的延续，但当下的乡村主义实践与以往的乡村建设和改造存在着很大的不同，所以我称之为新乡村主义思潮。

目前兴起的乡村主义与民国时期的乡村建设和乡村改造处于完全不同的社会、经济和政治环境中。第一，民国时期中国尚处于现代化的前期，对于现代化的伦理制度和实践仍很陌生，现代经济在中国也刚刚开始。第二，今天的农业和农村在国民经济中的作用和过去完全不一样，1949年前后，中国农业总产值占GDP的比重高达70%以上，而2016年则只有不到9%。第三，城市和农村、工业和农业的结构关系也完全不同。今天，真正从事农业的人口大致只有2亿多，占总劳动力数量不到50%，农村不再仅仅是农民和农业的代名词。第四，农民和国家的关系完全不一样，今天农民已经不再是完全被动的，被改造和被剥夺的对象。今天的农民，种地有补贴，扶贫有支持，很多时候农民还嫌补贴少。我在云南扶贫，易地搬迁的20年无息贷款，要先给农民做工作，他们才去贷。这说明农民和国家的关系发生了变化，2006年取消农业税标志着农民和国家的关系发生了根本性的变化。从政治角度来讲，随着农民数量的减少，他们正在成为稀缺的政治社会资源，正在变成各种政治力量竞争的对象，农民正在成为社会政治生活中具有能动性的政治力量之一。

2006年农业税的取消是中国真正意义上的乡村主义兴起的标志，也就是说开始具备了倡导乡村立场和价值的条件，而且这和工业化、城市化的发展有着直接的关系。如果没有这么多年工业化和城市化的发展，真正意义上的乡村主义很难形成。中国当代的新乡村主义思潮主要有以下几种形态。

第一，国家主义的新乡村主义。国家主义一直是中国政治社会生活的主导性意识形态。中国现代的国家主义致力于推动对落后中国的改造，而改造落后乡村则是这一实践的核心使命。在完成了生产关系的调整之后，中国共产党开启了对中国落后乡村的改造，并长期将乡村作为实现中国现代化的基础，这个过程一直持续到21世纪初。

2005年10月中共十六届六中全会提出的社会主义新农村建设，标志着国家对于乡村意义的认识发生转变。2006年取消农业税，标志着国家主义视角的新乡村主义思想的形成。十九大提出的乡村振兴的计划，则标志着国家主义的新乡村主义思想的成熟。

国家主义的新乡村主义重视乡村与过去推动国家现代化重视乡村的最大区别在于"取"与"予"，过去重视乡村是为了"取"，现在则开始"予"。从20世纪50年代开始的从农村、农业和农民全方位的"取"推动了国家的工业化和现代化，农业是国民经济的基础就是这个意思。实际上，过去的"三农"政策，至少大部分都是在确保如何有效地"取"，虽然有时也要"补"一下，但"补"的目的还是为了"取"。

过去过度的"取"导致了政治、经济和社会全方位的不均衡，这就是从20世纪末开始凸显的所谓"三农"问题。也正是"三农"问题催生了中国的民粹主义思潮。在过度"取"的情况下，民粹主义不断在社会上生成各种民粹话语，给"三农"画上了被剥夺的悲情符号，推动了社会对"三农"的广泛同情，倒逼国家主义的发展意识形态开始向乡村立场归位，使得国家的乡村政策开始呈现真正意义上的乡村价值取向，十九大提出的乡村振兴与以往"三农"政策的差异就在这点上。国家主义的新乡村主义在回归乡村立场上包含了三重意义：

一是政治上的含义。"三农"是弱势群体的符号，具有弱势正义，这个问题直接涉及中国共产党的"初心"，所以国家在乡村问题上出现的"亲乡村性"是具有政治基础的。

二是发展理性。一方面，当乡村落后于城市的时候，投资乡村就具有回报。另一方面，乡村具有不同于城市的价值，投资乡村相当于创造新的需求，新农村建设的政策就是希望创造新的需求。

三是执政理性。国家主义的新乡村主义在多个基本面上整合了左、中、右各方关于乡村问题的主张，建构了一个超越各种力量的道德框架。这个道德框架是高度去政治化的，不是说我代表"左"的力量或"右"的力量，在保护弱势群体这一点上大家都会同意。改革开放比较有利于能干的人，改革开放最大的问题也在于有利于一部分人，所以说改革开放是让一部分人先富起来，这是有道德性争议的。国家主义的新乡村主义主张恰恰是力图构建一个超越不同立场的新的政治共识，精准扶贫和乡村振兴就是这样的政策。

2017年中央农村工作会议形成的乡村振兴三个阶段目标与2005年新农村建设的尝试性实验不一样。2005年新农村建设是国家主导乡村或者是国家主义的新乡村主义的尝试性实验，尝试了一下，发现问题很大，实际上是时机还不成熟。像很多地方的新农村建设只能在墙上抹点白，想建新的很难，抹点白还可以，但还是有了"予"以农村的想法。中央农村工作会议提出了乡村振兴的三个阶段安排，这与新农村建设的政策就完全不同了，就不是一个涂点白的事了。

当然，国家主义的新乡村主义依然是为了推动国家现代化，这和历史上不同阶段的乡村建设目标是一致的。但是国家主义的新乡村主义和以往乡村建设的最大区别在于现在的乡村主义开始着眼于乡村的价值和立场了，而不像过去把乡村纯粹看成是负担和资源提供库。今天的社会经济和政治格局赋予了乡村不同方面的重要意义，使得乡村成为一个巨大的社会经济和政治的正资产，这是国家主义的新乡村主义的逻辑。

第二，发展主义的新乡村主义。发展主义的基本逻辑是现代化，主张工业化和城市化以及农村人口的减少和农业劳动生产力的提高。发展主义的新乡村主义主张通过城市化的途径解决农村问题，认为农村问题的解决根本上在于国家的工业化和城市化以及劳动力的转移。如果农村劳动力不转移出去，那么多人待在农村没办法实现现代化。现在发展主义者们也开始接受乡村主义的主张了，形成了所谓发展主义的新乡村主义。有两个原因导致了这个变化：

一是转型正义问题迫使传统的发展主义接受乡村的立场和价值。什么叫转型正义问题呢？快速转型中的城乡二元结构下出现的社会政治和环境的伤害涉及社会正义。像我这个搞发展研究的，一直觉得乡村一定会萎缩，农民数量也会逐渐减少，现在我也不得不面对这个问题。发展主义往往强调这个事要慢慢来解决，英国工业化100年以后，农民收入才开始提高，这100年英国牺牲了三代农民的福利。

二是农业占总GDP的比例不断下降。农业、农村作为发展资源和劳动力、资本及原材料的供给地的重要性在下降，但乡村作为工业和城市市场，作为新的市场需求的提供者，以及诸如乡村旅游这样的新产业的基地，其相对经济价值在提升。在这种情况下，需要向乡村建设投资。发展主义通过这两个视角，同时与国家主义和其他新出现的乡村主义的主张合流。在工业化和城市化遇到阻力时，乡村创造新的需求和就业，乡村显然太重要了，这是发展主义的主张，这和国家主义发展理性需求一致，和那些愿意搞乡村建设的城市浪漫中产阶级们也一致了。

国家对乡村的投资要有一个理由，光说农村可怜理由还不充分，再加一个经济的原因就充分了。投资一个乡村旅游，把路修好，把乡村旅游搞好，就有餐馆，农业生产就搞起来了，人就过去了，外部性就出来了，投资溢出，不断地产生利益，所以，这两个一结合，就构成中国特色的国家发展主义的新乡村主义。实际上从2005年提出新农村建设到后来美丽乡村、家庭农场、土地流转到十九大的乡村振兴等，都显示国家发展主义的新乡村主义正在主导中国乡村的发展。

第三，民粹主义的新乡村主义。民粹主义是中国进入新世纪以后最为重要的社会意识形态。民粹主义思潮在政治上站在弱势群体一边，倡导转型正义，手握弱势政治的武器，将批判经典发展理论的力量整合在民粹学术和民粹社会思潮的大旗之下。民粹主义在经济上主张小农的合理性、高效性以及小农存在的经济学意义，反对发展主义将乡村作为负担的主张，反对经典政治经济学中小农落后的理论。民粹主义的这些主张为后工业化时代的农业发展提供了重要的学术资源。

民粹主义的新乡村主义在社会文化上主张乡村的价值，这与后现代乡村主义的主张不谋而合。由于其在政治上与国家主义，在社会文化和环境等方面与后现代的乡村主义联姻，加上发展主义在转型中对于乡村衰弱的无力感，促进了民粹主义的新乡村主义在中国的广泛蔓延。应该说民粹主义是推动中国当代新乡村主义思潮的重要力量，虽然民粹主义在客观上产生了社会政治碎片化的负面影响，但是这一思潮推动了发展回归社会正义的轨道，促进了乡村发展回归乡村立场。

第四，后现代的新乡村主义。后现代思潮主要是基于批判工业化、城市和环境污染，从而倡导乡村主义。这个思潮有很强的去政治化的倾向，而且有很强的浪漫主义色彩。这个思潮往往是由建筑家、艺术家和环保社会活动家推动，是目前乡村建设运动的主要推动力量之一。这个思潮在主张上和民粹主义结合特别紧，在运作上和市场结合也很紧。那些搞艺术的人很会和市场结合，通过营销把民俗推出去。后现代的新乡村主义者大多都在乡村进行"乡村的复古性再造"，将中产阶级的乡村概念从想象变成现实。后现代的新乡村主义者在技术上弥补了国家和民粹主义力量的不足，为国家和民粹主义制造了很多的"美丽乡村"，也用美学视角促进了发展主义者对于乡村立场的改变。

乡村的困惑

2021年以来，"乡村振兴"这个主题变得越来越热闹，我80多岁的老母亲一看见我就说："你现在重要啊，现在搞乡村振兴了！"我心里想，我还真是没弄明白什么是乡村振兴。

我在之前的一篇短文中，提出了"新乡村主义"的观点，其实是想思考一下，为什么这个时候会提出乡村振兴这一问题。简单地回顾了一下从21世纪初开始，取消农业税、新农村建设、"美丽乡村"，直到现在的乡村振兴，这个过程里肯定有政府的政治经济考量，但也许也有一个自然的规律。在新乡村主义那篇短文里，我提出了一个疑问——是不是只有在工业化和城市化越来越发达的时候，乡村振兴才有可能？

但是，这样讲的话，很容易陷入到优先工业化、城市化，再发展农村的争论中。记得20世纪80年代，我在中央农村政策研究室工作，大家谈了很多观点，都还是如何通过工业化、城市化来推动农业现代化。那个时候讲农业，主要是讲粮食生产、讲人均粮食八百斤、促进劳动力转移、增加农民收入……到现在，可能对于这样一个传统的模式，人们更多的是批判。

很多人都把日本、韩国、英国、美国等国家的乡村拿来做比较，也把国内很多的乡村拿出来做样板，在他们呈现的这些乡村发展的叙述中，的确隐含了一个预设，那就是如果中国的乡村也和这些案例一样，难道不能说中国的乡村振兴了吗？

2002年，我到英国雷丁大学访问，朋友带我参观了雷丁的乡村。在和农民交谈时，我说你们的乡村真美丽，农民却告诉我，他们的生活也很艰苦，收入太低了。那个时候，他们的人均收入一年可以达到3万英镑以上，其中很大一部分来自欧盟的补贴。很显然，我所看到的更多是英国乡村的外表，英国农民跟我讲的是他们自己世界里的乡村。不管怎么说，可能很多人还是会认为，至少英国的乡村比中国的乡村离振兴的目标更近一点，那么让我来预设一下，假如英国的乡村比中国的乡村更接近于振兴，那究竟是什么原因让英国的乡村成为今天这个样子？

艾瑞克·霍布斯鲍姆是享誉世界的马克思主义历史学家和思想大师，他从14岁加入共产党，终身奉行马克思主义的价值观。霍布斯鲍姆在他的《工业与帝国：英国的现代化历程》一书里，对英国的乡村做了简短但很有意思的论述，帮我解答了不少对英国乡村为何如此美丽的疑问。

我去过国内很多乡村,总觉得这些乡村即便不算贫困,但也说不上美丽。可英国的乡间,那一望无际的绿野,乡间的别墅、庄园,如画一般。在剧烈工业化和城市化的过程中,为什么到现在英国的乡村也没有衰落?

我想其中有一些很重要的原因。首先就是乡村的农业具有工业不可替代的作用,也就是常说的农业的特殊性。霍布斯鲍姆也说了,英国即使在实施全面的自由贸易阶段,其农业依旧提供了主要的农产品供给。其次就是乡村所具有的与农业相关的文化价值体系,而且社会主流也必须认同这个价值,否则维系乡村的机制不会持续。但是仅仅依靠"乡村里的农业很重要"和"乡村是一种生活方式"这些认识并不足以维系乡村的繁荣,还必须要有一个机制。

到了1800年,英国的农业最多只雇用了1/3的人口,也就是说在很早的时候,大多数英国人已经离开了乡村。在英国快速工业化的过程中,为什么还能够维护农业和乡村的作用?

霍布斯鲍姆的解释很有意思。他认为英国的政治和社会结构由地主控制,1851年前后,全国有4000多个地主控制着4/7的可供土地,他们把土地分给25万个家庭,这些家庭雇用了125万名农民和牧民来耕种使用这些土地。所以那个时候,所谓的农民是由这三个部分组成的,其中,最有权势的是地主,他们控制着全国的政治,成了当时英国政治中最难对付的既得利益集团。即使到1914年前后,在议会投票时,"郡"还可以轻而易举地击败"市政",也就是说,农村的利益集团可以在选举中击败工业和城市利益集团。

直到1855年,英国议会构成中的绝大多数都是地主,反过来说,要想跻身上层阶级,你必须要拥有一片庄园与一座别墅。大规模的土地所有权,是进入英国高层政治的通行证。早在18世纪90年代,地主已经拥有了3/4的土地,通常意义中的"小农"已经不复存在,这主要是在圈地运动中发生的。这种政治社会激励为英国带来了遍布全国的大规模庄园和一栋栋传统别墅,土地私有和财产继承的法律使得它们代代相传。

由于地主在英国政治社会生活中的巨大影响力，因此主导社会潮流的上层社会的生活方式以及它的格调都是基于乡村的特点，是一种乡村的文化方式，乡村的自然人文价值一直都是英国贵族生活的核心价值，从而也成了英国社会普遍追求的价值。这个传统也拓展到了北美。

我当然相信人民创造历史的观点，但是主流精英在建构社会价值体系中的作用也不可完全否认。乡村生活方式和文化格调并非是空洞的说辞，而是非常物化的。乡村的绿地景观、田野、乡间别墅、餐饮以及很多来自乡村的文化项目等反而更显高贵（比如马术等运动，至今在英国都远比橄榄球之类的中产阶级游戏要显得高贵）。

英国地主贵族特别崇尚公园绿地，因为他们拥有大片土地，会把这些土地规划得如花园一般。那个时候，英国的俱乐部和图书馆的高端会员也都是乡间会员，城市里多是远游海外的商人和目不识丁的农民工，他们没有时间，不可能成为俱乐部和图书馆的高端会员。维多利亚时代，新生的中产阶级和资产阶级，他们要不就是地主阶级脱胎出来的新阶级，要不就是希望证明自己贵族身份的新贵。

在那时的英国，获取社会认可的重要标志是子弟在哪里读书。好多年以前，我去看望一个朋友在英国上中学的孩子。我从伦敦坐三个多小时火车到了达尔文的故乡，然后发现没有公共交通可以抵达那所学校，只能打出租车，沿路经过一片碧绿的英国乡野，最后到了一个古堡式的学校。这所学校完全孤立在这片乡野中。这就是英国的贵族学校，很多都专门建在乡间。

地主贵族在英国社会的影响力巨大。在当时很长一段时间内，任何涉及乡村上层阶级利益的改革都会引起巨大的政治反弹。拿破仑战争期间，英国的农业达到了空前的繁荣，地主贵族获得很大的利益。其后英国的农业开始转型，1851年之后，这种转型压力不单单是农场主和雇农，地主也感受到了。当时城市资产阶级经济学家提出了没有经济效益的土地应该退出经营，没有经济效益的雇农应该转移到工业中去的建议。地主们觉得这样的方案严重影响了他们的利益，所以他们主导在英国议会推行了《谷物法》。

《谷物法》的核心是反对土地流动，这就造成了1815—1840年间封建地主与新兴资产阶级的政治对立。与此同时，地主阶级也做出了一些让步，他们接受了1834年的《济贫法》，其规定由地主出资为农民提供救济。从1760年开始，地主利用他们对政府议会的控制，借助一系列的法令，展开了逐步扩展到全英国的圈地运动。圈地的理由是让未开垦的土地得以利用，现在他们又反对土地的流转，事实上，《济贫法》的大部分好处很大程度上又返回到了地主，很多通过农业无法生存的雇农，甚至是农场主不得不放弃农业，走入城市，还有的不得不远涉重洋，去北美谋生。

与此同时，即使在土地不断集中、土地贵族垄断地权的情况下，到1830年，英国的人口虽然比1750年增加了两倍以上，从事农业的人口却急剧下降。英国消费的食物90%以上是英国自己生产的，即使自1846年开始采用自由贸易政策后很长一段时间，英国的农产品始终维持着强有力的高价格，没有受到外界竞争的影响。这当然得益于当时的运输成本高，还不大可能通过远距离的贸易来维系食物安全。到1960年，英国农业人口的人均产出比除荷兰以外的西欧国家都要高，英国的农业人口大体供应了与其人口比例相应的国内生产总值。

我不知道应该从英国乡村的变迁中得出何种启示。英国土地贵族在维护自身利益的同时，也通过其在社会的主导性影响力，维系了由农场主和雇农们一道创造的乡村和乡村文化实践。这些都构成了所谓的乡村价值。毫无疑问，工业文明也极大地冲击了英国的乡村价值，但是，乡村的印记仍然深深地保留了下来，既在英国皇家的文化实践里，也在伦敦数不清的小酒吧里——人们在交谈中表示自己的梦想是在乡村有个庄园。

英国有英国的传统，英国乡村能走到今天，霍布斯鲍姆给出了一些答案。他似乎是说，那些土地贵族发挥了很大的作用，而很多的失地农民则付出了代价。

霍布斯鲍姆是历史学家，显然不是说乡村振兴要依靠地主贵族。其他国家的经验也并非都是英国的模式。但是如果在乡村的人不能获得自己追求的利益，比如说，英国的地主在乡村得不到他们想要的利益，他们能在那里挣扎着让英国的乡村这样美丽吗？如果没有一个机制，或者乡村的人没有影响力去确保他们的利益，他们能维系在乡村的热情吗？如果主导和影响社会主流价值的群体没有基于乡村的利益，以及与之相联系的乡村文化的实践，乡村的价值能成为社会崇尚追求的价值吗？也就是说，如果只靠学者的学术关怀、政府的投入来支持那些收入微薄、在现实社会文化价值中被认为是落后贫困的群体，实现乡村振兴有可能吗？

在这里，我倒是想到了现在国内很多对乡村振兴的讨论，有的朋友反对资本下乡，有的朋友反对文化下乡。我也注意到了很多关于"新乡绅"和新的"上山下乡"的讨论，他们可能是希望让社会主流回归乡村。但是这些成长在城市和现代工业文明下的"新贵"和"新乡绅"们如何能有基于乡村的利益？如何真正认同乡村价值？

现在很多乡村建设的确在做有意义的工作，但多是在恢复物化的乡村，还有很多乡村设计都是按照城市中产阶级的文化偏好在做，比如说我在云南河边村的实践，尽管我总提醒自己保留乡村特点，但是除了保留一个房子，我真的不知道乡村的价值内涵是什么。

当乡村价值不再是社会的主流价值时，我们有能力阻止乡村的衰落吗？当社会以工业和城市文明为主流价值时，我们真的依靠小农自己就能实现乡村振兴吗？

如何推进乡村振兴？

近年来，习近平总书记就"三农"工作、粮食安全、巩固拓展脱贫攻坚成果同乡村振兴有效衔接等涉及乡村振兴战略的重大问题发表了一系列重要论述。这些重要论述为全面推进乡村振兴工作指明了发展方向,提供了根本遵循。当前,全面推进乡村振兴要以习近平新时代中国特色社会主义思想为指导,在具体实施中重点聚焦以下五个方面的问题。

第一,巩固脱贫攻坚成果是当前乡村振兴工作的首要任务。习近平总书记指出:"乡村振兴的前提是巩固脱贫攻坚成果,要持续抓紧抓好,让脱贫群众生活更上一层楼。"脱贫攻坚完成了消除农村绝对贫困的重任,但是脱贫依然存在规模性返贫的挑战。首先,脱贫摘帽地区,特别是曾经处于深度贫困的脱贫摘帽地区,长期以来基础设施投资欠账较多,经济社会发展水平相对滞后。我国实施脱贫攻坚以来,这些地区的经济发展水平、基础设施建设和社会公共服务有了明显改善,但与其他地区的发展差距依然较大,社会公共服务,尤其是产业发展基础薄弱,抵抗风险的能力脆弱,自我发展的能力较低,巩固拓展脱贫攻坚成果的任务依然艰巨。其次,如期实现消除农村绝对贫困的目标是在脱贫攻坚强有力的制度保障下取得的,特别是各种转移支付政策对于脱贫发挥了重要作用,但脱贫农户自身仍然存在能力不足的问题,某些边缘农户仍然存在返贫风险。最后,新冠疫情对巩固拓展脱贫攻坚成果提出了新的挑战。受疫情影响最大的是服务业,特别是旅游、餐饮等很多就业主体都是来自脱贫摘帽地区的外出务工农民。即便其中很多人不是贫困户,但疫情导致了潜在"新贫困"问题的出现。因此,全面推进乡村振兴的第一要务是巩固脱贫攻坚成果,确保不发生规模性返贫。这就需要将巩固拓展脱贫攻坚成果同乡村振兴有效衔接,推动农户成为产业兴旺的受益主体,稳定农民收入。同时,重点完善脱贫摘帽地区农村社会公共服务体系,建立健全有效抵御风险的社会保障体系。

第二,保障好初级农产品供给是乡村振兴工作的中心任务。习近平总书记指出:"保障好初级产品供给是一个重大战略性问题,中国人的饭碗任何时候都要牢牢端在自己手中，饭碗主要装中国粮。"2021年，我国粮食总产量达到13657亿斤，实现了连续18年增产。但同时需要看到，随着人民生活水平的提高，人们对于粮食的多元需求日益增长。2021年，我国累计进口粮食1.6亿吨，相当于我国粮食产量的24%，比2020年增长18%。值得注意的是，进口增幅最大的玉米，进口依赖度达到10%。2021年，我国进口大豆9651万吨、食用植物油1039万吨。进口居高不下并持续增加，凸显了粮食安全问题的重要性。保障好初级农产品供给，主要在于确保国内农业生产和补充性进口的稳定安全。从国内农业生产的角度讲，需要协调好国家战略需要与农民利益的关系，调动农民种粮积极性和弥补小农户现代化短板。与此同时，需要通过深化农村经济体制改革，扩大规模经营范围，持续推动农业科学技术创新，着力弥补种子、劳动力替代、绿色环保等关键性技术短板。全面推进乡村振兴不仅要完善农村的基础设施建设，更要将初级农产品供给作为首要任务。乡村振兴战略中的产业兴旺涉及农村产业的多元化发展，但是农村的产业，特别是主要初级农产品生产集中地区的产业兴旺，需要重点聚焦初级农产品生产。

第三，振兴乡村产业，增加农民收入。习近平总书记指出："乡村振兴，关键是产业要振兴。"产业兴旺的核心是农民收入问题。无论巩固拓展脱贫攻坚成果还是扎实推动共同富裕，最大的难点在于如何提高农民收入。产业兴旺主要包括两方面的内容。一是推动农业现代化。这关系到保障初级农产品的有效供给。推动农业现代化主要包括逐步实现规模经营、发展现代农业和推动小农户现代化。二是优化乡村产业结构，推进三产融合发展，助力乡村振兴。要逐步改变乡村只有初级农产品生产的单一产业格局，在乡村发展农户驱动型农产品加工、乡村旅游、康养等新业态。乡村产业多元化是新型城镇化、小农户现代化和发展现代农业的交叉性措施。虽然一些脱贫摘帽地区的乡村经济社会发展水平较低，但是它们气候适宜、景色优美，脱贫攻坚以来交通基础条件有了较大改善，持续推进乡村旅游，发展小而美的农户主导的家庭旅游潜力巨大。2021年2月，习近平总书记考察贵州时指出："要积极发展乡村产业，方便群众在家门口就业。"从实践的角度讲，对于生产大宗初级农产品的乡村地区，产业兴旺的重点是农业现代化和农村现代化。这些地区应推动大型家庭农场建设，发展智慧农业、设施农业等现代化农业。同时，发展农户驱动型农牧结合的现代养殖业、加工业，提高农业劳动生产率，增加农民收入。对于都市郊区而言，可以推动农旅结合的乡村新型产业发展，培育城乡融合的产业体系。而对于山区或边远地区而言，可以发展特色农业产业和以农户为主导的康养、度假和乡村旅游为一体的新业态产业。

第四，有序推进乡村发展和乡村建设。2021年中央农村工作会议要求，扎实有序推进乡村发展、乡村建设、乡村治理重点工作。乡村振兴是一个长期性的战略任务，应当随着国家现代化进程的推进逐步实现。同时，乡村建设不是简单的乡村基础设施建设行动，而是乡村振兴的重要内容之一，需要有序推进。乡村建设不仅包括乡村的基础设施建设，还包括乡村治理机制的发育、可持续性乡村产业的发展、社会公共服务和乡村文化建设等。因此，有序推进乡村建设需要坚持可持续发展的理念，从人口、居住、产业、基础设施建设和社会公共服务等方面进行科学规划。许多地方组织党员干部下乡帮助乡村搞规划，这对于壮大乡村技术力量很有意义，但下乡的党员干部应当经过专业培训，方更有成效。乡村建设规划不能搞成城市建设规划，要综合考虑农村居民的居住、生产和生活等不同方面的需要，更重要的是要保护传统的村落和文化遗产等。有序推进乡村建设首先需要从村、乡到县，再到省市区自下而上规划布局，然后分类开展实验，积累成功经验。浙江和江苏的乡村建设为发达地区、湖南和江西的乡村建设为中部地区、贵州和四川的乡村建设为西部地区提供了很多有借鉴意义的典型示范。

第五，全面推进乡村振兴需要提高工作本领。习近平总书记指出，"三农"工作领域的领导干部要抓紧提高"三农"工作本领。提高"三农"工作的本领，实际上也是提升推动乡村振兴工作的本领。

这一工作本领包括很多方面的内容。首先,"三农"领域的各级干部需要认识到全面推进乡村振兴极端重要,需要全面贯彻落实习近平总书记和党中央对农村工作的一系列重要讲话、指示批示精神和重大战略部署,需要精准理解"三农"工作与乡村振兴工作、与巩固拓展脱贫攻坚成果工作的关系,充分认识乡村振兴工作在国家现代化进程中的历史意义。其次,需要认识到全面推进乡村振兴是一项复杂的系统工程。"三农"领域的各级干部需要对农村、农业和农民有深入的了解。"三农"情况复杂多变,一个地方不同的乡和村,一个村不同的农户情况都有所不同。为此,"三农"领域的各级干部需要经常深入乡村,深入地头,深入农户,深入实际,确保全面推进乡村振兴始终以农民为主体。最后,全面推进乡村振兴是一项综合性的发展实践,在具体实施中涉及国家粮食安全、农民增收、农民生活、社会公共服务等方方面面的问题。因此,推动乡村振兴工作需要创新,扎实做好整体谋划,示范先行,总结经验,逐步推广。

总之,全面推进乡村振兴是一项长期而艰巨的任务。我国人口在农村和农业的比重仍然很高,乡村振兴需要在国家现代化的进程中稳步推进。同时,全面推进乡村振兴不可能孤立地展开,乡村振兴与新型城镇化和农业现代化的发展密切相关,乡村振兴最终需要在城乡融合发展的战略下逐步实现。

乡村振兴不能单独从乡村中寻找答案

我们现在讲的"三农问题"或者广义的乡村问题,自改革开放以来大致经历了三个不同的阶段。20世纪80年代的乡村问题主要指的是"农业问题",核心是增加以粮食为主的农产品产量。这一时期,粮食供给在总体上呈现出短缺状态。1980年人均粮食年占有量仅为325公斤,且粮食结构单一,城市人口只能按照定额消费口粮。到了

20世纪90年代，粮食供给短缺的局面有了较大缓解，1995年人均粮食年占有量增加到380公斤。但彼时城乡收入的差距已经开始拉大，1995年农村人口人均年纯收入为1577元，城市人口人均年纯收入为4283元，收入比例接近1∶3。所以从这个阶段开始，乡村问题变成了"农民问题"。农民收入过低，农村劳动力大量转移，尤其是农民负担太重等一系列现象引发了所谓的"三农问题"。到新世纪以后，虽然随着农业税的取消和一系列惠农政策的实施以及非农产业的拉动，农民的收入有了改善，但是快速的工业化和城市化又导致了农民问题的进一步扩大。土地问题、留守问题和农民工权利受损等问题成了所谓的"新农民问题"。而最近几年，乡村衰落的现象开始进入社会视野，"三农问题"也就来到"乡村问题"的时代。

  以上从历史维度对"三农问题"的演变进行的梳理，当然是一个简单直观的说法。实际上，粮食安全、农民工福利保障和城乡收入差距加大等问题一直都存在，并没有得到根本解决，只是说这些问题在不同时期的呈现有所不同。随着现代化进程的不断推进，这些问题已经不断累积，成为比以往更为复杂、更为系统的发展问题，所以国家在这一时期提出了乡村振兴的战略以解决这些问题。总的来说，上述"三农问题"都是现代化过程中忽视乡村发展而造成的，因此，重视"三农"工作毫无疑问是乡村振兴的核心内涵。

  前不久，云南的一位县委书记给我打电话，说希望和我讨论一下县里的乡村振兴工作如何开展。我们这几年都在一起推动昆明"都市驱动型乡村振兴"的试验工作。他在电话里说了自己的一些看法，认为乡村振兴不能离开城市化的推动，但是如何做，他很困惑。我之前也遇到过其他地方的一些领导，也会和他们讨论类似问题，他们也总是坦言并不清楚如何开展乡村振兴的工作。他们知道我在做一些乡村的建设工作，希望我能帮助他们。遇到这种情况，我都会说，乡村振兴是个大的战略问题，不可能单靠建设几个乡村就能解决。当然，如果全国的乡村都建设好了，那乡村振兴也就实现了，但是乡村振兴是一个现代化进程中的大问题,实现乡村的振兴当然要聚焦乡村本身,但是不能仅仅盯着乡村,因为乡村的衰落问题不可能单靠乡村自己来解决。解铃还须系铃人,乡村问题的本质是现代化的问题,因此,乡村振兴还得通过现代化的路径来解决。在现代化进程中实现乡村振兴是我这几年一直坚持的观点。

乡村的衰落是现代化转型过程中出现的一个集政治、经济和社会文化于一体的综合现象。乡村的衰落在客观上呈现相对性和比较性。法国经济学家魁奈所提倡的重农主义本质上是乡村主义,他之所以强调农本,主要是因为法兰西统治者曾牺牲农业来推动商业和工业的发展。正如今天的中国,乡村呈现的衰落景观正是在工业化和城市化的推动下导致的。因此,乡村振兴显然无法单独从乡村中寻找答案。这几年,乡村主义的思潮渐渐兴起,学界对此有很多说法,其中一种观念将其认为是乡村的复兴。我对这一观点有所保留,因为"复兴"给人的感觉是乡村过去很发达,而现在渐渐衰落了,需要再度发展起来,这显然并不符合我们乡村的发展历程。这种观点多半是一种怀旧主义的想象。乡村的振兴,需要在新的语境下、在发展中逐步实现。实现了振兴的乡村既不是现在这样的,更不是过去的,而是未来的。从这个角度讲,乡村的振兴离不开城和乡、工和农的融合发展。

这几年,我在云南的多个乡村工作。那些村里的农民主要靠外出打工谋生。昭通的几个村子里,农民的房子都盖得很漂亮,建房资金都靠农民十几年在外务工一点一点地积累。而且农民打工多是从事建筑工程、基础设施建设,也就是说,城市化和工业化的推动对于农民的收入提升发挥了很大作用。我们一直推动以建设城市为主的现代化,虽然带来了忽视乡村发展的负面影响,但同时也是拉动乡村发展的重要力量。

这两年外面的工作不好找,很多农民都回到村里。农民以前打工多少积累了一点钱,所以现在还感觉不到太大困难,但如果工业化和城市化的速度放缓,农民的收入就会下降。因此,从这个角度讲,乡村振兴不可能孤立地实现。通过城乡互动来带动乡村发展是传统向现代化转型的基本经验。因此，工业化和城市化的推动依然是乡村振兴的重要条件。现在中国的农业GDP占比大致为7%，而农业人口占比仍然高达23%。按照现代化转型的标准来看，农业人口的占比过高，比例失调。除非我们重新定义现代化，否则，乡村振兴无法离开工业化和城市化来实现。从这个角度讲，把乡村振兴的重任交给县委书记和农民，他们自然会觉得力不从心。

强调工业化和城市化的重要性并不意味着应该按照过去城市化的路径推动乡村振兴。在20世纪80年代，中国推动城市化的过程中，曾出现过两种观点：一种观点认为应该通过发展大城市来推动城市化，另一种观点则认为应该通过发展小城镇来推动城市化。当时，中国的经济发展水平和城市化率都很低，基础设施落后，如果按照发展小城镇来推动城市化的思路，则会面临基础设施和社会服务成本高、效率低的弊端。所以很长一段时间内，中国都在推动大城市和中等城市的发展，这一模式也是中国现代化的重要特征之一，但此模式也造成了中国"大城大村"的格局。2018年年末，全国共有县级以上城市672个，其中市域人口超过500万的城市共有91个，覆盖7.9亿人。

这一时期，由于主要的经济活动都集中在城市，尤其是大城市，因此乡村的剩余劳动力也主要流向这些地区。在城市化的进程中，不仅接受过教育的乡村人口基本都留在了城市，还有很多农民工也在城市和乡村之间流动。在城乡二元结构下的户籍制度和社会保障制度的约束下，这部分人无法成为城市人口。农民工的居住和工作的分离不仅导致了留守问题，还引发了教育和医疗保障等一系列的社会问题。尤其是老的农民工很难融入城市，无法在城市退休，而当他们回到乡村时，又很容易成为乡村社会保障的负担。年青一代的农民工由于城市居住成本高，很难融入城市，只能重复老一代的流动模式。虽然农村合作医疗、低保和养老保险制度已经全面推开，但这些都属于最基本层面的保障，对于全面保障乡村人口生计的实际作用仍然十分有限。这是在特定社会经济格局下困扰乡村振兴的难点所在。

过去几十年基础设施的发展，尤其是脱贫攻坚以来，农村基础设施有了很大的提升，整体的经济社会发展格局与20世纪80年代完全不同，因此我们需要重新考虑城市化的战略。全国91个城市吸纳了大部分的人口，而几千个县城和乡镇覆盖的人口则很少，乡村占了另一个大头。因此，要想让人口的分布更加合理，需要发展县域和镇域经济，甚至可以将一些人口聚集度高、交通便利的大村发展成村镇，使农民能够就近和就地就业，从而解决农民面临的一系列由于在大城和大村之间流动造成的社会问题。高质量的城市化不能只看城市人口的数量，更主要的是让农民有非农就业的途径，这就是现在讲的"新型城镇化"。所以，乡村振兴首先需要新型城镇化的支撑。

新型城镇化只是推动乡村振兴的其中一条路径。工业化和城市化带给乡村的一个重要变化是乡村的价值发生了改变。2020年前，我们在昆明启动了六个村的"都市驱动型乡村振兴"的试验工作。2022年的"五一"假期，虽然受疫情防控的影响，但这六个村还是来了很多的游客。宜良麦地冲村的"乡村CEO"在群里说，假日期间村里的客房全满。麦地冲村共有24间客房，按照4天计算，仅客房一项收入就是3万元。安宁的雁塔村从2021年"十一"以来成了网红打卡村，文创、自然教育等产业都进了村。2022年"五一"期间，尽管受到疫情防控的影响，每天仍有3000多位游客到访，按照客均消费10元计算，雁塔村一天的收入就超过3万元。

把旅游和其他与乡村相关的产业建在乡村，实现乡村的功能拓展，放大乡村的产业空间，搞三产融合，这算是逆城市化的路径。无论是原发性现代化的英国，还是后发性现代化的日本和韩国，都在进入逆城市化的发展阶段。一方面，我们继续推动新型城市化，让更多的乡村人口能够从事非农就业；另一方面，我们也需要通过逆城市化的方式推动乡村振兴。从这个角度讲，我们要把那些能够通过逆城市化发展的乡村建设好。建设乡村不仅仅是修路、盖房，更主要是发展产业，吸引人才回乡创业，发育以农民为主体的治理体系，保存乡村文化，留住乡愁的"根"。因此，逆城市化不是把乡村建成城市，而是把乡村建成现代的乡村。这是在现代化进程中实现乡村振兴的新路径。

农业现代化是乡村振兴的重要指标。乡村振兴不可能仅仅通过一些乡村发展旅游就能实现。乡村振兴必须要有一个现代的农业，实现农业现代化需要规模经营，一家一户几亩地，虽然可以有效实现农户的自给自足，但是很难实现社会化的再生产，也很难满足市场的需要。但是农业规模化经营不能剥夺农民的土地权，不能逼农民上楼，这就需要通过新型城镇化和逆城市化的路径拓展农民非农就业的渠道，为土地的规模化经营提供基本的经济社会条件。现在，很多家庭农场的效益很好，主要是因为很多农民有了稳定的非农就业，家里耕地规模小，种地的机会成本高，所以他们愿意长期流转土地。在浙江某村，几位农民流转了村里1000多亩水稻，高薪聘用了"乡村CEO"来帮助他们经营，1亩土地产出利润约5000元。当然，规模化经营只是推动农业现代化的一种手段。延长种植业的产业链条，特别是产业融合也是推动农业现代化的重要手段之一。将农田建设成田园综合体可以把乡村的旅游融合进来，实现农田增值。

推动农业现代化不仅仅在于土地的规模经营，中国数亿的小农不可能都变成大农场主，乡村振兴还需要推动小农的现代化。从产业角度讲，小农户的现代化一方面需要考虑他们生计的多元化，另一方面则需要推进产业特色化、技术化和高产值化。云南省罗平县的农民种植油菜、小黄姜和烤烟，虽然户均土地只有10亩左右，但户均年收入大多在10万元以上。罗平县乡村产业发展的重要启示是小农户产业有特色、多元化、复合型产值高，当地油菜种植形成了规模，农户不需要流转土地即可享受从播种到收获的社会化服务，不仅节约了劳动力，而且发育出了小农户对接市场的有效机制，减少了中间盘剥。乡村振兴也意味着将小农生产关系转变为以小农为主体的新的社会化生产关系，这也将会是中国特色现代化的主要内容之一。

长期以来，我们把乡村看作是现代化的"病灶"，强调改造乡村，否定乡村的价值，把乡村仅仅当作实现工业化和城市化的被动的资源提供者。所以，我们一直推动的是以建设城市为主的现代化战略。今天，我们重新认识乡村的价值，倡导建设乡村的现代化，这是我们反思过去发展的弊端，创造"新发展范式"的体现。而这一新的发展范式既不是"回到农"，也不是"继续城"，而是城乡融合。推动新型城镇化、逆城镇化和农业现代化则是实现城乡融合的最大公约数。

乡村振兴需要城市

2022年的"五一"快到时，我们在昆明的几个村又开始搞活动。这两年疫情的确给这些村庄的运营带来了很多困难。昆明安宁花巷雁塔公众号发了题为"小鹿田园开放日"的推文，介绍了"五一"期间创意集市、星空夜市、田园舞台、萌宠乐园、草坪露营、手工体验的各种活动和体验项目。公众号推文图文并茂，讲述了小鹿田园"五一"开放日的文旅阵容，各种文旅产品、饮食、儿童乡村体验等等，非常丰富，这是"乡村CEO"团队制作的乡村运营广告。我们大家都没有想到，今天的花巷雁塔已经是安宁市乃至昆明市的网红打卡村。2021年"十一"，昆明市专门为村里开设了公交专线。乡村作为人们休闲、康养、旅游的新天地，是城市化达到一定程度后，人们精神生活的一种回归。不是说我们要把所有的乡村都建成旅游村，其实很多乡村只要能够把基本的基础设施建设好，有最基本的生活条件，达到干净、卫生的标准，都可以成为有特色的旅游地。当然，我这里讲的城市能够带动乡村振兴还不全然是一个搞旅游的问题。

2019年，昆明市委的领导了解到我在河边村的工作，他们找到我，希望我能帮他们在昆明做点工作。我在去河边村的途中，经停昆明，听了他们的想法，看了他们的村庄，提出开展"都市驱动型乡村振兴"实验的想法。昆明的同志觉得这个想法很好，很符合昆明的实际情况，所以我们在昆明的郊区选了六个村。这一工作从2019年年底开始，由于疫情的原因，工作断断续续，受到了很多的影响，到2022年算是完成了核心区的建设示范以及经营机制的建立。

初到这六个村庄，总体的感觉就是乡村的败落。村庄无序建设，人居环境差，大多数的劳动力都在外打工。经过考察，我们基本确定了在每一个村，先建设一个核心的示范区。在核心示范区内，盘活农户的闲置资产，推动厕所革命、村庄美化，打造新的产业业态。同时招聘乡村职业经理人，建立合作社和经营公司来经营集体资产。到2021年6月，这六个村庄的核心示范区初步进入运营阶段。从具体的结果看，这一实验对于如何把城市的动能带到乡村，如何把城市动能转化为乡村振兴动力方面，取得了初步的成果。安宁市雁塔村是一个典型的滇中古村落，有的村民在新村址建了新房，老人留在老村里，有的在老村建新房。我们在老村里建了一个核心示范区，将闲置的老房通过一户一宅的政策收回集体，打造出了十条花巷，并把花巷里的古民居做了改造，将整个古村落变成一个农耕文化的旅游村，这样可以发展周末经济、假日经济；与此同时，村集体与农户共同开发出商业、餐饮、亲子游等各种业态，通过这些业态带来集体和村民收入的提升。2021年10月国庆黄金周，数万人涌入雁塔花巷，雁塔村瞬间成了安宁的网红打卡村。晋宁区的福安村也是一个具有滇中特色的传统村落，但是村民不断拆旧房建新房，很多具有"滇中一颗印"特色的古民居不断被拆除。我们同样规划出了一个核心示范区，把一些古民居流转到集体，改造成可以从事各种业态的传统小院落，成立了集体经营公司，对外招商。同时将核心示范区也打造成花巷，恢复到原来村落的景观。到了周末和节假日，大量游客进村，带动了村民直接投资建设各种业态。村里打造的第一家餐饮店自2021年10月以来，收入达到了50多万元。

前不久，我和学校的同事开会讨论乡村振兴的工作，正好我们在临沧萝卜山做的农户核桃油加工坊寄来了他们首批精酿的核桃油。我们都做成小包装，贴上萝卜山村品牌的标记，在开会之前拿出来，送给开会的同事。大家拿着一小瓶核桃油，感觉到很珍贵。其实各种各样的食用油在商场里、网络平台到处都是，但说这是萝卜山纯生态核桃油，是由农户自己加工的农品，大家都觉得非常珍贵，感觉到拥有这样一种产品，非常自豪。这几年，我一直在极力倡导城市带动乡村振兴的主张，讲得更多的是城市到乡村消费，为乡村注入经济动能。而实际上，城市之所以能够带动乡村振兴，还不完全是经济的问题。

我提出过"乡村稀缺"的概念，这一概念的含义是当乡村变得越来越稀缺的时候，原本在乡村并不值钱的东西，都会变得有价值。一小块用风干的芭蕉叶包装的红糖，一顶农民自己做的有民族特色的小帽子，作为礼品送给朋友，大家会觉得比在超市里买的更珍贵。乡村及乡村的产品不仅仅是一个地理的空间和生产的物品，更重要的是乡土文化的载体。随着乡土文化越来越远离人们的生活，原本属于很"土"的乡土物品反而变得雅致而珍贵。雁塔村将盘活开发的一处滇中小院租给了一家课外教育的公司，每周都有很多年轻的妈妈带着孩子来这个公司体验乡土文化。村庄里的一切对于这些孩子而言都是新鲜的，因为他们已经看惯了城市幼儿园的那些玩具，也看惯了城市的那些建筑和街道，乡村对他们而言完全是另一种模样，中国人说的物以稀为贵就是这个道理。

现代化不仅仅是物质，现代化的另一个重要特点是人的个性化和人对消费、对生活的个性化追求，特别是在现代化推动下城市群体的生态消费倾向、定制化消费倾向。城市的群体在乡村体验到了后现代的文化偏好。我在几年前曾经说过，不要把乡村建设成为城市消费者的精神垃圾场。当时讲的意思是，不要将乡村建设成为远离乡村自身价值，只供城市群体逃避嘈杂、被污染的都市生活的"避难地"。相反，在城乡融合的思路下建设乡村，是希望乡村的价值能够根植在城市人的思想中。从这个意义上来讲，消费乡村，恰恰说明了我们一种新的文化自信。

我曾经讲过,英国的乡村之所以在几百年中没有衰败,或者说经过了衰败而保留了下来,当然也有英国政治经济的原因,但是其中重要的一点是因为有财富的人始终与乡土相联系。如果说中国的精英群体能够从真正意义上欣赏乡村,并把自己的爱好和经济社会活动更多与乡村连在一起的话,我觉得乡村的振兴就会多一份重要的社会力量。推动任何一个社会运动都离不开主流社会群体的拥护,乡村的振兴,固然主体是农民,但是今天,60%的人口已经是城市人口,他们对于乡村价值的认识和偏好,毫无疑问会影响乡村的振兴。

我讲这个观点并不是指农民不是乡村振兴的主体,恰恰相反,只有非农群体在价值层面真正欣赏乡村,乡村的价值才能真正提升;作为乡村主人的农民,才有可能成为不被歧视的主体。

乡村振兴与"乡村正确"

最近几年,乡村振兴非常热门。有一天,北京科技大学的一位朋友给我打电话,说他们要成立一个乡村振兴研究院,希望我成为他们乡村振兴研究院专家委员会的委员。我当时觉得有点奇怪,北京科技大学是纯粹工科的学校,如何搞乡村振兴呢?有一次,我们讨论中国农业大学国家乡村振兴研究院,我是这个学院的常务副院长。大家对于中国农业大学国家乡村振兴研究院如何定位不是很清楚,中国农业大学的校长孙其信教授说,中国农业大学的教学和科研等各项工作,无论从技术角度还是从工作的方向,都是围绕着乡村振兴展开。确实,像中国农业大学这样的农科大学无论如何都与乡村振兴的工作分不开。清华、北大也都成立了乡村振兴研究院之类的机构,几乎全国的大学都成立了乡村振兴研究院,当然,从宏观的角度讲,全社会关心乡村振兴,一方面是为了落实中央关于乡村振兴的重大举措,另一方面也是我们经济社会发展达到了一定水平,我们有这样一种能力通过全社会的关注和支持来建设我们的乡村。但从微观角度讲，也不能大家都一哄而上，这背后似乎有一点"乡村正确"的影子。

作为一种潮流，重视乡村是政治、经济、社会、文化变迁过程中的一个重要转折点。在过去很长一段时间，中国的社会总体上是一个农业社会，工业化程度低，在改革开放之前的很长一段时间，大部分的人口生活在乡村，农业对国民经济的贡献也很大。在那样一种情况下，国家需要推动工业化、城市化、现代化，那段时间，"农转非"是非常困难的事。城市是稀缺的，很少有人会觉得乡村有多少价值，推动城市化和工业化似乎并没有太多人反对。改革开放以后的很长一段时间，一直都是在推动城市化。在这个过程中，也就有了一个所谓"城市正确"的范式。

最近几年，我发现大家对于城市化的质疑越来越多。城市化开始的时候，的确也有人质疑和批判城市化，但是，那种批判和质疑所能获得的社会支持是非常有限的。那种批判也有基于严谨学术研究的理性思考，但多数是属于我说的"进口型"后发展的范式视角，主要是基于西方工业化和现代化过程中出现的问题。今天日益增加的对城市化的质疑，更多的是基于对中国自身经验的"在场性"的反思与批判，其学术价值和政策意义是不能够忽视的。越来越多的对于"城市正确"范式的质疑，实际上在很大程度上反映了中国现代化进程的转型。

现在只要讲到城市化，都需要有比较严格的界定，比如要强调不能单纯发展大城市，要搞新型城镇化，把城市化扩展为城镇化，因为推动新型城镇化要比过去笼统地讲城市化更具有共识性。在20世纪80年代推动工业化和城市化发展的过程中，就已经出现了两种观点。一种观点是推动大中城市的发展，形成所谓的城市聚集效应。持这一观点的人认为，集中性的大中型城市可以凝聚产业效应，提高基础设施的利用率，降低社会公共服务成本。这一观点至今仍在影响着中国的现代化进程，形成了今天所谓的城市集群的概念。另一种观点认为要搞小城镇化。当时对于这一观点的主要质疑是无法在全国范围内展开大规模的基础设施的投资，分散的小城市、小乡镇产业形成不了聚集效应，导致交通运输成本和社会服务成本增加，所以从经济效益的角度讲，不适合中国的城市化道路。今天，在基于大城市发展的城市化战略受到质疑的条件下，加上全国城乡地区基础设施条件大大改善的背景，这一观点越来越显示其价值。新型城镇化在很大程度上也吸纳了这一观点，所以80年代开始的两种完全分野的范式，今天在某种程度上，已经开始走向统合。

在日益出现质疑城市化的舆论中，新的乡村主义思潮开始出现。今天，只要给年轻的学生讲如何推动城市化，常常会招致学生的反驳。乡村美好、乡村的复兴、颂扬小农等不同类型的农本主义观点不断涌现，逐渐形成了我定义的"乡村正确"的思潮。与质疑"城市正确"背景和动机的演化相似的是，"乡村正确"思潮的出现也是中国现代化过程中城乡关系出现调整以后新的学术生态思想。随着城市人口的不断增加，乡村人口越来越少，乡村的经济价值相对城市的经济价值不断下降。从社会文化的角度讲，人们对于乡村越来越感到陌生，乡村的社会稀缺性越来越明显。因此，乡村的政治和经济社会文化价值反而开始上升。在这种条件下，发展乡村成了某种意义上的"政治正确"，实际上我把它看作是基于农本主义的"乡村正确"。

乡村振兴的战略也恰恰是在城乡相对价值关系发生变化的客观语境下出现的国家推动的发展战略。这一战略的核心是全面提升乡村经济社会和文化发展的水平，形成城乡融合型的发展格局。但是，需要指出的是，乡村振兴战略本身，是国家现代化进程的一个组成部分，并不是基于农本主义的翻版。从现代化的角度讲，乡村振兴的基础是城乡融合发展。在这样一个过程中，对于像中国这样农业GDP占总GDP的比重下降到7%以下，而依靠农业生存的人口比例还在20%以上的国家而言，依然存在农业效益低和农民收入低的结构性问题。调整这样一个结构，不可能只盯着乡村，还必须与新型城镇化进行联动。

我这几年在云南的很多县里工作，接触到县里的领导比较多，大家普遍反映不知道乡村振兴工作怎么搞，感觉他们把关注点只放在了乡村上。搞乡村振兴自然要把重点放在乡村，这本身没有错。中央要求五级书记抓乡村振兴工作，过去工作的重点都是建设城市，抓工业，乡村的基础设施、社会服务远远落后于城市，因此乡村振兴的首要任务是补上这一短板。最近交通运输部提出要实现人口较多自然村通公路，这些都是乡村振兴的重大举措，但这不意味着乡村振兴工作只盯着乡村，就一个县的范围来讲，还需要调整县域经济发展模式。中国在过去几十年形成了"两头大"的发展结构，一是大城市，二是大农村，人员在两头之间流动，大多数的县城和几乎所有的乡镇都缺乏产业凝聚和吸纳人口的能力。因此，从县域经济社会发展的角度讲，有效推动乡村振兴，需要继续推动新型城镇化，需要与县域经济社会发展联动起来，否则即使把乡村建成旅游点，也不可能靠住在乡村的人去消费，还需要提升县域范围内人口的收入水平。这几年条件比较好的地方的乡村旅游之所以能够带动乡村发展，主要原因恰恰是城市人口有消费能力。

"乡村正确"是一个并不严格的表述，但是乡村立场的极端化也会产生偏颇。实现乡村振兴要在国家现代化的大背景下展开，解决乡村问题不可能通过只盯着乡村展开，而应该与新型城镇化和国家整体现代化形成有机的整体。所以从这个角度讲，乡村振兴不能搞成绝对意义的"乡村正确"。

乡村是"净土"？

2003年"非典"疫情的时候，我写过一篇文章，大意是农村卫生条件差、医疗设施落后等状况容易导致"非典"的流行，须警惕"非典"在农村传播蔓延。而事实上，当时"非典"并未在农村流行，乡村成为抵御"非典"入侵的"净土"。

新冠疫情出现以后，我也看到了同样的观点，呼吁加强农村的防护，全国的农村普遍也采取了前所未有的封村封路的举措。新冠肺炎并未在乡村形成疫情，乡村又成了隔绝新冠病毒的"净土"——这新冠病毒好像也搞"城乡差别"。

最近，我看到了一些关于此次疫情的讨论。这些讨论大都聚焦在公共卫生的治理层面，这其实是关注疫情发生原因最为重要的方面。但是也有一些讨论涉及了乡村和城市的发展问题。虽然并没有观点直接说疫情的发生和城市有相关性，但有的观点还是暗示了，过度的城市化是新冠疫情暴发的重要原因。因为病毒的传播离不开传染源，离不开传播途径，也离不开人群。城市人口多、居住密集，尤其是城市的办公、娱乐和商业空间经常人满为患。这些特点几乎完全符合任何病毒迅速传播的条件。

相比之下，乡村人口少、居住分散，而且是分户居住，生活生产自足性强，这些空间特点和经济社会特点似乎都不利于病毒的传播。疫情的流行分布可能让人产生"城市是瘟疫的易发地，乡村是免疫的天堂"的印象。这种城乡之间的流行差异的确从功能主义的角度，为现代版的乡村主义者提供了乡村价值的某种有力的证据。

乡村果真是阻隔传染病的"净土"吗？答案显然不是那么简单。无论是"非典"还是"新冠"，其在城乡间流行的差异都需要系统的、基于数据的研究。

从传播的机制来说，人口量大且聚集度高显然是病毒大规模传播的最基本的因素。因此，乡村人口的过疏化显然是病毒在乡村传播有限的重要条件。但此次疫情中，湖北乡村疫情的严重程度远远不及省内城市的原因则可能更为复杂。

首先，就武汉而言，病毒会不会在乡村传播的第一个问题是有多少乡村人口在武汉工作生活；其次，有多少这样的群体感染了病毒并在武汉封城之前回到乡村；最后，武汉封城之后，乡村地区人口的数量是怎样变化的。

也就是说，如果在武汉市里，来自乡村的人口数量很大，其中一部分人感染了新冠病毒并且在封城之前回到了乡村（恰逢春节，返乡人数更多），乡村的人口数量有了很大的增加，那么没有理由认为新冠病毒不会在乡村传播。因为乡村人口虽然居住分散，但一旦外出人员回乡，再加上春节礼节性走亲访友、请客吃饭等，其流动和聚集程度往往胜过城市，群体聚集导致的加速传播效应很容易抵消居住分散带来的隔离效应。

可惜我没有上述几个方面的数据，难以做出有说服力的结论。但是很明显，新冠病毒从武汉传播到乡村和传播到其他城市的机制是一样的，即取决于从武汉流动到其他地方的人中有多少感染者及流动的目的地有多少人口。一旦有很多感染者流动到其他地区，而且这些地区并无任何防御，那么一定会发生疫情的传播，疫情早期在温州的传播就是这样的典型例子。

那么为什么此次疫情总体上在乡村没有形成大规模的传播呢？很显然，一方面，应该是在疫情发生地计划返乡的农民感染的数量有限（我并不知道有多少）；另一方面，感染者在没有返乡之前就已经无法返乡，也就是说传播地的封城措施发挥了作用。

到目前为止，还没见到很多关于感染的农民回到乡村导致病毒大规模传播的报道。而且，现在乡村中"老弱残"较多，一旦在乡村传播，这些群体很容易被传染。乡村封村封路的作用是防止外部输入和本地输出，没有外部输入的主要原因是在输出地对输出的控制有效，而非乡村的封村封路。

这是基于疫情由城市向乡村传播，并且传播源的输出得到了有效控制条件下的假设讨论。这一假设在很大程度上也符合目前疫情传播的实际，也就是说新冠病毒的传播并无城乡的偏好，而取决于对病毒传播链的控制。

另一个疫情与城乡问题相关的假设是，如果有感染者回到乡村，而乡村没有任何防护机制，即使乡村人口居住分散，但是基于乡民假日的社交习惯，病毒也会很快在全村传播。即便乡村居住的人口有限，但是按照人口传播比例计算，感染率不会低于城市。因为居住的分散性只有在人员不流动的条件下，其隔离的优势才会显现。乡村节日里的走亲访友和请客聚餐，往往会将本来分散的人群聚集起来，即有利于病毒传染的潜在感染群体的聚合大大抵消了居住分散的潜在优势。由此可见，基于此次疫情没有在乡村蔓延的现象而将乡村看作是疫情不入的净土未免过于天真。

我有一位同事问："李老师，你说病毒的传播也要基于潜在寄主的数量，乡村人口少，潜在寄主数量少，不就可以避免大的传播吗？"是的，现在乡村的人口少，即使发生疫情，也的确不会导致大的流行，而且由于人少，也容易防控。但这是乡村人口过疏化给预防疾病传播带来的某种优势，并非乡村固有的抵抗力，一旦人口的景观发生变化，这一优势将会随即发生变化。

最近，有朋友给我发微信说："小云，你在乡村搞了很多的村子，将来可以常驻，有病毒也不怕了。"目前乡村人口少，不利于疾病的传播。但是，一旦很多人都回到乡村，人口增加了，按照现在乡村的卫生条件和基本公共服务的供给水平，难道未来新的病毒就不会侵入？网上也出现了很多疫情之后乡村价值提升的观点，也的确会有人在考虑将来移居乡村，针对这个趋势的乡村土地问题的讨论估计也会多起来。在乡村居住的人多了，就需要相应的社会服务，各种各样的服务空间也会多起来，乡村也会逐渐趋向城市功能，人多的乡村自然也就没有人少的乡村的优势了。因此，从疾病流行的角度来捍卫乡村固有价值的论点是值得商榷的。

此次新冠病毒的流行超出了大多数人的想象，对我们生活的影响将是深远的。随着疫情的缓解，人们开始反思过往的生活和发展的范式。远离繁忙嘈杂而不安全的城市，居住在风景优美的乡村估计是大多数人（包括我自己在内）的梦想。

我曾在日本考察，发现那里的乡村环境非常优美，甚至乡村从业人员的收入高于城市的就业人员，但年轻人还是普遍去往城市。日本是由乡村过渡转型为城市的国家，东京这个巨大的城市无疑会有很多城市病，但东京各种生活条件都十分发达，日本的疫情并未因为东京巨大的人口而迅速蔓延。

人类历史上暴发的大规模传染病并无证据证明与城市化有直接的关系。相反，城市提高了医疗服务的效率。人口的集中虽然有利于疾病的传播，但是人口的集中也为在应急条件下的大规模集中控制提供了有利的条件。

我经常讲，我是一个传统的发展主义者，这可能与我童年生活在落后地区及以后接触发达国家的经历有关。我主张城市化、工业化和现代化，但这并不意味着我认为城市万能；我主张乡村的现代化，并不意味着我主张乡村的衰落。

我认为乡村不可能回到过去的乡村，流出的人口也不可能都回到乡村，没有现代化的城市也就不可能有现代化的乡村。现代化的先行者们为我们提供了很多城市化和乡村现代化的经验。现阶段城市和乡村的问题是治理的不足，不能用这些问题否定城市化和乡村现代化的道路。

在快速的城市化下，乡村人口的过疏化导致了乡村的衰落，这无疑是乡村振兴的重要问题。但是如果没有良性的城市化，乡村的衰落是无法扭转的。很多人都把英国和欧陆及日韩的乡村看作是现代化后乡村发展的典范，这些国家乡村的发展无一不与城市化相联系。当然，它们的乡村发展也有很多的问题，依然存在着衰落的现象，但是除非我们回到农耕社会（那也算一种选择），否则就只能面对城市和乡村如何协调发展这一挑战。

中国当前不是城市化过度，而仍然是城市化不足。乡村的振兴不会在逆城市化的过程中实现，新乡村主义思潮恰恰是发生在中国城市化突飞猛进的阶段，这一思潮及时提醒我们重视乡村的价值，推动乡村的振兴。但是，任何将乡村的价值绝对化、浪漫化的判断，都可能把中国现代化道路导向歧途。

第三章 乡村的建设

我的学生经常问我，乡村振兴、"三农"工作、乡村建设以及农业现代化这些术语之间有何区别。这些表述在字面上是不同的，但所包含的实质性的含义是一样的。"三农"的概念是20世纪90年代提出的，在其后很长一段时间，所关注的焦点是农民的收入、粮食的生产、农民工的问题等。这个概念的实质是将农村、农业、农民看作是在现代化过程中"被动"的贡献者。农业现代化一直嵌入在国家现代化的整个过程中。在中国的语境下，农业现代化更多讲的是基于物质和技术角度的现代化，如土地生产力的提升、劳动生产力的提升、农业技术的进步等。近几年提出的乡村振兴，则更多的是从战略层面上，不再将"三农"看作是一个"负"的资产，而是强调对乡村、农业和农民提供实质性的支持，实现城乡融合型的发展。乡村建设与农业现代化一样，是在实践层面上落实乡村振兴和国家现代化的具体过程。也就是说，乡村振兴的战略需要在乡村建设的过程中，需要在农业现代化的过程中得以体现。所以，乡村建设不仅仅是一个在乡村修路、修房子的具体行动，而是落实城乡融合发展的微观过程。从这个角度讲，农业现代化也不仅仅是技术和物质的现代化，还包括了农业制度的现代化，比如我们常常说的合作社、家庭农场等，以及人的现代化，也就是我们说的现代农民、职业农民。

最近几年，我去基层的时间很多，遇到的县、乡镇的干部都说，乡村振兴很重要，但是他们不知道如何落实。中央对于乡村振兴的战略要求其实非常明确，目标、政策、措施都在不断推出。但是因为这些政策都是从不同角度、不同方面推出的，比如推进农村厕所革命、农村人居环境提升，有序推进乡村建设等，这些看起来不同的政策实际上都是乡村振兴的政策，也是乡村建设的具体内容。总的来说，乡村建设包括了基础设施的建设、人居环境的改造、产业的发展、乡村的治理以及乡村社会公共服务的完善等不同的方面。所以我说乡村建设是乡村振兴战略的微观呈现，也是落实乡村振兴战略的一个抓手，当然，农业现代化同样也是这样一个抓手。

说到乡村建设，就会涉及建设乡村的具体工作，而建设乡村又会落实到建设哪些乡村。在基层，有的县领导说一个县自然村有好几百，建哪些，不建哪些，都得有考量。因此从建设乡村的角度来看乡村建设和乡村振兴，的确还是有很多问题需要解决。很多村庄，住的人很少了，这样的村庄如何振兴？农民都在原来的宅基地上建了新房，但有的新房空置，有的房子里只住一两个老人，这样的村庄怎么办？还有的村庄，特别是在一些山区的少数民族村庄，长期外出的人口很少，他们的生活和生产都在村庄里，这样的村庄又怎么办？乡村的建设、乡村的振兴、农业的现代化，都需要面对这些问题。

从建设城市到建设乡村

把今天城乡变化的现代化进程放在100年的时间跨度来看，我认为我们进入了一个新的现代化的阶段。

我们从清末以来开始进入现代化，从这个时候开始我们进入通过工业化和城市化，同时改造乡村来实现中华民族的现代化的进程。

我们不能说这个进程就结束了，但可以讲我们的现代化进程进入一个新的阶段。从乡村的角度来看，我把它叫作进入一个建设乡村现代化阶段，所以我的题目是"从建设城市或者叫改造乡村到建设乡村的现代化"。

过去很长一段时间，在以建设城市为主从而改造乡村的现代化进程中，出现了乡村人才、乡村财富的流失，也出现了乡村经济、社会文化的衰落问题。我们把这些现象统称为乡村的衰落。那么对于中国这样一个大国，特别是一个很长一段时间以农业、农村和农民为主体的一个大国来讲，按照传统的现代化路径，从某种意义上讲，乡村的衰落也是一个自然的过程。因为我们不可能在现代化的进程中依然保留一个庞大的乡村经济社会体系，所以乡村相对的衰落实际上是现代化过程中一个不可避免的阶段。但同时，从乡村的立场和城乡作为一个经济社会文化整体而言，以建设城市和工业为主导的现代化则产生了一系列相对负面的结果。

自清末以来，针对乡村的现代化，有两个不同的范式，一个是用现代化改造乡村，另一个是用传统社会文化复兴乡村。无论哪种范式，都不同程度地把乡村看作是中国现代化的"病灶"，因此对乡村的改造也就成了早期中国现代化道路探索的主要范式。

今天我们讲的建设乡村的现代化，则是把乡村看作现代化的有机组成部分。如果说这个过程依然有"改造乡村"的含义，那也既不是彻底"否定城市"，也不是"否定乡村"，而是希望传统与现代有机衔接，即所谓的城乡融合。这一建设路径是对传统乡村建设实践和思想的继承和发展，所以我称之为"新乡村建设实践"。

基于现代化的乡村建设路径，既不是一个极端的乡村主义，也不是一个极端的城市主义，而是一个新乡村主义和新城市主义的结合，主要体现在两个方面，即新型城镇化与逆城市化，这两者的相互结合实际上是中国现代化的最大公约数。这个过程有哪些特点呢？

一是农业步入了现代化的轨道。看一下农业的发展，粮食总产量的增加是在土地面积不断缩减的情况下产生的，所以粮食单产的水平是逐年提升的。灌溉面积、农业机械化水平大幅提升。华北平原、东北平原的小麦和玉米生产从播种到收获，从收获到加工，机械化的水平提高到90%以上。就是说今天单从农业的技术来讲，中国无疑已经步入农业现代化的轨道上了。这应该和20世纪八九十年代是完全不一样的。农业科学技术对于农业发展的贡献率,也有了极大的提升,过去在20世纪八九十年代是30%到40%,现在到了60%以上。

二是农村现代化的差距。现在最大的问题,从某种意义上来讲还不是一个农业发展本身的问题,主要是农民问题和农村的问题。我们对比一下2018年中国和部分中等收入国家的情况,我们看一下人均GDP差不多水平的国家,它们的非农产业占GDP的比重都超过了90%,这一点中国也一样。但是,大多数对比的国家的城镇人口都超过了75%,我们的城镇人口占60%。也就是说与中等收入国家相比,我们的两个比值不协调,显示了我们农村的现代化水平相对偏低。

我们对比一下英国、日本,先看一下传统的原发性工业化国家的代表英国。英国在19世纪末期已经实现了现代化,农业人口占比和农业GDP占比都低于10%,而且在很长一段时间农业GDP和农业人口的占比都是同步的。就是说农业就业人口的比重,农业GDP的占比之间的差距不大。再看一下日本,日本是后发性的工业化国家,60年代的时候城市化率60%多一点,和我们现在的水平是差不多的;80年代农业人口的比重低于7%,GDP的比重低于3%;现在基本上农业GDP的比重在1%上下,人口占比3%左右。

现在我们纯粹从事农业的人口占比可能也就是20%到25%,GDP占比8%左右。我们的人口比重和GDP的比重相比,人口的比重过大,说明什么?说明我们需要继续推动城市化,当然不是传统意义上的城市化,而是新型城镇化。新型城镇化的意思主要是需要把农业劳动力从纯粹的农业行业中转移出来,虽然我们农业的单产水平与发达国家相比还有差距,但农业现代化更迫切的问题是农业劳动生产率太低,我们的农业劳动生产率与美国相差将近10倍。

首先,我认为农业发展的核心问题是农民问题、农村问题。农民问题的核心是农业劳动生产率太低,种田不挣钱是农业劳动生产率太低的主要原因。农业人口滞留在土地、滞留在农业上的数量还是太大。这个问题在过去的城市化、工业化的推动下有了很大的缓解，但是还需继续推进。

其次，继续推进城市化需要转变发展范式，推进新型城镇化。如果不转变，传统的城市化不可能吸纳所有的农业人口，如此多的农业人口回到农村去种地，我们的现代化实现不了。新型城镇化已经不是过去那种把所有的人口都转移到大城市去，从事低端性的劳动密集型产业。

最后，逆城市化。就是逆传统的城市化，发展"乡"和"村"，让乡和村成为新的经济社会空间，与"城"连为一体，成为人口经济和社会文化的新空间。我认为这是未来中国现代化的新路径。

我们讲农民的收入问题、城乡之间的收入差距问题，核心是农民从事农业生产的收入太低，从事非农生产则需要外出打工，资产收入又很低。主要的背景是乡村的经济结构，过于集中在农业，过于集中在低端的低产值的产业上。

随着工业化和城市化的推进，乡村的经济价值和社会价值开始呈现稀缺性，最典型的现象就是现在很多人都想去乡村养老、旅游等。乡村旅游就是一个非常明显的能够带动乡村产业变迁的新的业态。很多人选择到乡村去居住，显示出乡村的社会价值的提升。城市里的小学生都不知道水稻、小麦是什么样，所以大家都在周末带着孩子到乡村去体验。现在乡村的价值已经不同于过去，使得乡村的整个功能正在发生变化。乡村从过去提供粮食的单一功能体，变成了一个综合性的经济社会的功能体，并正在成为新型城镇化和逆城市化的一个新业态产业的新空间。

我们看一下2019年英国的数据，英国乡村的产业结构中，农林业只占到3%，制造业甚至达到了13%，教育管理占20%，房地产占16%。英国乡村和城市的统计与我们的统计不太一样。我没有中国乡镇和乡村放在一起的数据。但是我们观察发现大多数乡镇中心，除具有一些简单的居住功能和行政服务功能以外，它基本上没有完整的经济功能，和乡村基本是一样的。所以我讲的新型城镇化和逆城市化，在某种意义上，是将乡村作为一个新的经济和社会空间加以开发。

从英国2017年的数据来看，全英国人均年收入是23700多英镑，农村人均年收入是23300多英镑，差距不是很大。除伦敦等大城市收入高以外，有些乡村的收入甚至高于城市平均收入水平，所以城乡收入的差距很小，甚至没有。这里收入差距缩小实际上不仅仅是依靠第二次分配和第三次分配，在很大程度上也依靠第一次分配。所谓第一次分配就是我刚才讲的，产业、就业在乡村和城市之间的重新配置，这是我们今天面对的一个新的格局，就是新型城镇化和逆城市化相结合的一种新特征，是中国城乡融合、城乡转型的一个新特征。

这样一个阶段，呈现出了我们中国现代化进程的一些新特征，我们把它叫作新转型阶段。所以在这样一个背景之下的乡村建设，就是新的乡村建设实践。

我在云南展开的建设乡村现代化的试验，一共有十几个村庄参加，主要思路就是要用现代城市的动能来激发乡村的潜能，实现要素的双向流动。

这个思路就是把建设乡村看作是城乡融合的微观实践，因为城乡融合不仅仅是战略和政策层面的工作，同时也必须体现在具体的过程中。把乡村建设作为一个抓手、一个平台，来让城市的动能进入乡村，让城市的动能变成乡村振兴的动能，这样来推动城市和乡村的融合。

我在河边村的建设，核心就是把乡村的资源，把乡村发展的动能，与城市的动能结合起来。整个乡村六年多的建设，我不仔细讲了，现在建成这样，这里有嵌入式"瑶族妈妈的客房"，这样的话城市的动能可以进来，各种会议，各种新的业态、自然教育都进来，这样可以提升农民收入。农民收入提升基于什么？不是基于大公司让他们去打工，农民就是主体，他们就是每户的主人，挣到的钱全部进入农户账户，而不是通过公司加农户的形式让农民受到盘剥。这就是在第一次分配中提高农户收入的比例，来实现共同富裕，来实现乡村振兴的思路。村里有比较现代化的设施，城市的动能进来，很多人都到那儿去休假，在西双版纳热带雨林里，有幼儿园，有酒吧，有各种各样的设施。当然，不是所有的村庄都适合这个模式，但是很多的村庄其实都可以发展，这是一种小农现代化的路径，人不离村，发展多元生计，小农户可以对接市场，可以发展下去。

除此之外我和团队还在昆明市做了六个村庄实验，通过闲置资产盘活，吸引城市动能进村。我们还在临沧、怒江和昭通做不同类型的乡村试验。当然，这些工作都还是在探索，难度都很大，遇到很多难以解决的问题。

从单纯建设城市到积极建设乡村的现代化进程是我们面临的一个新的发展阶段。这个阶段并不是说不发展城市，城市化还需要推动，但是我们需要开拓市场化的小空间，需要重新定义城市化。如果不推动新型城镇化，农业现代化很难实现，现代化进程也会受到影响。这是我从乡村振兴的角度，思考中国现代化的一些实践和心得。

乡村建设为何政府建，农民看？

我在云南很多地方做乡村建设的工作，一个总的感觉是，乡村建设主要是政府在建，农民在看。想把一个村子建设好，乡里的干部和村里的干部是最辛苦的。我在云南十多个村工作，建了十多个工作群。我不在村里的时候，就每天通过工作群沟通。有一段时间，云南大部分地区下大雪，我看到昆明、昭通和临沧的几个村子被大雪覆盖，好几个乡镇的领导都在村里工作。2019年，我们开始昆明宜良麦地冲村的乡村建设，镇里的女书记在此期间几乎都在村里工作。我曾经和她开玩笑说："你没有家吗？"我在云南罗平县的一个村里见到乡里的书记，我还以为是村民，他说他几乎每天都在村里跑。我和腾讯的朋友一起在重庆酉阳的一个村里工作，每次去，都会发现来村里搞建设的人很多，四川美术学院在村里搞了很多的"乡土艺术品"。实话说，在这些村里我还真的没见到农民在搞"乡村建设"。很多时候，农民都是站在门口，看着我们这些人走来走去。干部辛苦在乡村当然是好事，说明他们在认真落实中央的政策，社会各界到村里来，说明乡村有价值，他们投入乡村建设也是好事。问题是农民为何缺位呢？

新冠疫情以前，我经常去日本和韩国，日本和韩国的朋友说他们的乡村当初也很落后，但随着社会经济的发展，乡村也逐渐发展起来了。我问他们乡村的变化是如何启动的？日本的朋友说20世纪50—60年代政府在乡村投入道路、卫生设施等建设工作，还对村民卫生习惯进行教育等，就像我们今天弄的村容村貌治理。韩国的朋友说60年代韩国政府出钱买水泥，鼓励村民自己修村里的路，改变村民的卫生习惯，很像我们现在搞的以工代赈建乡村。欧洲的情况看起来不大一样。我问荷兰、德国和英国的朋友他们乡村发展的事，至少没有听他们说过有和日韩、和我们一样的"乡村建设"，当然他们也有自己的"乡村建设"。

我在昭通的一个村里看到一位村民坐在自己家门口，房檐下挂着春夏秋冬没有洗过的衣服，院里杂乱无章地堆着各种东西，这让我想到了我在韩国的乡村看到的一位年长的农妇一大早在自家庭院里收拾、美化的场景；让我想起了早年我在德国巴伐利亚州的农户家里，农夫一大早起来在自家院子里摆弄花的情景。我问这个村民为什么不把那些衣服洗一下，放起来，为什么不把院子打扫、整理一下。他抽着烟，笑着看着我们，没有作答。

我的同事宋海燕到河边村工作时，总是住在村口的黄志成家。他家有乡村酒吧，外来的客人都喜欢坐在那里喝茶、饮酒。我们出资修建了他家的卫生间，并且改造了好几回。宋海燕经常为卫生间不干净教育黄志成，黄志成总是笑着说："忙啊，顾不上，晚上割胶，回来就想睡觉。"很有意思的是，黄志成经常说："卫生间都比人住的房间好了啊。"

一位在中国贵州为日本援助项目工作的日本专家告诉我，当年日本农村也是这样，日本的农民对于"干净和卫生"的反应很迟钝。他的话让我产生了很多思考，任何人都对能给他们带来直接利益的东西反应敏感，农民也不例外，但为何农民对于"干净和卫生"反应迟钝呢？其实河边村黄志成的玩笑话说出了其中的道理。

在乡村工作，常常看到干部组织农民搞村容村貌整治，大多数农民都积极响应，但还是有一些农民不愿意参加。干部会说农民懒惰、卫生习惯不好等等。我给村干部说城里小区难道是住户自己打扫卫生吗？何况城里高端的小区楼里面也堆着很多东西，许多人连自己家门口都不打扫，依赖物业工人，我们咋能说农民懒惰呢？我一直都重申我不是一个为农民代言的人，虽然我也有一点文化的自觉性，但我不是农民，没有基于作为农民的本质利益，所以无法形成真诚如一的农民立场。所以，我在乡村也是和干部一样教育农民成为自己乡村建设的主人。

城市不仅有完善的基础设施，如排水系统、污水处理、公共卫生场等，还有维护这些设施的服务机制，也就是说城市有一套完整的市政系统在帮助自身运转。城市的干净和美化主要靠不断地投入资金和人力来进行维护，而不是城里人的觉悟和参与。

虽然现在的乡村基础设施有了很大的改善，但是很多的乡村基础设施落后，雨雪之后，道路泥泞，清理起来十分困难。2021年，我每次去昭通的大苗寨都赶上下雨，不得不穿上雨靴。今天的城市，即便是一个小县城，还有谁出门穿雨靴呢？更为重要的是，大多数的乡村没有公共服务，没有污水处理、垃圾处理设施，也没有资金雇用专门的人员从事类似市政的服务。乡村只能通过各种各样的"村规民约"以及名目繁多的各种奖励惩罚措施来维护村庄的卫生。所以我们用城市的"干净美化"来对比乡村的"脏乱"、来指责农民懒惰是不公平的。

我在很多地方都讲过，要推动建设乡村的现代化，在这过程中，政府一定要投入。中央要求把基础设施的建设和社会公共服务向乡村延伸就是这个意思。所以，我工作的那些村里都坚持以工代赈建设乡村基础设施，反对让农民义务投工投劳。另外，我们在村里建很多的设施，其实农民都不太需要，比如说建一个图书室，很多图书室一年到头都没人去，图书室的很多书农民都不感兴趣；很多村庄都建设健身小广场，对一些城市化的村庄而言还是有用处的，但是对于多数的村庄而言，农民一天干活早出晚归，正如农民自己说的那样，"我们天天都在锻炼身体"，因此这些设施也大多闲置。很多村庄建花园，种了花和草就得去维护，增加了农民的负担。所以很多的乡村建设的事，农民不积极不是因为他们不喜欢干净美好，而是很多的建设不合他们切身的需要。

我讲这些不是说乡村建设不好，相反我自己已投身于乡村的建设中。我工作的那些村的干部和村民都知道我每天都在弄这些花花草草，我希望乡村美化起来，就像欧洲的乡村那样。我说的主要意思是，乡村建设是一个系统的工程，需要基于农民的需要和现代化的需要，从硬件和软件上配套建设，不能按照城市的立场看待乡村。"脏乱差"其实是一种生活方式，乡村不仅是生活的空间，更重要的是它是维持农民生计的生产空间。我们看到的"脏乱差"恰恰是乡村某种真实的"美"。这不是说乡村不需要改造，而是说对乡村的改造要"温柔体贴"，否则就会把乡村建成城市。乡村建设中，农民不同程度的缺位说明了城市文化视角和乡村立场之间的张力。

即使从农民的视角来看，乡村也是需要现代化的。从日本和韩国的例子来看，推动乡村的现代化需要政府的主导。对于中国而言，希望乡村自发地逐渐现代化是不客观的。所以，我在村里看到很多"干部在干，村民在看"的场景，也不能说这里面就一定有问题。那位日本专家说的"迟钝"和河边村黄志成说的"卫生间都比人住的房间好了啊"都蕴含了国家推动现代化与乡村社会的不适应，这是如中国这样一个后发展国家在现代化过程中所面临的特殊问题。

将乡村有机地整合在现代化的进程中，同时建设出一个新乡村，这应该是乡村建设的主要任务。从这个角度讲，当然需要把农民转变成"现代人"。我们不能带着城市人的偏好，让乡村和农民保持"原住民"形态。也许是出于我的发展主义立场，我认为那样的想法是不道德的。对于我们这样的社会优势群体而言，尽管我们知道现代化对于乡村和农民的伤害，但是让他们处在不发展的状态他们所受到的伤害会更大。农民视角的乡村建设从本质上讲，还是如何通过现代化帮助乡村和农民赶上现代列车的问题。这个过程农民不能缺位。

我在写这个短文时，昭通大苗寨工作群里发了他们工作的照片，照片中村里的老村长在搞绿化美化设计。重庆酉阳何家岩项目的专班负责人说需要我们过去指导他们的村庄美化，我发给他们一些图，说要动员村民一起创新，不要找艺术家搞各种艺术品。帮助乡村进入现代化不能搞"暴力干预"，而要搞"有机融入"。

面对城乡巨大的反差，把握乡村建设的现代化尺度是很困难的。我和腾讯的几位朋友在参观昆明晋宁福安村的乡村建设时，看到一位老人坐在她家的大门口晒太阳。她的家就在建好的花巷里，大家爱和她说话，整个气氛非常和谐友好，老人的微笑其实就是对于乡村建设的满意。福安村的街道是一个干净美丽、充满乡土气息的乡村艺术品。只有把乡村知识和智慧发掘出来，农民才有积极性，因为他们觉得自己的价值得到了重视。我在昭通大苗寨工作群的视频中看到苗族老村长在地上画他们视角中的村庄美化图，感觉到了我们工作的不足。农民不是不要乡村建设，也不是懒惰，他们需要得到尊重。做到这一点，对于我们这些专家和干部而言并非易事。

乡村建设如何"规划"？

这几年我在云南几个州市做乡村建设实践工作，到过很多的村庄，发现乡村的变化的确很大。政府在很多村庄投入了大量资金，修了村内道路、照明设施、饮水设施,改善了村两委的办公设施,积极推进村容村貌整治工作,尤其是很多村庄都建设了特别好的公共厕所,有的乡村公共厕所建设得很有特色,真是今非昔比。最近,我到中国农业大学定点帮扶的边境县——云南省临沧市镇康县走访了学校帮扶的帮东村。村容村貌比我2017年去的时候有了很大的变化。县里的同志又带我到了一个山上的傈僳族和彝族混居的小山寨——小落水村,上去一看,发现村里的石板小路一直通往山上不同的景点,民族特色的石头小屋在山间错落有致,阳光下显得干净而质朴。这些村庄仅仅是全国许许多多发生了翻天覆地变化的村庄的缩影。

  改革开放以来,中国的社会经济开始了深刻的转型。这一转型以城市化和离开乡村为主线,其结果是城市繁荣了,而乡村则衰落了。当然,这样的转型也是以乡村、农业和农民为经济社会主体的相对传统的社会走向现代化的一个不可避免的过程。所以,我在很多讲座和发言中将这个过程称为"否定"乡村的现代化过程。这个过程也不能完全说是从改革开放才开始,自清末以来的现代化实际上也是按照这一个经典的现代化路径展开的。今天,我们看到的乡村价值的回归则是在一个新的转型条件下的新的现代化路径。虽然我们不能说中国的城市化已经到了尽头,因为中国的现代化仍然面临着依赖于农业的人口与农业人口所生产的价值之间不相适应的挑战。也就是说,我们依然需要推动城市化来促进乡村现代化和农业现代化。但是,今天讲的城市化更准确地说应该是"新型的城镇化"。同时,我们也应该看到,乡村的稀缺性已经出现,回归乡村正在成为一种新的社会思潮。"逆城市化"趋势开始出现,所以我把这样一个趋势称作"建设乡村"的现代化。当然,这并不意味着要建设所有的乡村,因为随着人口增长和人口流动格局的变化,乡村数量的减少仍然是一个趋势。但同时,有很多的乡村会存在下来,因此需要把那些存在下来的村庄建设好,这也是城乡融合发展的重要内容。有一次,一位领导同志问我:"小云,全国有多少村庄适合发展乡村旅游?有的专家说大概只有2%。"我回答："建设乡村需要考虑到新的业态，乡村旅游只是其中的一种业态。实际上，城市的郊区、山清水秀的山区、少数民族地区的各种各样的村庄与古村落等从经济上讲都具有建设的价值。即使经济发展潜力不大的许多村庄，只要还有很多人在居住，也需要建设。这样加在一起，可能就不止2%。"最近几年，很多退休人员希望在乡村养老，因此乡村的社会价值也正在不断提升。即便这个村庄不在山清水秀的景点，也没有特有的文化古迹，但是乡和村的自然风貌、农耕文化以及城里人向往的新鲜空气和田园生活的吸引力，也会成为乡村建设的一个重要驱动力。这些因素当然都是就从市场角度来满足外部人的需求而言的。我在很多地方见过一些村庄，这些村庄没有外边的人来休闲养老，村民们依然把自己的家园建设得像个花园，村民盖的别墅不亚于城市的豪华别墅，因为随着经济收入的提升，居住在村里的村民也越来越需要提升自己的生活品质。所以，乡村建设显然不能仅仅考虑外来人的需要，也需要有以农民为主体的基本思想。

谈到乡村建设，一个首要的问题就是"规划"。我们长期以来一讲到规划，就是指城市规划。改革开放以来，从景观变化而言，城市无疑是最能代表中国社会转型的亮点。中国的城市规划不能说是世界最高水平，但也不能说很落后。十多年前，我的一位英国的朋友，他曾经是伦敦政治经济学院的副院长，看了北京和上海后，说中国的城市规划做得好。但是中国乡村的景观与城市的景观相比，存在巨大的反差。很多乡村房屋的建设大小高低不一，村内脏乱差，缺乏公共服务设施。大家都把乡村的"脏乱差"归结为缺乏规划。因此，只要一讲到乡村建设，首先就讲对村庄进行规划。乡村缺乏基础设施、社会服务设施，村庄土地利用混乱，这些问题的确需要规划。但是，在现实中由谁来做规划，如何做这样的规划，则并不是长期从事城市规划的专家提供一张规划图就能解决的问题。很多村庄已有的村落结构看似混乱，但这些都是村民在长期生活、生产实践中逐渐形成的，包含了比较丰富的社会经济含义和维系乡村社会关系的意义。也就是说，村落涉及村民离田地的距离、收获加工农产品的便利性以及家庭宗族关系的联结等诸多方面；同时也体现了村民对土地利用的考量。我在很多地方讲，我们产生的乡村印象——那些看似混乱的村落，是我们习惯了城市笔直干净的大道和规范的建筑而形成的对村落的偏见。我在这里不是说乡村建设不需要规划，而是说对乡村的规划需要充分挖掘乡土规划知识和智慧。否则，单纯按照城市规划的思路来做，就会把乡村变成不是乡村的村庄。

　　乡村建设从景观的角度讲，核心是现代的规划与乡村实际相结合的问题。现阶段，乡村建设正在成为各地乡村振兴工作的一个重要内容，很多地方都邀请规划专家，甚至派出机关干部到乡村去做规划，这是对乡村建设工作的重视。这些专家和干部有的是城市建设的专家，有的是长期生活在城市的人，他们都有丰富的现代城市建设经验和体会，他们到乡村去，会给乡村带来新的理念和新的生活方式，这是乡村建设中不可缺少的部分。乡村建设的目标是乡村现代化，现代化就需要通过人的相互交流而改变观念和习俗。但是，从城里来的规划专家和干部不能简单地按照城市的规划思路来为乡村画"图"——简单粗暴的规划是我们所说的"现代性的专家霸权"。到乡村做规划，一要研究和理解乡村的社会文化，二要注重挖掘乡土传统规划的智慧和经验，把这样的智慧和经验与现代的规划理念相结合，才会形成真正的乡村建设规划，也只有这样的规划才能避免乡村在不恰当的规划下"被消失"。我在很多地方说的不要花钱搞大规划，主要指的这个意思。地方的同志也说，很多的规划都是花钱买了很多的"图"。

　　云南一个村里的村干部对我说，他们的村庄希望发展一个比较大的业态，并详细地给我介绍了他们的想法。我觉得，这样一个大的设想涉及了很多复杂的因素，如村庄发展的定位、村庄周边山谷田地的功能配套、土地利用的法律条例、现有的土地整体利用规划等，这样的村庄长远发展需要一个整体的规划。村里说他们要请规划专家团队进行比较科学的规划，我当时说这是完全有必要的，因为一个比较好的规划会为村庄的发展提供蓝图和远景,按照蓝图和远景制定出相应的建设规划应该是一个村庄发展必不可少的。随着人口和经济发展的变化,可以对蓝图和远景进行不断的调整。如果这个规划能够充分考虑乡村的社会文化和村民的习惯等方面的内容,那么规划可行性就会更强。

但从村庄建设的角度讲,也可以按照已有的村落布局,在村庄的某一个点上选择一个核心示范区进行建设试点,然后按照试点取得的经验逐渐在全村展开,这也是一个可行的选择。我在云南几个州市帮助地方政府展开的乡村建设工作,基本上就采用了这样的路径。在我工作的所有村庄,我都和地方的同志们一起,在一个村里选择一个所谓的"核心示范区"。这样做的主要原因是:首先,村庄的建设不可能一年两年完成,政府也没有那么大的资金量一下子投入在一个村庄里,所以在一个村庄里先从一个点开始,可以做到先建设样板,然后逐渐按照样板在全村展开;其次,村庄的建设涉及农民利益、农民生活习惯等诸多方面的难题,建设一个公共卫生间、打造一个乡村公共活动空间都会涉及土地调整等农民的核心利益问题,这些问题的解决需要在建设中不断摸索可行的办法,通过"核心示范区"的工作,可以探索和积累处理这些矛盾的经验和做法;最后,村庄的建设除了比较大的基础设施,如道路、供水、排污和公共服务设施的建设以外,要彻底改变村庄脏乱差的景观,不可能全靠政府投入资金建设,根本上还有赖于农民的认可和参与。通过"核心示范区"的工作,在农户的住房、庭院的打造、卫生条件的改善、厕所革命、厨房革命等不同方面先展开示范,可以逐渐形成从政府主导到以农民为主体的乡村建设新格局。当初,西双版纳的河边村在建设嵌入式"瑶族妈妈的客房"的干栏式住房和庭院时,就是采用了先示范,然后带动农户发挥自己特长参与建造的路径。我在很多地方讲过,乡村的建设不要去搞那些不实用的规划。说这话,并不是说不要规划。河边村农户宅基地的调整还是遵循了关于土地利用和雨林保护的大规划的约束。我们在建设初期也聘请了相关专家,对村内道路和户与户之间的布局做了规划,但是河边村的建设在总体上是由农民按照他们自己的居住习惯和相应的社会文化特点展开的。村里房屋的建设格局以及村内的步行道和绿化等,几乎所有的微观建设工作都是农民发挥了自己的特长建成的。我们经常会搜集很多乡村建设的图片传到村工作群里,这算是外部来的经验和参考,村民基本都会把这些经验变成他们自己的创新。到过河边村的人都会问我:"这都是你设计的?"我说:"是啊!"其实,严格地说都是我亲自参与设计的。河边村村民自己建设了每一栋房子和每一条路,我只是提供了一个想法而已。河边村的实践告诉我,村民实际上都是乡村建设的专家。几年前《新闻联播》采访我时,我说:"河边村是村民自己的艺术作品。"有时候我在想,如果没有一个乡村真正需要的规划,索性就不要花钱买"图",应该鼓励村民在没有"规划"的指导下建设自己的乡村。

乡村也要有美学

我常常给同事和学生讲,欧洲的乡村街道,总是能把人的脚步留下来。绿色的庭院和盛开的花朵,都会让人不自觉地放缓脚步。房屋的窗户上都挂着花,每一户人家都像一个小花园。到日本的乡村看一看,也是这样。我在河边村这几年,与我的同事以及学生一起,每年都和农民一起在村道和房屋前种上花和果树。经过几年的建设,河边村到处都是盛开的花,尤其是一进村,处处可见三角梅。我在微信群里问河边雨林瑶家合作社CEO小周,上次离开的时候安排种在他家周边的月季是不是种上了,他说正在种。其实这几年,我经常会得到类似"正在做"这样的回答,而这往往意味着实际上还没有种上。我经常想,为什么我们的农民不能像欧洲和日本的农民那样,把自己的家和庭院布置得像个花园呢?

在很多时候，美化家园似乎和经济发展的水平有很大的关系。在落后和贫困的境遇下，村民们每天都奔波于各种生产和挣钱的活动，说实话很难有精力和时间来种些花花草草。连温饱都解决不了，谈何种花种树，这其实倒也容易理解。不是说中国的农民不喜欢做家庭的庭院景观。在过去，很多大户人家自己建大的宅院，还是会把家里的庭院做得很好，如江南一带富裕人家建起来的庭院，庭院和景观都具有相当高的观赏性和艺术性。我曾经问过日本的朋友，过去日本的农村是不是也像现在这样景观美丽？他们讲，不是的。20世纪90年代中期到台湾，看到台湾的农民也是家家户户都种着很多花草。我相信在以前台湾的农户家也不是这个样子。这也似乎证明了家庭庭院和经济发展之间的某种关系，生活水平提升了，人对生活的要求也就会提升，这也是一个规律。

我在昆明六个村做乡村振兴的工作，除探索资产盘活、培养乡村人才等"软"的机制创新以外，第一件事就是做"硬"的乡村建设。我发现，村里的人其实都不算贫穷，有的人家还相对富裕，但也没有见到谁家把庭院美化得能留住客人的脚步。对待自己家里都这样，就更不要说参与建设村容村貌了。从这个意义上讲，好像种点花草又和经济发展水平并无必然的联系。

说欧洲人喜欢种花草，并非说中国人不喜欢种花草，但总体上，欧洲人似乎更喜欢摆弄植物。我的德国老朋友艾迪特疫情期间每天都在他的花园里"捣鼓"他的植物。欧洲人喜欢花花草草是普遍性的，和他们的经济条件、有没有空余时间关系不太大。欧洲的文化主要受希腊文明的影响，而对植物的崇拜深度影响了古希腊人的宗教和生活。古希腊的植物崇拜当然是在其社会经济的影响下形成的。植物崇拜渗透在古希腊人生活的方方面面，并逐渐演化成了文化的象征。当然，这也与古希腊温和适宜的气候条件有关系。通过植物崇拜而构建形成的崇尚自然的思想，是奥林匹斯宗教的重要组成部分，以此形成了古希腊人精神世界的文化表征，所以古希腊人形成了热爱自然的世界观。古希腊的这种崇尚自然美景的精神文化，逐渐影响到整个欧洲。任何一个民族，都在其长期的生活和生产实践中与自然建构起特定的关系。对植物的崇拜并非只有欧洲人才有，但我们不能否认的是，欧洲人对花花草草的喜欢是一种情有独钟的追求。

过去几十年，我们的城市建设在绿化景观方面做得非常好，每年评选文明城市，很多的钱其实都花在了花花草草上。现代化不仅和高楼大厦相联系，同时也与绿色直接相关。所以，我们在做乡村建设的时候，首先想到的就是乡村的景观建设。这几年，美丽的乡村样板越来越多，除修建房屋、建设基础设施以外，大量的工作也都放在了村容村貌整治方面，花和草成了点缀乡村不可缺少的元素。但是，在很多情况下，美丽的乡村建得越来越雷同，在城市规划师的规划下，许多乡村虽然有了花草，却越来越像城市。乡村的城市化建设，没有让我们留住乡愁，找不到吾乡吾土的感觉。

我在昆明的几个村里，和干部、村民一起讨论村子建设。我说，你们不要找规划师，不要找工程队，不要去找艺术家来画图，你们每个人都是艺术家。这是我在河边村学习到的经验。我和村里几个年轻人一起规划上山的步行道，村民自己就可以建得非常漂亮，他们设计出的各种造型比规划建设出来的还要鲜活，有特色。村里的每一座房子，近看高低大小不一，各有特色，远看则是一个美丽的整体景观。农民过去的房子都是自己建的，能留下的都是古民居，我们是要保护的。农民本身就是生活的主人和乡村最好的规划师。只是在现代化的语境下，他们的想法与技能都被市场化的主流建设框架所埋没。所以，我一到村里就去问，有没有乡土的人才，结果发现村里都有。昆明晋宁区的福安村是我们的一个实验村，负责村里工作的镇领导给我讲，他们不会做绿化，也没有做设计，村里的绿化都是自己购苗，按自己的想法栽的；她还说，若有不妥，请教授指导。但实际上，村民做的，让我真正感受到了吾乡吾土的风貌。

我们一讲到乡村建设，就会说以村民为主体。但什么是以村民为主体？好像在落实中无从下手。把农民的乡土美学思想挖掘出来，就是发挥农民在乡村建设中的主体作用的重要方面。我们的问题是，一想到美学就想到艺术家和建筑家。不是说艺术家和建筑家不好，而是说乡土的美学是植根在农民生产生活实践中的美学，他们做的乡村景观往往是真正的乡土美学。我在福安村的工作群里看到他们发上来的工作照片后，随即在朋友圈晒出那些照片，很快收到几百个点赞，朋友们说这才是真正的乡村。我把这些照片也发给了关心乡村建设的领导同志，他们都说这个好。大家的确看到了乡土的美和城市的美之间的差异。让乡村美起来，就是要真正呈现出乡土美学，而乡土的美学很难靠外来的艺术家通过体验和建构来进行创作，日常生活的美，还得植根在乡村人的生产生活实践中。

雁塔村如何建？

这几年在河边村扶贫，我渐渐喜欢上了乡村的建设。我本人没有任何建筑和土木方面的知识，完全是边学习边实践。2019年开始，应昆明市政府的邀请，在昆明市的六个区县做了六个村的乡村振兴试点。因为这六个村都处在昆明都市圈的范围之内，昆明又是一个近年来旅游业和康养产业发展迅速的宜居城市，所以这六个村的乡村振兴实验，我们把它定名为都市驱动型乡村振兴实验。中国农业大学校长孙其信教授在不到一年的时间里，三次到现场指导工作。在与市、县（区）及乡镇和村民的反复讨论中，形成了如何利用都市的优势驱动乡村发展的实验思路。

这一思路的核心是如何能把乡村的资源激活起来。在具体的做法上，聚焦于乡村闲置资产如何盘活以及盘活的收益如何留在乡村。安宁市的雁塔村是我们其中的一个实验村。这个村的很多村民在新址建起了新房，老村里留下了大量的土木结构的老房。按照一户一宅的政策，这些老房都将逐渐通过一定的补偿被集体回收。这些老房大多都有几十年的历史，由于是土木结构，常年失修，已经残破不堪。很多村民开始逐渐拆除这些旧房，但是从村落的整体结构看，雁塔老村的村落结构完整，在以往逐年建设的过程中，形成了具有不同特色的民居，而且也构成了一个个弯曲别致的步行小巷。在与村里的干部和村民的讨论中，我们形成了把雁塔村的老村逐渐建设成雁塔花巷的设想。

安宁市是全国百强县（市）之一，经济实力很强，这几年已经发展成著名的温泉度假胜地。雁塔村距昆明市区只有一个小时的车程，因此把雁塔花巷建成有特色的旅游小村，具有明显的市场潜力。但从当时乡村旅游的整体情况看，存在诸多的雷同和缺乏特色的现象。很多村庄在大公司的介入下，被完全改造成新的"老村"，这些村庄看起来都很现代，但是缺乏历史的记忆和文化的沉淀，也缺乏乡村的"土气"。有的村庄就是搞成了单纯提供吃和住的农家乐，不适合有收入的群体驻足和漫步游览。因此，我们计划将雁塔老村打造成能留住游人脚步的、有特色的漫步休闲旅游村，将雁塔的古村小巷连为一体，打造成小巷与乡间田野相互连接的雁塔花巷。要想留住游人的脚步，就需要有以下几个方面的功能：

第一，要有能吸引眼球的看点。我们不打算对老村进行翻新，要保留村庄的原貌。这些老村的房子、土墙、窗户和门，本身就是历史的沉淀。在每栋房子外面，都做一个关于这所房屋和这个家庭的历史介绍，这就构成了一个村庄变迁的历史故事，游人会在这些介绍面前停留。这些老房的墙上都有不同时期的各种标语和口号，时间跨度长达60多年。将这些标语口号保存下来，并做出相应的时代说明，就像在讲述我们这个国家的变迁。昆明是有名的花都，雁塔的小巷里，村民们都种着各种各样的花，窗户上摆的、墙角里种的和墙上攀爬的都是自然的看点。将这些花卉都标注上介绍，就如同是一个天然的花卉公园。通过这样的打造，雁塔的花巷实际上成了一个自然和历史博物馆。

第二，要有能够吸引游人的特色餐饮。游人到了花巷参观游览，要有适合他们需求的餐饮服务。所以，我们在花巷里打造出各种类型的便捷式餐饮小店。把安宁和雁塔的各种特色饮食开发成可口且经济实惠的便餐，开设各种便餐店，各种类型的水吧、茶室和咖啡店，游人在漫步的同时，可以随时找到适合他们逗留、休息的场所。

第三，雁塔花巷不仅要有看点、餐饮，还需要有经营旅游商品的小店。小巷内的空房除用于餐饮以外，均开发成为各种类型的小商店。雁塔生产著名的红梨，可以将红梨和花作为雁塔的自然标记，开发出丰富的小型旅游商品。这些商品包括冰箱贴、旅游小包等旅游伴手礼以及各种文旅小商品，让各种文旅商品与古村落相互结合，丰富雁塔花巷的旅游内容。

雁塔花巷的建设将避免大拆大建导致资金需求量过大的困境，而是将雁塔花巷的基本功能先示范出来，产生效益，然后鼓励农民参与，也通过招商的形式，鼓励在外打工、有一定经济条件的青年农民回乡创业。雁塔花巷实验的主要思路是将其打造成一个青年农民能够创业的乡村创投空间。目前，雁塔村已经成立了经营雁塔花巷的合作社。随着雁塔花巷建设的不断推进，吸引农民回乡创业和吸引外部投资的相关政策也会出台。

雁塔花巷实验的机制是依托都市的市场优势，将城市的消费能力、资金和管理逐渐引入到乡村，使其成为驱动乡村振兴的动力，避免乡村振兴单纯由政府投入的单一模式。这种做法可以很好地将农民增收、集体增收和古村落的保护有机地结合起来，尤其是强调了古村落保护的原状保护原则，让村庄的历史通过物化的建筑和街道留存下来。通过这一实验，可以把乡村治理的功能进一步实体化，也就是我过去强调的乡村治理不仅仅是对村民的治理，而应该逐渐转化为乡村的发展功能。通过农民专业合作社，让农民逐渐学会经营他们的资产。有了这样一个产业，才可能留住乡村的人才，也才可能吸引建设乡村的人才。雁塔村不太适合做民宿，单纯发展农家乐前景不乐观。

将雁塔村打造成一个自然村里的博物馆,并形成旅游村经济,是一个可行的选择。

"没有规划"的乡村建设

我写的一篇工作随笔中谈到对于乡村建设"规划"的看法,其中主要讲了如何发挥村民的主导性及如何挖掘乡土建设经验和智慧的问题。我在那篇短文中虽然呈现了强烈的"乡村立场",但我绝对不否认科学规划在乡村建设中的重要作用。

问题在于如何理解"科学"两个字。乡村建设不可能完全固守传统,需要与现代结合。但是,乡村不能成为城市规划的牺牲品。乡村建设规划需要基于乡村的价值和乡村自身的经验和智慧。除此之外,乡村建设的具体工作更是需要以村民为主体。但从现状看,由于乡村建设主要以政府投入为主,在项目制范式和工程管理制度等的约束下,乡村的建设工程往往出现了"公司建,村民看"的现象。

几年前,在河边村和村民讨论村里上山步道的建设时,村民说"我们不会搞"。但当时,我们除有一点钱买砖和水泥以外,没有资金请专业的公司进来施工。于是,我和村民一起踏勘了现场,大家说:"要不试试?"我离开河边村不到两周,再返回村里的时候,村民把步道建好了,而且建得非常漂亮。去过河边村的人都走过上山的一条条红砖步道,都评价"这小道建得真有特色"。从此以后,村里的各种工程都是村民自己动手建设。河边村的实践给了我很大的启示:村民都是能工巧匠。

云南昭通市的领导请我帮助指导昭通的乡村建设。我们在三个县区选了三个村做试点。我在村子里对县、乡镇和村干部们说:"不要花钱搞大规划,先选个核心示范区开始建设。"于是,在彝良县洛泽河镇大苗寨村,我和县、乡的领导干部在村民的指引下,走遍了全村,一边走,一边看,一边讨论,确定了一个"核心示范区"。

干部说:"我们的资金没问题,但是还得靠小云教授给我们规划啊!"我说:"我不是规划师,主要还得靠你们自己建设啊!"我估计他们当时一定觉得没把握,我也猜到他们会先请规划专家和专业公司来建设。在和他们讨论这件事的时候,我说:"建设村庄当然需要懂专业的人,昭通这个地方外出打工的人很多,他们出去打工大多都是搞建筑工程,搞装修,这些人就是专家啊,而且他们了解村里的情况。"我又问村民:"你们村有人会砌砖吗?有没有建筑工地的包工头?"村民说:"有啊!"我说:"找过来!"

一会儿的时间就来了很多人。他们指着一个身材不高的村民说:"他是懂工程的。"我问这位村民:"能指导村民修路、砌砖吗?"他说:"没问题!"于是,我们和村民一起根据村里的实际情况,大概"规划"了核心示范区的主要进村道路、停车场、小广场、公共厕所、休闲空间和其他建设项目的位置,然后提供了一些和村里现有建筑风格协调的红砖建筑的样板照片。

我对县、乡干部和村民开玩笑地说:"很多外面的公司就是一个有头脑的老板雇了很多像你们这样的能工巧匠,再去承包工程,事实上你们才是公司的主体。现在让村集体当老板,采取'以工代赈'的方式雇你们干活,钱就不会流入老板的腰包了啊!"

为了更好地组织村民建设大苗寨,我向县里的领导要求成立驻村工作的专班。他们选派了一位曾经在大苗寨担任村支书、现在乡政府工作的年轻人小苏负责。这位年轻人和那位懂工程的村民一起担负起了大苗寨的"设计师"和"建筑师"的重任。

他们先用红砖铺成要建设的样板,拍照发到我们的工作群里,大家一起提意见。方案确定后,村民在现场开始施工。不到两个月的时间,我到村里一看,大吃一惊。他们用石块建设的挡土墙,把树的根留出来成了景观。红砖广场、红砖步道、红砖咖啡店、红砖公厕简直就是艺术品。小苏说，这都是和村民一起讨论试验出来的成果。

我在村里看到很多苗寨村民都在参与砌砖，县里和乡里的负责人也住在村里。他们说："我们就是按照小云老师的意见，自己设计，然后按照以工代赈的方式把工程包给村民自己建设。"我仔细观看村民正在建设的每一个工程，他们都兴奋地向我描述为什么这样建。他们的建设实践既参考了我们提供的各种样板，又考虑到自己生产生活的需求，还加入了他们自己的审美。我原来建议在一户村民家门口的空地修建一堵用于布展的小墙，现场踏勘时专班的同志说，这位农户希望不要建，村民在苗族节庆的时候要用这块空地待客吃饭，所以基于村民的使用需求，专班的同志就在那里设计了一块硬化平地。

当然，大苗寨的建设也不是说一切都由村民来做。我们要求工作专班要有县里住建、规划和文旅部门的专业人员驻村。村里的进村大门、集体养殖猪舍等很多工程都是他们帮助设计的。

我对县里的干部说："我们需要规划，但不一定要花很多钱画图，规划公司大多都是聘用年轻人照着网上的图样和素材来制图，这些工作县里规划部门的同志都会做。"村里有所弃用的小学，我们把学校的两层楼改造成了村集体的民宿，因为需要装修设计，这个民宿工程聘请了一个装修公司，但我们要求公司雇用的装修工人都是大苗寨的村民。我最近两次到村里都下着雨，看到工地搭着塑料布的棚子在施工，我觉得他们真会动脑筋。

在大苗寨村的建设工地上，有政府干部，有懂技术的村民，有出工的妇女，有请来装修的师傅，俨然是一个建设的"大杂烩"。但正是这样的"大杂烩"才让各种知识和经验相遇在一起，才建成了令人惊叹的乡村新景观。

昭通另外两个村的专班到大苗寨参观，在村里的工作群里展示了他们拍的照片。我发现，我才离开几天，核心示范区的建设又有了很大的进展。我所说的大苗寨以村民为主体建设，只是对他们工作的一个广义上的概括，其实，基层的干部也是这个创新中的重要一员。就如同我在昆明晋宁区福安村的工作一样,乡镇的驻村干部当时也说他们不会做,但是他们和村民一起建设了福安的六坊和花巷。我在很多的地方都展示过福安村建设的那条让人"止步"的乡村味十足的小巷。

乡村建设的农民主体性是保持乡村性的核心,这个主体性应该贯穿乡村建设的全过程。不仅乡村建设的受益主体是农民,建设主体是农民,而且乡村建设的价值体系也应该是农民的。

强调这些并非是要搞农本主义,而是因为我们乡村建设的范式一直受城市范式的影响,一讲到建设就很容易陷入"专家霸权"的困境。在现代化的语境下,乡土的知识和智慧、基层的能动性和智慧很容易被淹没,村庄被建设成为"笔直、干净、整洁"的"城市乡村"。我们现在需要的恰恰是具有乡村性的乡村。大苗寨还在建设的过程中,这个过程没有"专家"的缺位,我们这些专家一直都在和专班的同志、和村民一起工作。但是,严格意义上讲,大苗寨的确是一个"没有专家霸权主导"的乡村建设的试验地。

我为什么喜欢在村里盖房子?

我在河边村搞了5年的扶贫和乡村发展的工作。很多朋友说,小云教授有情怀。还有的朋友说,小云教授把论文写在了大地上。说实话,我哪有什么情怀,每天在村里挨个房子跑,更多是出于一种兴趣。家里人跟我开玩笑,说我应该去搞房地产,我才发现我可能是真对房子感兴趣。

河边村的扶贫就是从房子开始。我刚到勐腊县做扶贫调查的时候,让镇里的干部带我去了茅草山。那有一个哈尼族的村寨,我住在村支书的家里,镇里的同志专门从镇里的街上给我买了新被子和枕头。我住在那里的房子里,到处都漏着风,晚上上厕所只能跑到屋外的野地里。我当时就想,这样的条件如何能留住人?如何又能吸引人？农村的房子开始在我脑子里徘徊。

我记得参加工作以后，没有房子住，只能到我妻子单位的集体宿舍和年轻人一起蹭着住。我那个时代，房子是每个年轻人最为迫切的需要，这也是中国房地产井喷式发展的主要社会原因。那是一种刚需，过去几十年每一个城市家庭实际上都在围着房子转。从小房搬到大房，很多人都住进了别墅，还有很多人投资买房。我周围的很多朋友都因为房子发了财。买房、换房，几乎是过去所有城里人共同的话题。前几天，中国的地产大亨王石先生到河边村里来，我俩站在我住的地方，看着村里的房子。我说，你过去给城里人盖房子盖得很成功，现在投身到了乡村的领域，你这样的人投身到这样的领域比我们更有影响力。

过去，我们没房住，没有好的房子住。渐渐地，随着住房基本需求的满足，房子又成了投资的选项。很多城里人买房不是为了住，而是为了投资。房子的社会属性转向了经济属性。这几年政府说房子是用来住的，不鼓励炒房。房子既牵动着中国人的基本生存，又牵动着中国人的财富。从某种意义上讲，房子是最能代表中国经济社会快速转型的物品。作为一个经历了房子属性反复变化的城里人，我住在茅草山这样的房子里，自然萌生一些乡村人住房的情结。

茅草山没有手机信号，从村子到下面的公路有30多里的土路，实在是太远了。我给镇里的干部说，能否带我去离公路稍微近点的山里的村子。后来镇里的干部就把我带到了河边村。

到了河边村，我发现这里的房子和茅草山一样，没有一处我觉得可以住的房子。当我决定在这个村子做扶贫的时候，我和村里的干部满村转，终于找到了一座被弃用的木楼。这座木楼几乎要倒塌了，我跟村干部说我可以借这座房子做我的住所和办公室。后来，干部和村民一起把这栋房子拉直，加了一些材料，就成了我和学生在河边村生活和工作的空间。这个房子冬天到处漏风，也没有洗澡和卫生的设施。可这座房子相比其他农民的房子，还好很多。

我当时反反复复地想，村民是怎么在这里生活的。我的这种想法和感受，是一个过惯优越生活的城里人的感受，并不意味着村里人住在这样的房子里就不幸福。虽然我也知道费孝通先生说过的文化自觉，我过去搞参与式，也知道外来的人和村里的人是两个生活世界，不能把外面的价值植入到乡村。但实话说，这些概念都没有内化到我的知识和价值体系中。我在骨子里有着强烈的按照自己的感受影响他人的价值取向。

我周围都是学者，为了能和学者进行交流，我不得不找一些理由来为自己辩护。我说，不论是城里人还是村里人，不论是中国人还是外国人，都有改善自己生活的愿望。中国古代一般老百姓的生活境况显然是很差的，但是有钱人都会把自己的房子盖得很好。我用一个自己编造的概念——"地方现代性"——来解释，这当然不是汪晖先生所说的理论的现代性，我只是想给自己找一个借口。但是，乡村的社会韧性还是很强的，河边村盖的房子虽说当初我在主导，但是渐渐地，最后成型的房子其实都是农民按照自己的想法来盖的。在这个过程中，我由一个试图改造村民的人变成了被村民改造的对象，我也由一个"教育者"变成了乡村的"学生"。

河边村的农民说，他们生活好了，第一件事是希望能够盖像城里人那样的砖混房。我跟他们反复讨论，能不能不盖砖混房，盖成木头房。为了说服他们，我说山里下雨潮湿，冬天阴冷，砖混房住着不舒服，会生病，而且不透风，潮气出不去，墙上都会长霉菌。其实我这样说也许有道理，但多半也是我的学生说我的那种毛病——"左右都会有理"。

有些农户被我说服了，有些农户还是不同意。我又不得不动用政府的力量，给村民们施加些压力。河边村的房子盖起来了，每栋房里也嵌入了"瑶族妈妈的客房"。本来是自己居住的房子，现在可以挣钱了。我又开始推广厕所和厨房。我跟村民讲，居住的条件和生活的条件就像一个村庄的灵魂，没有一个干净的厕所，没有一个干净的厨房，即便有一个房子，大家也不愿意来住。实话说，我这些做法都是赤裸裸的发展主义和商业主义。我稍微感到欣慰的是，我在这个过程中力图保留了瑶族的文化特色。

王石先生在村里跟我说，小云教授，你这个村里房子用的瓦太好了。万科基金会的秘书长陈一梅开玩笑说，这叫贵族灰。其实我当时也没想到什么贵族灰，我只是希望这个瓦能够符合雨林特色，与蓝靛瑶的特色相一致。我在勐腊县的建材市场到处跑，才选到这种又好看又便宜的灰色瓦。

我在欧洲学习的时候，对欧洲乡村的生活印象深刻。村妇早上起来，吃完早餐以后就会忙活她的花园，收拾她的房间。欧洲乡村人家的卫生间和厨房不仅干净，而且都富有美感。卫生间里的洗漱台上经常都会放一束花，窗台上也都会放着花。周末的时候，男主人会穿着雨靴、拿着水龙头冲洗屋顶。喜欢干净，喜欢自然，喜欢美，应该说是人类的通性。我们过去的江南乡村，甚至很多北方乡村的大户人家，无论从建筑还是装饰上也都呈现出同样的舒适感和美感。我觉得经济的困境可能是影响我们热爱生活、追求美感的原因吧。乡村的韧性并不是说乡村不会学习，乡村的社会其实也会学习。即便我这样一个主导性很强的人，都不得不承认，我们对待乡村要温和一点，这种温和性就是实践层面的文化自觉。

前几年，浙江新湖集团的朋友找我，希望我帮他们在湖北恩施做一点扶贫。他们原来的想法是希望我设计一个养牛的项目。我到村子里看了看，就觉得养牛的项目不挣钱。我和镇里、村里的干部说，你们村子在这样美的山里，离恩施的距离很近，背靠重庆和武汉两个大火炉，如果把村里的房子改造好，就会成为避暑度假村。

于是，我又开始在恩施市的枫香河村盖房子。两年多的时间，这个村子就建成了，现在村里开始接待客人。村口的秦家，我就一直盯着他把土家族的老房子同样改造成了嵌入式的客房，把他的猪舍搬了出去，搬到了村里建的集体猪舍里。现在他家开始挣到钱了。

2021年，我们开始在昆明做都市驱动型乡村振兴实验。在考察宜良九乡的麦地冲村时，我看到当地有很多烤烟房，灵机一动，就想把烤烟房也改造成客居。九乡发展了彩稻图景，山上可以看到彩色水稻构成的图案。如果住在高高的烤烟房里，就可以一览稻田美景。我又给我这个奇怪的想法起了一个好听的名字，叫"闲置资产盘活"。我们在昆明六个村的实验也都是从闲置资产盘活开始的。

人是社会的灵魂。乡村没有人也就没有了灵魂。乡村里挣不到钱，很多人不愿意在乡村里待。但如果乡村里没有一个能吸引人住的房子，乡村可能真的会衰落。房是乡村物化存在的灵魂。人与房共同构成了乡村社会关系生产和再生产的基础设施。这其实不仅是乡村，城市也是一样。房是人类生存最基本的条件，这并不是为我喜欢盖房做自我辩护，虽然盖房还真的是我个人的兴趣。

在城市化的过程中，虽然城乡之间的张力主要表现在土地问题上，但是房子却成了影响农民福利的重要载体。"拆除违建""新村民进村建房""农民上楼"都与房有着密切的关系。在昆明六个村的考察工作中，看到村里大小不一、形状不同的各种砖混楼房，这样的楼房空间都很大，但是地下水排放不通畅、村内垃圾污水处理设施不全，感觉到乡村的房子建设实在是个问题。

像我这样做乡村发展工作、带着专家头衔的人，到了村里总说房子的事情，难免让人有些奇怪。但是仔细想想，村庄的那些"房"事，的的确确是影响乡村发展的重要方面。农民出去打工攒下的钱盖一栋房，居住的功能却不是非常如意。很多农户过几年又拆了重建，积累的资本流失，为什么就不能够很好地规划一下，把村里的文化很好地保留下来，让房子变成承载村庄历史文化的载体呢？房子是不是也能够成为振兴乡村工作的一个重要指标呢？

厕所为何要革命？

20世纪90年代初期，我赴德国学习，到了法兰克福机场去卫生间，发现机场的卫生间很现代，小块的白瓷砖、洗手池、擦手纸，清洁工不时在喷洒带有清香味的消毒液，厕所墙上还挂着画，因为是德文的，我看不懂。当时我的第一个感受就是我不是站在一个厕所里。尽管80年代末到90年代初期，中国城市的卫生条件已经有了很大的改善，但是厕所在我的概念和经历里，是与脏、污连在一起的。我从法兰克福到了慕尼黑，住进了德国发展基金会在慕尼黑的培训中心。我的房间很小，我把行李放下，打开卫生间的小门，整个房间洁白明亮。那个时候国内城里人住的楼房里也都有独立的卫生间，但是家里的卫生间多半都很灰暗，有一个蹲便池，很难想在卫生间里多待一会儿。也许是厕所的巨大反差，让我产生了至今挥之不去的"厕所情结"。

2015年，我到河边村，一个最大的难题就是厕所。因为没有厕所，只能经常往山林里跑，后来我让村民帮忙在我们临时住的木楼边上，用木板搭了一个简易的厕所。之后我们把河边会议厅旁边的一个公共厕所改造成了一个很现代的乡村公共厕所，作为会议厅的配套设施。当初改造的时候，预算为十多万元，很多人不同意，说这么多钱干啥不好，为什么要把一个厕所修得这么现代。有的干部还说，北京来的教授不务实，搞花架子工程。这几年，我和我的同事在云南的其他地方做乡村建设，第一件事就是建厕所。我和同事讲，现在不会有人反对我们在村里建厕所了。反正我每次到村里都说，习总书记从2014年12月份开始一直要求我们搞"厕所革命"，而且2017年习总书记提出要对农村地区环境较差的卫生间进行改造，所以我们在那些村庄里都建了非常漂亮的公共厕所。现在，城市公共厕所都建得非常干净、整洁，大多数的厕所建筑都很漂亮，很有艺术感。前不久，我去北京的一个胡同找厕所，朋友让我小心点，说胡同的厕所不一定干净，因为他们知道我有厕所的癖好。我进去一看，胡同里的公共厕所很小，但是非常干净，墙上挂着很多后现代的图画，整个厕所明亮且舒适。现在，只要有人质疑我为什么要在乡村建厕所，我除了说中央要求我们搞"厕所革命"，还会说城里的每个人都希望城里的公共厕所干净、明亮、舒适，为什么不能让乡村的厕所也这样呢？

乡村的"厕所革命"，难点不在于在村里建公共厕所，而在于农户。河边村开始建设的时候，我们在示范户里都建了干净、明亮的厕所作为示范。河边村小广场有一个小酒吧，小酒吧的老板是我们雨林瑶家合作社的骨干，是我们的好朋友。我的同事宋海燕经常住在他家的客房里，天天和他嚷嚷厕所太脏了。因为他家有一个酒吧，客人白天会在那里喝茶，晚上会在那里喝酒，所以他家的卫生间实际就是一个公共卫生间。我们希望他的卫生间干净卫生，能够给客人留下一个好印象。因此我们出资，给他家的卫生间改造了三次，每次改造他都不太理解，他常说的一句话是："厕所就是脏的、臭的，为什么要花钱搞得这么现代？"有一次，我在云南的一个村参观一个农户家，他的房子盖得非常漂亮，我进了洗手间发现洗手间是另外一个天地。我和那个村民讲，你们花了这么多的钱，建这么漂亮的房子，为什么不多花一点钱，把一个小小的卫生间也搞成像客厅这样呢？他听了很惊讶，说："厕所能用就行了，人也不会老去。"

这几年，我们在云南村里工作，农村人居环境改造和"厕所革命"是我们工作的重要组成部分。在很多村庄，"厕所革命"的第一件事是改造公共厕所，这个工作比较容易，最难做的是改造村民自家的厕所。很多村民的房子在开始设计的时候都没有设计卫生间，说服农民在房间里增加卫生间难度很大，把污秽带到居住的空间，对他们来说似乎是一个禁忌。让农户花钱改造旱厕，农民不愿意花钱，他们觉得有钱可以穿得好一点，为什么要去改造厕所？所以，"厕所革命"只能依靠政府推动和补贴。我们在一个村里准备搞一个餐厅，我现场设计在餐厅边建一个厕所，农民没说什么话，但看起来很不情愿，后来听说他们觉得把厕所和吃饭的地方放在一起，他们心理上接受不了。说农民不讲卫生是不现实的，他们的观念里有着严格的污秽和洁净的分类。在乡村搞"厕所革命"，涉及许多问题，不是一项简单的建设工作。

第一，按照城市现代化的标准，要求农民改造厕所的确存在着经济上的问题。住在城里的人，的的确确都会花很多钱装修卫生间。城里人的家里，已经不再有其他房间装得很豪华、卫生间很破旧的现象，因为卫生间的功能已经从如厕转变成了兼有洗漱、化妆等多功能。而在乡村，即使把一个旱厕改造成水厕，稍作一点装修，就得有上万元的支出。我们在临沧萝卜山建的示范厕所，基本都在10000元左右。河边村一个装修简单、干净、卫生的户用厕所，大概花费是在15000元左右。对于大多数农民来说，拿出人均一年的收入去建一个厕所，的的确确不是他们的优先选项，毕竟在他们的观念里，旱厕和水厕是一样的。我在昆明的一个村里，看到农户的旱厕，问他们可不可以拆了重建一个水厕，他们觉得没有必要，他们说厕所里很脏外面也看不着。

第二，"厕所革命"存在很多技术性的问题。我记得很多年前的冬天，我去西藏的乡村工作，晚上去上卫生间时发现蹲便池都被冻上了。还有一个冬天去佳木斯，在朝鲜族的村庄里搞调查，外面的厕所完全都是冻成冰的。我当时就在想，这些地方如果要搞水厕，总不能给水管通上暖气吧。当然，这些问题从技术角度也是容易解决的。北方地区的"厕所革命"主要涉及的是旱厕改水厕，这些地方没有水，而且气候干燥，所以他们就有所谓的"捡大粪"的产业。比尔·盖茨基金会一直在推动干净卫生的无水厕所的创新，几年以前，其北京代表处首席代表李一诺告诉我，他们已经开发出了产品，国内河北的一家公司也在做类似的创新，我还把这家公司介绍给了李一诺。

第三，"厕所革命"最难的其实不是经济问题和技术问题，而是改变植根在我们思想深处的关于厕所的观念。日本爱知大学的周星教授是一位旅居日本的人类学家，算是我陕西的同乡，他研究厕所的问题，想必他和我一样都有关于西北乡村厕所的印象。他认为，"厕所革命"涉及了基于分类的"污秽/洁净"观念向科学卫生的"污秽/洁净"观念的转变，我非常赞同他的观点。人类学家玛丽·道格拉斯在她的《洁净与危险》一书中对于污秽进行了系统的理论研究，她的观点也很有意思，有助于我们理解人类学家是如何看待厕所的。她认为，人类的排泄物不属于有秩序的系统之内的物质，它属于系统之外，对于建构秩序会产生破坏性，所以人会将这些排泄物视为污秽的东西，从而将其污名化。在日常的社会实践中，人们习惯于使被认为是污秽的东西远离生活空间，把它隐藏关闭起来，这很大程度上解释了为什么在很多地方，尤其是乡村，农民不愿意把厕所建在家里。他们认为，家庭的空间应该是一个干净的空间，不能有污秽的东西存在。人们普遍存在的不愿投资改善厕所的主要原因也植根于这样一种观念。投资于自己体系之内的空间，让这个空间干净、明亮，只要经济上允许，似乎不需要做过多的说服工作；但是花很多钱投资于一个不属于人类体系之内的空间，甚至是一个被认为是污秽的空间，难度就会很大。从这个意义上讲，推动"厕所革命"很显然需要改变基于分类的"污秽/洁净"的观念。

　　我在前面讲的机场厕所的故事，以及我在德国学习期间住在农户家里看到农妇把自己家的厕所装点得非常温馨的经历，说明了在西方现代化的过程中，一定出现了这一观念的转变。而这一观念转变的关键是将"污秽/洁净"与疾病和健康相联系，这就是现代公共卫生的概念。所以从某种意义上讲，推动农村的"厕所革命"，实质上也是推动中国现代化过程的一个组成部分。日本、韩国在现代化的初期阶段，特别是在推动新农村建设的阶段都遇到了同样的问题。按照人类学家的观点，向干净卫生厕所的转变，并不必然存在好坏的价值判断，仅仅是现代化的一个过程而已。但是随着居住模式、生活方式和社会交往方式的不断变化，厕所卫生问题、污水排放问题、人居环境问题毫无疑问与公共卫生紧密相连，这不全是一个现代化的话语问题，而是现代化问题的客观性呈现。

　　在乡村里，我们通常会说村里"脏""乱""差"，这是我们从现代角度讲的，我们将这三个本来是不同的东西并列起来。厕所是

"脏"的，在自己的庭院放着各种乱七八糟的东西是"乱"，这二者加在一起就形成了"差"，有了价值判断。而把干净、整洁变成了"好"，以此并列起来作为一个文明的标志，这就会形成文明与不文明的二元范式。因此，按照文明的标准来改造落后，也就具备了社会的合法性。其实，农民往往不会把"脏""乱""差"并列起来，他们认为，厕所的脏是应该的，它属于污秽的产物，不应该成为与洁净并列的东西，所以也就没有必要把它建设得很好。而"乱"则是一种生活方式，生产工具、柴火、收获的农作物都要堆放，在日常生活中既要下地干活，又要做饭，还要照顾老人小孩，让一个家庭主妇把这些"乱"都搞得整整齐齐是很难的。不能说在乡村里都认为"乱"是好的，他们也有"脏""乱""差"的评价标准，但是他们的评价标准并不是城市这样通过职业化、标准化和持续不断的投入而形成的干净、整洁与美好。

合村并居错在哪里？

前两年，山东政府推动合村并居，政策一出台，社会舆论一片哗然，一些有影响力的专家也表达了尖锐的批评意见。这一政策最终没有能够大规模地实施。合村并居到底存在什么问题呢？2019年，我和我的同事到陕西定边县去看了我小时候曾经去过的村庄，陕北黄土高原上的村落不像南方那样相对密集地聚合在一起，而是分散坐落在不同的地方。这个村原来有三十多户人家，2019年我去的时候，村里除了几个老人，已经没有人了。我在前言里讲到我出生地那位山里的姨姨家，她家村子过去有五十多户人家，现在只剩下两户。黄土高原上的村落并不代表中国的整体情况，但是乡村人口的稀疏化确实是一个整体的趋势。导致人口稀疏化主要是三方面原因：一是城市化、工业化。年轻人读了书，在外面找了工作，至少也在县城定居下来了,所以2019年我们的城市化率就达到了60%。城市对乡村人口的吸纳是现代化过程中的一个普遍现象,日本的人口稀疏化就很厉害,英国在100多年以前也出现了人口向城市聚集的现象。二是人口增长率的变化,而且是越往后越明显。计划生育以后,人口的总基数下降了,加上现在很多年轻人不愿意多生孩子,未来的确也没有太多的人口真正生活在乡村,所以我认为中国农村的人口稀疏化还将继续。三是乡村的社会公共服务和基础设施都落后于城市,大家还是希望离开乡村。农民现在的"守土"是守着农地和宅基地。有人说,他们在守那个"根",也有道理,但是我觉得他们其实在守一个看不见的预期。这么多年中国人最赚钱的是房子,但是像黄土高原那样的村庄,农民其实也看得到他的房子和土地值不了多少钱。

从20世纪80年代中期到现在,全国自然村数量从360多万减少到260多万,减少近100万。随着乡村人口的流出,乡村数量的减少几乎是一个不可逆转的趋势。这一趋势当然是以城市化为前提的,如果城市化的速度放慢了或者停止了,乡村人口去不了城市,那么乡村数量也不可能减少。人口在城乡之间的流动导致了城市规模扩大,各种小城镇增多,特别是随着新型城镇化的推动,很多地处乡村的乡镇逐渐成为小镇,许多大的自然村也有可能成为小镇,人口自然会向这些小镇集中,这也会导致村落数量的减少,这是现代化进程中不可避免的结果。当然,这也并不意味着所有的村庄都会消失,城乡之间本身存在着均衡性,一旦乡村变得越来越稀缺的时候,会诱发逆城市化,这是经济社会发展的一个自身的规律。

我的朋友是德国巴登州一个小市的市长,一说起"市长",在中国人的印象里至少管理着几十万人。其实仔细了解一下才发现,他的那个市其实就相当于我们的一个乡镇,不到一个小时就把小镇转完了。他说小镇以前就是一个村,因为围绕着市政厅,建了很多社会服务设施,比如公交车站、邮局、市场,有些人开着餐馆,这样周边很多农民也就围绕着这个地方买地,建房,逐渐形成了这样一个小镇。

从小镇出去，还可以看到乡村，但是没有集中的村落了，而是在田野里的农家。这些农家离这个小镇并不远，他们购物、休闲也都会开车到镇里来。我在90年代与德国多特蒙德大学有很多的合作，多特蒙德大学是德国著名的交通大学，他们的城市规划、交通规划、乡村规划做得非常好，我有好几个同事也都在那里学习过。德国的土地利用规划和空间规划做得非常好，不是说农民想在哪里建房都可以，也不是说想买哪里的地都可以买到。我朋友这个小镇的发展，有点像政府指导下的一种"合村并居"。

我在云南昭通做乡村建设，昭通是过去几十年城市化、工业化劳动力的重要输出地。昭通的农村人在全国各地打工，外出打工已经成了他们生计的主要来源。我在好多村都了解了村庄的人口流动情况：很多年轻人通过上学离开了乡村，这些人一般是不会回来的。昭通的教育是比较发达的，通过大学、大专走出乡村的人数是很多的。我问很多村里孩子上学的情况，村干部都很自豪地说，他们有多少是在北京、上海上学的。还有一部分人出去打工赚到了钱，有的在当地或者昭通的城里买了房，把家人都接到城里，因此这几年留守的问题也逐渐缓解。虽然这些人都还没有城市户口，也不完全是他们得不到城市户口，主要还是因为他们想从法律的角度守住村里的地，但事实上，他们回到乡村的可能性并不大。要回来的话，也都是孩子大了，自己老了回去养老。还有一部分人，没有在城里买房，也没有找到长期的工作，打了几年工，回到村里。无论是回到村里的还是没回到村里的，家里有宅基地的都建起了一栋栋高楼，很多房子建得非常豪华。到每一家去了解，有的房子空置，有的房子住两个老人，很少有全家都住在乡村的，而这样的乡村在中国是最普遍的。一方面人口不断流出，另一方面由于土地和宅基地的制度性约束，除农地流转赚了一点钱以外，农民依靠土地和宅基地获得资产性收入的可能性很小，农民要守着这点地。同时在土地利润预期的拉动下，很多农民不愿意放弃农村户口，因为这意味着他们要放弃农村的土地和宅基地，所以全国大部分的村庄从经济社会角度看都是不完整的村庄。但问题是，村里只要有人居住，就得去修路，就得有电和水，因为向每个村庄提供公共服务是政府的基本职责。而对于这样社会经济功能不完备的村庄，继续追加投资，势必会造成公共服务设施效率低，甚至导致未来投资的浪费。现在很多村庄的小学都废弃了，面对这样的村庄，习惯于政府推动发展的地方官员很自然就会想到通过重新规划进行合村并居。从这个角度讲，合村并居并无太大的不妥。有一个乡干部告诉我："李教授，你们专家都反对合村并居，我们的干部都支持合村并居。"我问为什么，他说只要这个村子还存在，就得配备村干部，自然村要有小组长或党支部书记，大的行政村得有村主任、村支书、妇女主任等，所有这些干部的配置都要花钱。我们在村里有时候连符合条件的干部都找不出来，所有的年轻人包括很多党员都不在村里了。他讲的事情让我想到了我在河边村做扶贫时注册的公益组织的工作人员李发新。李发新是退伍人员，原来在县政府开车，后来被聘用为我们的干事。他户口不在村里，但是他家在村里，母亲也在村里住，村里找不到合适的人选，就把他搞成了支部书记。我在昭通考察脱贫攻坚的移民搬迁项目，干部告诉我，把原来乡村的人全部集中起来住到城里的居民小区，这样非常好管理。这当然不是合村并居，但是针对合村并居，专家、干部和农民显然都有不同的看法。

从干部的角度讲，合村并居有利于整合土地资源，重新规划居住用地和生产用地，能够很好地提升土地利用率。通过新建农民住房，也可以改善农民居住条件，集中配套社会公共服务，缩小城乡差距。云南昭通、曲靖、怒江的大规模移民搬迁小区的建设，其实就是这个模式，这当然是政府的事情。从农民的角度看，居住和生产是连为一体的，他们不愿意离开他们的生产地，在客观上也确实很难离开，比如很多移民搬迁的农户后来发现还要骑摩托车上山去种地。首先，村庄、村落不仅仅是一个简单的物理性的居住空间，它也是社会文化的生活空间，村落、院落、邻居、社会网络、节日、假日、红白喜事等，把人的精神、生产、社交都连接在一起，这就是我们所讲的乡村的社会关系。打破这样的关系，农民不愿意，干部不理解，这是问题的核心。其次，农民把合村并居看作是政府的事情，他们还有很大的投机心理，他们不同意的背后是想获得拆迁那样的好处，而对于拆迁而言，农民觉得合村并居收益低。比如河北、山东等很多村庄的"脏""乱""差"现象，政府一时很难解决，但政府通过合村并居可以很好地解决这一问题。但是村里的"脏""乱""差"并不妨碍村民院落的干净，他们觉得日子过得很好，并不觉得"脏""乱""差"会影响到他们的生活。同一件事情，政府和农民有不同的逻辑。

如果工业化和城市化继续推进，合村并居在客观上很难避免，问题是这个过程如何发生，政府的考量与农民的社会文化和经济利益如何能够成为一个整体。如果是政府一味单向自上而下地强行推动，那么势必会使一个有利于发展的趋势被扼杀在摇篮之中。一个合适的做法是对当地的人口、经济社会发展做认真的研究，并进行规划，还要对这个规划反复讨论。问题是我们的干部都想在自己的任期内有一鸣惊人的业绩，很多规划在快速产生成果、业绩的政策大跃进中产生，从而造成很多不良的后果。我不喜欢合村并居的提法，因为这个提法本身就包含着明显的自上而下的强制性，但是合村并居所包含的内容和人口变化的趋势，我是赞同的。

第四章　小农的发展

乡村的产业是乡村振兴的核心，乡村如果没有产业，或者说乡村的产业如果不赚钱，就留不住人。当然，乡村也可以纯粹作为居住的空间。过去我们讲乡村的产业，主要是讲农业，或者主要是讲种植业和养殖业。今天，我们讲乡村的产业，当然还包含种植业和养殖业，但是在城乡融合发展的新语境下，乡村的产业就不仅仅是单纯的种植业和养殖业，而一定是一个现代化的农业和一个三产融合的乡村产业。其中，最核心的问题是小农如何成为产业兴旺的主体。这是乡村振兴最为重要的维度。

2021年年底，我陪同中国农业大学校长孙其信以及云南省乡村振兴局的领导们，考察我们在临沧市临翔区萝卜山村所做的乡村振兴的实验工作。当大家在参观李早琴家的核桃加工示范项目时，都对在农户家中开展加工工作表现出很大的兴趣。一年以前，萝卜山村的村民告诉我，他们的核桃都不捡了，因为种一亩核桃的成本是600元，而捡出来的核桃只能卖400元。所以我们就和村里商量，展开了农户加工项目的示范，希望形成萝卜山系列的村品和户品。我和地方的同志说，我在欧洲的时候，每到周末都会看到村里的人拉着车，拉着他们自己生产的家庭产品拿到城里去卖。过去我们村里人数量多，城里人数量少，不可能让他们都到城里去卖。今天，村里能够真正销售农产品的农户是不多的，现在我们把他们组织起来，把产品拿到市场卖，是可以实现小部分农户受益的。这就是小农户现代化路径。所以我们定制了一部花车，通过市里协调，把车放在了临沧市一个比较繁华的小区。因为反反复复的疫情，萝卜山农户市集都不能开业，但是那个花车放在小区里，不断有人来问什么时候开业。

我们希望把萝卜山的萝卜也打造成系列的农品，在萝卜山建设一个农青园，城里的人带着孩子过来，可以在萝卜地里挖萝卜，然后自己来做萝卜餐，这是一产与三产的融合。2022年春节期间，到萝卜山的人挤满了山上的每个角落，其实我们做的项目完全没有能力容纳这样大的客流量。由于疫情的原因，农青园也没有正式开放。在村庄里，做一产、二产、三产的融合，是推动乡村产业兴旺的重要路径。

产业兴旺也并不意味着在所有的村庄都搞三产融合，中国农业大学定点帮扶云南临沧市的镇康县，学校在县里选了帮东村作为长期帮扶的村庄。我2021年在村庄工作时，村里的支书老金和我开玩笑说，不要再搞产业了，我们这里产业太多了，没人干活了。帮东村是一个地处中缅边境的傣族村庄，云南这种类型的村庄大致都比较类似，地相对较多，尤其是山地较多。他们种甘蔗、澳大利亚坚果、玉米，由于大多数地是山地，无法进行机械作业，因此属于劳动密集型产业。以前，都是靠缅甸过来的人打工，这两年疫情过不来，劳力紧缺的问题特别明显。我和老金说，村里一百多亩水稻地没人种，我们搞一个无人智慧农场如何？老金一听无人智慧农场，兴高采烈，积极性非常高。产业兴旺还需要考虑农业现代化的问题。农业现代化就必须要考虑社会经济条件的变化。就农业而言，土地、劳动力和资本之间的关系，会诱发出不同的技术变革模式。虽然我国是一个人口大国，农村还存在着大量的剩余劳动力，但是随着新型城镇化的进一步推动以及人口结构的变化，中国会逐渐成为一个劳动力相对稀缺的国家。在这样的情况下，农业现代化需要更多考虑劳动力，所以我们在帮东村设计了一个百亩无人智慧合作农场。

最近几年，我在云南的很多村庄协助地方做乡村建设工作，其中一个重要的工作就是把村庄建设成具有旅游、休闲和儿童假期自然教育功能的新的产业空间。很多同志说，并非所有的村庄都具备这样的功能，我是完全同意的，所以我说不是要所有的村庄都搞三产融合，也不是所有的村庄都需要投钱去建设，很多的村庄慢慢都会消失。乡村功能的多元化是现代化达到一定程度以后新的特征。过去，在城市化率很低的条件下，在乡村搞一个旅游，不会有太多人来看；今天，大部分的人都住在城市，很多本来出生在乡村的人，读了大学，找到了工作，都成了城市人，他们的孩子对乡村完全是陌生的。乡村变成了一个稀缺的资源，因此相对价值开始提升，在乡村搞一些旅游投资，可以带动一部分乡村产业发展。

何为小农？

如果你到农村问农民愿不愿意当农民，估计多数会说不愿意。过去大家讲"跳出农门"，含义很多：村里人变成城市人，农村户口变成城市户口，从事的工作由农业变成非农业，甚至我们学农的都想变成非学农的。我有很多学生，大学毕业都尽可能考非农业院校的研究生，我们推荐保研的学生很多都到了北大、人大等学校，很难说服他们留在本校。自从2015年以来，河边村有好几个孩子考上了大学，也都陆陆续续毕业了。他们假期回到村里，穿得都很城市化，谈吐也很城市化，感觉在特意表现得和村里人不一样。我和他们说毕业回来创业吧，他们笑着说看看吧，可到现在没有一个回来的，其实我也不大相信他们会回来。现代化最大的问题就是从价值观和生计路径上否定了乡村，难怪面对乡村的衰落，多数人会把矛头直接指向现代化。

这部分讨论的农民，主要是学术意义上的小农。很多年以前，我在英国的东英吉利大学见到了弗兰克·艾利思（Frank Ellis）教授，我们一起讨论小农的问题。我问他何为小农，他送给我他的书《农民经济学》（*Peasant Economics*）。他说自己是经济学家，但喜欢社会人类学家对于小农的理解。他从小农的过渡性和依附性等方面论述了什么是小农的问题。这或许有助于我们从理论上理解为什么人们都要离开乡村。

在资本主义的经济体系中农民不是一个稳定的群体。这当然不是说今天是农民，明天就变了。河边村的一个小伙子，很聪明，开始一直跟着我建村子。前两年我去村里，发现他被招聘成了镇里的雨林保护员。我说，那个工作很累，赚钱也不多，干吗要干啊？他说这个是正式的工作，也很稳定。我当时就想，在村里当农民为啥就不是工作？难道不稳定吗？村里的干部李叔跟我说他让他儿子回来，让我带着他儿子干，将来接他的班。他儿子跟着我们干了几年不干了，说还是要找一个固定的工作。他是村里雨林瑶家合作社的财务总管，我们一直培养他，他还考了会计证。这个工作有收入也很稳定，还能在家里就业，为啥年轻的村民都认为不是稳定的工作呢？

社会人类学家沃夫（E. R. Wolf）认为，在现代化的语境下，农民是大的资本主义社会的一个部分，他们在这个大的社会体系中地位是低下的。沃夫说，只有当种田的人受到了他们之外的社会阶层的剥削时，我们才能说他们是农民。沃夫的话让我想起来我在英国雷丁郡的乡村考察时，晚上村民请我介绍中国乡村的情景。村民传统的房间里挤满了当地的村民，他们的脸上的确没有伦敦街上拿着一杯咖啡、腋下夹着报纸的那些中产阶级的那份自豪感。沃夫把农民看作是过渡性的。农民是由分散、孤立和自我满足向现代市场经济过渡的一个群体。艾利思同意这个观点，他同时也说，这个过渡并不是说农民今天在，明天就消失，也不是说他们必然很快会被其他现代的企业所取代。但他们的确不是处在无时间概念的真空里的传统农民。河边村的年轻人在村里时那种心里的不踏实感恰恰是在现代化转型语境下的一种深层次自我地位的焦虑。这个焦虑不是通过把乡村建好、在村里有个工作就能解决的。"看不见的手"在把农民推出乡村，让留在乡村的农民总有一种不稳定感。

艾利思说，一个农民社会绝对不是遥远历史上可能有过的孤立王国。农民和更大的经济体系存在着交换关系。我在学校帮扶的云南镇康县帮东村工作。村里的老杨家6口人种50亩甘蔗、20亩玉米、3亩水稻、300多棵澳大利亚坚果,养了13头猪;加上转移性收入,2021年全家总收入将近20万元,人均可支配收入3万多元。他家除了种的水稻和玉米自家消费以外,家里生产的主要农产品都买到了市场上,他家的生活离不开外部的市场。帮东村是一个远离城市的边远山区少数民族村,这个村的每一户都与外部市场紧密相连。这就形成了农民的生活不再由自己决定的现实。2021年年初,河边村山下的纳卡村的女书记告诉我,她家的冬季蔬菜卖不出去,都烂到了地里,往年她家靠种菜至少收入10万元。所以市场对于农民来说,既是机会也是风险。从这个角度说,农民也算半个现代人,因为现代化让每一个人都处于风险之下。

沙宁(T. Shanin)说农民是处于被压迫地位的,是被外部人统治的群体。这是一个经典马克思主义政治经济学的定义。纳卡村农民家家户户都种冬季蔬菜,部分用于自己消费,主要是为了满足市场。所以他们具有对外部市场的依附性。他们把无筋豆按照一斤2元卖给中间商,超市则每斤卖到七八元。照理说农民可以直接卖到超市,就会有更多的收入,但是,农民自己做不了。他们的依附性导致了他们的生产剩余被剥夺。当然中间商也有成本,不能说无偿占有。但正如沃夫所说的那样,农民的生产剩余被转移到了有势力的群体那里,剥夺是一层一层的。很显然,这个过程不是一个利益平等分配的过程。因为农民在市场上与有势力的群体存在着不对等的信息、资金和进入市场的关系,很多中间商凭借自己对于批发市场的收购垄断,压低农民的收购价格。很多情况下,农民地里的蔬菜成熟了,必须要卖掉,要不然就烂到了地里,只能按照中间商的价格出售。所以在乡村务农的农民不论多么努力,总是挣不到很多的钱。如果在一个非市场化的传统社会,农民辛勤劳作,丰衣足食算是富裕的话,那么在以现金收入高低为衡量标准的市场化社会里,乡村很难吸引农民从事农业生产。

农民并不是一个完全同质化的群体。我们常常会说乡村社会是一个互助的共同体，这没有错。在物质生产水平低的情况下，通过互助抵御风险对于每一个农户都很重要。但是在现代的市场社会中，情况就不同了。河边村"疯女人"一家的遭遇就是一个例子，了解村里情况的干部说她家被排斥了，乡土的互助几乎看不到能发挥啥作用，难怪她家的儿子说永远不想回到村里。我刚到河边村的时候，村民都是自我组织起来，相互帮工收甘蔗。全村出工，一家一户搞。村里建房子也是如此。干谁家的活，谁家杀猪做饭，大家一起吃，那种气氛很让人感动。这就是我们说的乡土社会的特点。随着我们逐渐引入各种产业，村里越来越个体化了。不能说农民不愿意相互帮助，他们还会像以前一样相互帮助做很多事，但是越来越多的人开始缺席集体的活动。村里的干部说，现在不像以前了，大家都自己顾自己了。村里的年轻人说，在村里种地从种到收，再到卖都靠自己搞，太累了，不像出去打工，只要干一件事就可以挣到钱。除非实行机械化和智能化，否则从事农业即使能赚到钱，对于年轻人还是缺乏吸引力。

很多时候，我们都是在号召年轻人留在乡村，回到乡村创业。我也在云南的好几个村搞乡村建设，劝青年人回来创业，仔细想想，这都是一种城市视角。真正从农民的角度来看，他们其实最想变成城里人。在现代化的语境下，农民这个身份和职业实在让人纠结。我们需要农民，需要他们建设好乡村，生产我们吃的东西，让我们可以去旅游，但是农民不想当农民，他们想到城市去生活与工作。所以，一批一批受了教育的人不断离开乡村，乡村变得越来越人口稀疏。

小农生产的强制性

这几年，国内对于小农的讨论日渐增多。按照列宁的理论观点，小农必然会随着资本主义生产关系的发展而逐渐消失。也就是说在市场经济条件下，小农会分化为大农场主和农业工人两个群体。列宁的这一观点是建立在土地私有制的基础之上。因为一旦任何一个小农由于各种原因无法在市场竞争中生存，即有可能出卖土地成为农业工人，而成功的农户则可能购买土地变成大的农场主。但是在土地非私有制的条件下，小农生存与发展的图景就会十分复杂。

20世纪80年代我读研究生的时候，我的导师是北京玉米生产顾问团团长，我经常跟着他到北京的郊区考察玉米生产。那个时候昌平、顺义、密云、延庆的农民很多都是家庭农业，农户可以说是典型的小农，现在这些地方的大多数农民已经不种地了。在城市郊区已经很少能看到过去那种依靠家庭劳动维持生计的农户，快速的工业化和城市化导致了这些地区小农的消失。但是，中国还有2.3亿农户，他们的户均土地面积只有7.8亩。随着城市化的继续推进，这个数量还会减少，但是小农不会完全消失。我在云南农村看到农户采用技术发展种植业、养殖业和乡村旅游的生计模式，展现了小农存在着生存与发展的内在机制。

在与地方干部讨论小农户如何发展的问题时，我想起2011年在伦敦政治经济学院举办的我的《中国与非洲的农业发展》一书的发布会。我记得是在学校的香港会堂（Hong Kong Theater）举行。发布会请了几位朋友讨论，我也请了伦敦亚非学院的伯恩斯坦（Henry Bernstein）教授。当时的讨论涉及小农的生存与发展问题。伦敦政治经济学院的普策尔（James Putzel）认为，非洲小农存在的原因是资本主义生产方式不发达，小农能够通过简单再生产维持生计。他的观点显然是暗示在发达的资本主义条件下，小农无法生存。我当时讲，中国农村的土地制度造成了即使存在经济社会的日益资本化和市场化，小农也很难破产。针对普策尔教授的观点，伯恩斯坦教授讲了他1979年发表在《农民研究杂志》(*Journal of Peasant Studies*)上的《非洲的小农：一个理论框架》一文的观点，即所谓的"小农强制性简单再生产"。

我这几年在云南乡村做一些实践性的工作，接触的农民多，真切感受到在现代化条件下，小农的某种困境。我写过一篇随笔，讲了产业开发中"地主"变"雇农"的故事。我假设了小农受到"剥夺"的主要原因：一是小农分散，很难组织起来；二是即便他们组织起来，也没有管理能力进行规模化的现代生产；三是外部的资本力量垄断了市场销售渠道。所以，如果我们帮助小农组织起来，成立他们自己的合作社，他们自己聘请职业经理人，直接对接市场，通过这样的方式，小农可以不受外部资本的剥削。但是从实践看，问题远没有这样简单。

小农通过出租土地和劳动力的形式维持生计，受到剥削是容易理解的。就如同我讲的"地主"变"雇农"的例子。很多企业因为有特殊的销售渠道，也有一定的资本实力，所以租用农民的土地，获取垄断性利润。曾有学生问我，既然土地是农民的，而且土地又是稀缺的，为何农民不提高地租呢？我说，一旦农民知道了公司真正的利润，都会提出增加地租，租地者也会同意，直到他们觉得利润不足以应对风险的时候。所以很多地方的地租是逐年递增的，但是只要农民不掌握市场渠道，就会受到剥削。我在西南某地参观一个现代农业产业园，种植美国公司投资的蓝莓，全部出口，每亩产值达40万元，利润20万元。农民每亩地租（加打工）一共才1万元左右。这是把土地出租的情况。如果不出租土地，自己种地，是不是会不一样呢？

我的学生给我算过农民种蔬菜的一笔账。以我熟悉的勐腊县农民种植无筋豆为例，农民种植的成本为每公斤2.53元，中间商的收购价为每公斤4.2元，批发市场的收购价为每公斤10元，超市采购价为每公斤12元，消费者的购买价格为每公斤14元。在这个价值链上，农民的纯收入占比为11%，中间商的收入占比为30%，批发市场为14%，超市为14%。农民种植辣椒的收益只占到总收益的10%。由此可见，由于农产品的特殊性，如生产的季节性、产需地域的距离、保险储藏和加工等原因，农民很难将产品大规模直接卖到消费者手里，除非搞小规模的产地直销。在这一个价值链上，即使不存在价格垄断，农民的收入占比也无法很大。这主要是因为，当小农外部存在一个具有更高创新性的产业部门时，如制造业和高新技术等，农产品的价格就自然会被压低，也就是说农产品的价格是由市场价格倒推决定的。消费者的消费能力决定了最终的销售价格，以此类推，个别的特殊产品除外。因此，只要租的地还是生产农产品，地租就不会太高，除非搞房地产。农民不出租土地，自己种地自己卖，就不会被剥削了吗？

我在河边村的时候，总要找时间去山下的纳卡村吃傣族的饭。纳卡村算得上靠种地致富的典型例子。村里的女书记家2021年种了3亩南瓜、5亩茄子、6亩无筋豆以及10亩辣椒，共计24亩。冬季蔬菜的种植结束后，除预留的4亩土地种植水稻之外，其余20亩土地都用来种植玉米。她家今年南瓜收入为7500元，茄子预计收益可达4万元以上，无筋豆年收入3万元，辣椒的收入9万元；去年收获了15吨玉米，收入3万元。她家还有80亩的橡胶林，去年割胶收入近6万元。此外，她家去年还有4000元的砂仁收入。2021—2022年女书记全家种植业总收入为23.15万元。其实女书记一家这几年在种植业上的收入大致都是这个水平。但是我每次去她家问她收入的情况，她都说不好啊，开支太大了。她给我们大致算了一下，2021—2022年她的家庭总支出近23.5万元。按照她说的，虽然他们挣了很多钱，但是边挣边花，一年下来手里也并没有多少钱。所以，即便不出租土地，也很难说纳卡村的书记家种地真正赚了很多钱。

纳卡村的女书记家看似挣了很多钱，但还是跟我说希望我们能给她筹点钱修房子。虽然她的确挣了钱，但是无法产生资本积累。在市场经济的条件下，资本主义的生产关系不断把小农推到简单再生产的轨道上。首先，外部的各个环节会剥夺小农的生产剩余，如我们看到的无筋豆和辣椒的价值链；其次，由于农产品价格决定机制是外推性的，而且小农的劳动力和土地是自己的，因此小农具有在有压力的条件下追加更多的劳动获得生存的内在机制。所以，出现了即使小农没有挣到很多钱，依然坚持生产的现象。这一现象就是伯恩斯坦教授讲的"小农的强制性简单再生产"。

从严格意义上讲，如果没有政府大量的补贴和优惠，投资农业的资本回报率是不高的。这主要是因为农业的特点并不吸引资本。即便高度农业资本化的美国，农民收入中的60%却是来自政府的转移性支付。我的同事说，她在加州遇到一个美国家庭农场主说自己从事农业是一种价值驱动，也是这个意思。我在浙江了解到，3000亩水稻农场，种粮补贴收入达到300多万元，农场主也告诉我，他是喜欢种地这个事，不全是为了赚钱。中国特殊的农村土地集体所有制其实为小农的发展提供了理想的制度条件。因为，在土地不能自由交易的条件下，资本本身又对农业不感兴趣，那么通过政府的支持将资本、技术和劳动力进行配置，尤其是在数字技术、智能化技术的影响下，中国或许真的能走出一条小农现代化的道路。

腊东萝卜的故事

乡村振兴涉及很多问题，核心是产业兴旺的问题。而产业兴旺问题的核心则是农民收入的问题。增加农民收入受到很多因素的困扰，其中数量庞大的分散经营的小农户如何进入市场，是提高农民收入的关键所在。如果这些农户以小规模的面积种植粮食作物，那么增加他们收入的压力就会很大，很难想象一个农户种植十来亩玉米就能够增加收入。农民种植何种作物，才能增加收入，这在很大程度上取决于国家大的发展格局。

实际上除大规模的商品化程度较高的粮食生产区域以外，很多地区，特别是山区、贫困地区的农户大多都会依赖当地的资源维系多样化的生计体系。以云南临沧市的农村为例，这里的农户大多生活在山区。在过去，他们多数以玉米、马铃薯、红薯、旱稻、烤烟的生产为主。经过二十多年的发展，这些农民的生计结构发生了较大的变化。目前，他们主要生产蔬菜、水果、干果等商品化程度较高的农产品。

城市化和工业化推动了居民收入的提升，不断增加的非农人口，推高了对非粮食农产品的需求。这是一些地区农户生产结构发生转型的重要条件。关于生产这些农产品的千家万户如何对接市场需求，降低交易成本，是过去10多年中各地集中探索和创新的关键点。电商、网络直播在某种程度上解决了供需信息对接的问题。物流和交通运输等基础设施的改善也为农产品的流通提供了便利的条件。但是，仍然有一个问题没有解决，即成千上万个小农户如何找到物流，如何把产品送到消费者手中。目前，大致有两种比较成熟的模式。一种是全国各地都在搞的农民专业生产合作社，另一种就是"公司+农户"的生产。农民专业合作社的形式是多样的，很多的农民专业合作社实际上也一定程度采用了"公司+农户"的方式。这种类型的合作社与"公司+农户"的模式由于具有较强的激励机制，所以从总体的市场效益角度讲都比较有效，但又普遍存在一个与农户的利益分成是否公平的问题。在村庄里最稀缺的资源是所谓的"能人"，所以很多的合作社实际上都是能人在主导。"公司+农户"模式中的公司则是基于个人利益最大化的厂商机制，农户数量再大，也很难与具有"能力"和市场垄断地位的公司形成一个较为公平的关系，因此往往出现农户受益有限的局面。与此同时，存在很多并非以自身利益最大化为目标的专业合作社。这样的合作社大多是通过政府的财政支持发展起来，由村集体在政府的支持下运转的。这类合作社能够做到很大程度的公平，却由于缺乏明确的个人激励机制和有效的管理而导致效率低下。事实上很多这样的合作社都流于形式。这也是目前小农户对接市场的组织与合作理论在实践上所面临的困境。

无论是合作社模式还是"公司+农户"模式，本质上都是希望通过组织化的形态来降低交易成本。这好比是每一个农户过河的时候需要拉一根绳索，十个农户需要十根绳索，成本为十；但当把这根绳索加粗后，十个农户可以拉着一根绳索过河，过河的成本就会大大下降，远远低于十。除此之外，提高农户的收入还有一个路径，即提高所生产产品的附加值。

临沧市章驮乡勐旺村的一个自然村叫腊东村，这里盛产萝卜。临沧、昆明以及滇西南地区都有着长期食用萝卜的习俗，特别偏好辣味的现拌萝卜干，这种萝卜干在临沧、昆明等地都有很大的市场。在腊东，政府通过产业扶贫资金，在村里投资200万元建了一座符合卫生标准的现拌萝卜的加工和包装车间。他们的做法不是把农户的萝卜干收购过来加工销售，而是通过组建合作社，主要由农户在家庭加工车间加工好萝卜，然后将这些加工好的萝卜拿到合作社的公共车间中进行卫生检查和包装贴条，并由合作社按照订单统一销售。这个合作社本身并不雇用固定的工人，除五到六名村干部在合作社兼任不同职务以外，合作社的加工厂没有固定工作人员。

在当地，每公斤新鲜萝卜卖到1.2元，加工包装好的萝卜干每公斤可以卖到16元。每公斤现拌萝卜的加工包装成本为5元，运输成本为0.2元，合作社再加收每公斤0.5—1元的管理费用于支付公共车间的管理成本。合作社的作用是通过保障卫生并形成统一品牌，以获得市场销售优势。在这种情况下，农户虽然可以自己进行加工和销售，但是合作社品牌本身的市场可信度显然远远优于分散的小农户。这一点恰恰解决了很多农民专业合作社没有解决的关键问题，即农户为什么要依赖合作社的问题。而腊东的合作社也恰恰解决了合作社应该做什么的问题。20多年前我们参观荷兰、德国、韩国、日本的合作社，很多人都非常了解在这些国家合作社做什么、农户做什么的机制。在国内很多合作社的实践中，我们遇到的一大难题是，很多合作社实际上是在与农民争利益，并没有产生一个相互补充的利益共同体。腊东合作社的运行和管理看起来非常简单，也存在着诸多问题，但是运行模式却非常清晰。

假如一个农户卖1公斤新鲜萝卜，他可以获得1.2元的收入；而他加工成1公斤的萝卜干可以卖到16元，减掉加工成本、运输费和管理费，他还可以获得约10元收入。这就是微观上的一、二产的融合。一般来讲，农户很少参加二产，而更多只是原材料的提供者，因此收入的大幅度提升存在"瓶颈"。农户进行家庭加工，在很多情况下是将外部公司赚取的收益留在了农村，实现了农户收入的提升。虽然并不是所有的农产品都能做到农户加工，但是大多数的农产品至少可以做到某种合作形式的加工。农户当然需要为合作支付成本，就像把一根过河的绳索加粗同样需要增加成本，但要看到合作所增加的成本会远低于合作所增加的收益。农户的生产从一产进入二产，将一、二产融合的实际空间很大，这是成千上万的小农户通过生产提升收入的重要内容，也是我们所说的生产侧的创新点。在农村推动一产、二产和三产的融合不仅会提高农民的收入，更重要的是可以促进产业的兴旺。因为一个产业的兴旺本身会带动供应链向乡村的转移，例如物流、包装、检疫检验服务等都会向乡村转移。临沧腊东萝卜的故事，是全国各种各样类似创新故事中极其普通的一个，但却呈现出乡村振兴中如何实现产业兴旺的可行路径。腊东农民合作社打造的腊东现拌萝卜干品牌正在拉动一村一品的产业兴旺。

李早琴的核桃油

2022年4月，中国农业大学的国家乡村振兴研究院开会，校长作为研究院院长来参加会议，学校相关部门的负责人也都来了。我是研究院的常务副院长，会议开始之前，我把包装精美的核桃油拿出来，我说这是临沧萝卜山农民自己加工的核桃油，今天是讨论乡村振兴工作，所以送给大家。孙其信校长兴奋地问，都加工出来啦？2021年11月，孙其信校长和云南省乡村振兴局领导在临沧市临翔区萝卜山村为李早琴核桃加工坊挂牌。孙其信校长在现场看到榨油后核桃皮和核桃没有分离，后来专门找到我们学校研究食品加工的教授，为他们提供了剥离的机器。在现场的很多领导对李早琴的核桃加工示范感兴趣的主要原因，是我们讲的小农户现代化和三产融合。李早琴核桃加工就是一个小农户通过三产融合增加收入的示范。

云南临沧地区多为山区，过去农民在山地里砍伐树木、开辟梯田，主要种植旱稻和玉米。那个时候山区的农民可能大多属于真正意义上的小农。随着退耕还林政策的不断推进，原来的梯田都种上了核桃树和茶树。这些地区原本也有很多古茶树，所以茶叶也是当地传统产业。这几十年在扶贫政策和各类乡村发展政策的支持下，进村的路都通了，原本贫困的村民都盖起了一栋栋新房，只有从村里残留的老房可以看到过去生活艰苦的痕迹。那么这些当初的小农是靠什么维持生计和发展的呢？

临沧市临翔区马台乡的萝卜山自然村共有126户村民，每户村民都有5—20亩的山地，村里已经不再种植旱稻和玉米，而是发展出了立体的农作物系统，主要种植核桃、茶叶和樱桃等经济作物。现在，这里每亩地都种了10多棵核桃树。过去1斤核桃可以卖到3—5元，按照每亩生产1000斤鲜核桃计算，1亩地可以获得3000—5000元收入。但是近两年核桃的价格急剧下降，2019年1斤核桃只卖到7—8毛钱。捡核桃需要雇工，按照当地雇工的费用大约每天100元计算，收获1亩核桃至少要花费四五百元，而每亩地的核桃也只能卖到四五百元，基本赚不到钱，所以农民也不捡核桃卖了。这一情况与怒江地区核桃产业的现状类似。怒江的同志说主要原因是10多年前核桃种植面积逐年扩大，现在种植面积过大。仅怒江泸水市就有60万亩的核桃，核桃滞销已经成为困扰当地农村产业发展的重要问题。萝卜山的村民在核桃树下都栽种了茶树，每户大约有5—20亩不等的茶林。按照每公斤40元，每亩生产100公斤鲜茶计算，农民卖茶可以获得每亩4000元的收入。除了核桃、茶树，农民在地里还套种了樱桃，1亩地大概种植20株樱桃树。按照每亩收获50斤樱桃，每斤出售价格10元计算，1亩地可以获得5000元收入。除此之外，萝卜山村的农民还普遍种植萝卜，这个村之所以被称为"萝卜山村"，也是因为这里有种植萝卜的悠久历史。在萝卜山村，1亩地可生产萝卜2000斤，每斤出售价格大约为0.6—1元钱，因此1亩地可以获得1200—2000元收入。萝卜山村的村民通过在有限的山地土地上实行立体种植来维持生计。假如按一户拥有5亩地计算，仅从种植业方面，农户一年就可以获得5万多元的毛收入。有的农户还养猪、养牛、养鸡和养蜂，这些虽然不是家家户户都有，但也会给农户带来可观的收入。另外，萝卜山村的村民普遍外出打工，每户从打工中还可以获得3万到4万元不等的收入。通过大概估算，萝卜山村一个农户的最低收入也有5万元左右，最高收入10万元以上。按照人均可支配收入计算，应该是达到了或超过了全国农民人均收入的水平。

以上实例说明在过去20多年中，通过立体种植、发展经济林作物以及推广农牧结合等方式已经彻底改变了原本自给自足的贫困面貌，农户生产也与大市场紧密连接在一起。这其实也是大多数农村，特别是西南山区农村经济发展的主要模式。从技术角度讲，小农也算是步入了现代化的轨道。

虽然萝卜山村无论从村庄的面貌还是整体的社会经济发展阶段来衡量都还远远没有到乡村振兴的程度，但是，很显然他们依靠现在的生计系统维持了生活，而且生活也处于不断改善的过程中。进一步分析不难发现，萝卜山村村民生计系统的调整和生活的改善是在过去几十年国家经济快速发展的条件下取得的。也就是说，萝卜山村村民生活水平的提升是得益于宏观经济的发展，如果没有经济的发展和城镇化，如果没有一个巨大的外部市场的需求拉动，很难想象萝卜山村村民能有今天这样的发展。无论茶叶、樱桃、核桃还是萝卜，萝卜山村的村民几乎都是把他们的产品卖到了外部市场。萝卜山村原本自给自足的经济系统经过几十年的发展，事实上已经转变成完全融入外部市场的商品化的经济系统。这一转变极大地提升了农户的收入水平和生活水平，但同时也将农户推向了一个具有风险的市场体系中。

乡村振兴的一个重要内容是产业兴旺。我们一说到产业兴旺都很容易建议发展新的产业。但事实上对于萝卜山村这样一个很具有代表性的山区乡村而言，确保持续的市场需求则是产业兴旺的关键所在。而维持持续的市场需求关键还在于整体的经济发展和新型城镇化的推进。因为如果没有一个持续增长的消费群体，萝卜山村村民生产的农产品就会发生滞销。从这个角度讲，产业兴旺不能只盯着农民的生产，还要讲县域经济发展，还要讲经济的发展和新型城镇化，不能搞农本主义。所以，乡村振兴不能只盯着乡村和农民。如果没有持续的经济增长和城镇化，乡村很难振兴。

虽说乡村振兴离不开经济发展和新型城镇化，但并不意味着不需要建设乡村。乡村的产业兴旺潜力还很大，需要考虑生产侧的改革。萝卜山村的立体种植以及农牧结合所带来的收入提升就是生产侧改革的成功案例。但这还不够，临沧市临翔区政府与我的团队开始研究依托萝卜、茶叶、樱桃和核桃开发农户型的三产融合模式。通过发展"一户一品"、"一村一品"以及农旅结合来拓展萝卜山村的产业结构，将农户加工、户村品牌开发以及以萝卜为特色的农旅结合起来，以提升产业增值的空间。仅以茶叶为例，农户茶叶的出门价为每公斤40元，收购企业粗加工后售出的价格为每公斤280元（约4—4.5公斤鲜叶可制1公斤干茶叶），而同样的茶叶在淘宝上可以卖到每公斤最高2000元，农户出门价与市场价之间差距悬殊。萝卜的农户出门价与市场价之间虽无悬殊差距，但价差也在1倍上下。由此可见中间环节的盈利空间巨大是影响农户收入的普遍性问题。各地一般都会通过合作社的形式来解决这一问题，但事实上大多数的合作社都成了个体企业和中间商通过垄断销售渠道而获取高额利润的组织形式，很难成为确保农民利益处在一个合理空间的有效组织形态。如何培育一种真正服务于农民、能够确保农业产业利益更多留在农民手里的合作社机制是乡村振兴所面临的现实挑战。

但是，无论如何强调生产侧的改革，都不能够忽视市场需求的核心作用。怒江的同志讲述这几年在脱贫攻坚中依靠帮扶单位通过消费扶贫的形式出售了大量的农产品，但是脱贫攻坚结束之后怎么办呢？很多地方在做直播带货，的确很多直播带货一定程度上带动了农产品的销售，但是从根本上有利于农户的、有效对接市场的组织机制并没有真正发育出来。临沧市的供销社正在进行创新，他们通过开发农产品的品牌、制定标准、连接市场来为全市农产品打造销售渠道。农产品的相对丰富是通过品牌和标准打通市场的有利条件，因为在农产品供给不足的条件下任何产品都很容易销售。因此从供给的角度讲，未来农村产业的兴旺的确需要打造品牌和严格控制质量，从而使得农产品的供给水平不断提升，但这仍然离不开大的市场需求的有效支撑。从这个意义上讲，山区小农的生计维系一方面需要不断提升农产品的质量，但最根本的还得依靠市场需求的支撑。经济发展水平低了，农民的收入水平也不会提高，乡村振兴也会出现困难。这也是为什么乡村振兴离不开经济发展和城镇化的主要原因。小农的现代化不仅要有高的土地生产率，还得有高的劳动生产率，这都得依靠有利于农民利益的制度做保障，而且还需要城乡融合的发展。

我写这篇稿子的时候，李早琴的核桃油已经实验成功了。但是，她没有办法使产品正式上市销售，因为进入市场需要有食品监管部门的许可，食品监管部门对食品生产的规模、厂房的大小都有比较严格的要求，这些要求都是针对大型现代化加工企业制定的。农户的二产加工，无论是生产规模还是厂房的面积等诸多方面，都很难达到现代化加工企业的要求。所以，从实践上讲，发展小农生产体系的制度基础往往是缺失的。我们讲小农在中国会长期存在，但是小农户不可能仅仅依靠种几亩地来生存，他们需要发展兼业化的产业，而发展农户的加工业既能够保留下农耕的传统，又能够提高农民的收入，但是现代的市场体系又不具备小农加工业发展的条件。直到我写这篇短文的时候，李早琴核桃油的上市销售问题还没有得到完全的解决。

帮东村的"无人农场"

　　云南临沧市镇康县的帮东村地处中缅边境，是一个傣族村寨，也是中国农业大学定点帮扶的村庄。2021年年底，学校派我和团队进入帮东村，展开定点帮扶工作。云南山区的乡村经济社会特点更倾向于我们学术上讨论的"小农"。与内地的村庄不同，帮东村家家户户的生计主要依靠家庭劳动力。除少数上了中专、大学的年轻人离开了村庄以外，多数年轻人中学毕业以后都还在村子里。云南西南山区的山地面积很大，每家农户都拥有很多的土地。

　　帮东村原来主要是种玉米和水稻，推广甘蔗种植以后，家家户户开始种甘蔗，甘蔗成了农户主要的收入来源。脱贫攻坚开始后，又发展了澳大利亚坚果产业。山地商品农业的不断推进，引发了帮东村家庭经济资源配置的转变。帮东村原来的生计结构以玉米、水稻和养猪为主，主要依靠家庭劳动力实现自给自足。但规模种植甘蔗和澳大利亚坚果以后，劳动力开始变得相对稀缺。我和团队刚到帮东村的时候，村里的支书老金跟我讲："李老师，不要再来搞产业了，我们搞不动了。"

　　疫情之前，帮东村甘蔗收割等劳动密集的活动主要依靠缅甸劳动力，所以在过去十多年中，帮东村村民收入提升主要得益于全球化。这是一个有意思的小农发展演变的故事。中国的小农通过拓展资源和吸纳外部劳动力形成了一个特殊的发展模式。农民不是通过外出打工提高收入，而是通过吸纳成本更低的劳动力在自己的土地上"就业"，形成了一个跨国的小农生计发展模式。从这个意义上讲，小农的发展的确不能脱离全球化。然而，疫情之后，很难雇到缅甸劳动力，帮东村村民只好把自己家里的劳动力重新投入到最挣钱的甘蔗生产上，并减少像水稻这样的劳动密集型的种植业。

　　中国农业大学帮扶帮东村的老师们都注意到了帮东村的这些特点。工学院马少春副教授是美国留学归国的甘蔗机械化收割专家，他在美国的导师就是世界顶级的甘蔗机械化收割专家。马少春副教授在帮东村做了三年山地甘蔗收获机械的研制。2023年6月份，我陪同中国农业大学党委书记钟登华院士来到帮东村考察。马少春老师在现场演示了他研制的机械。钟登华书记问了很多非常专业的问题，大家觉得很惊讶，结果才知道他从小就在家干农活，也收过甘蔗。实际上，山地甘蔗收割机械化难度很大，估计最近几年无法突破技术难关。小农现代化不是一句空话，不能总是围绕着家庭劳动力来配置产业。对于那些标榜自给自足的小农观点，我持有一些不同看法。我觉得小农现代化的提法比较好，但是要实现小农的现代化，不能脱离国家的现代化进程，这也是我在本书里一直强调的乡村振兴要在国家的现代化进程中逐步实现的观点。

帮东村有几百亩的水稻地，近年来很多地都不再种植，即便种植也投入不足，产量很低。我们和村里讨论，设计了帮东村"无人农场"，把不同农户的土地集中起来，统一平整土地，形成连片，实施全过程机械化，使用无人机进行喷药，逐步打造成一个"无人农场"。这也是劳动力不足的条件下解决粮食安全问题的一个方案。

帮东村的"无人农场"总面积是145亩地，2022年种了80亩，购置农机约为50万元，其他种植、加工等成本约20万元。农机折旧按5年计算，当年80亩地的总成本为30万元。团队的老师们帮着村里挑选了优良的水稻品种，团队的学生们帮助设计了帮东农米的包装，将销售价定为每斤20元。理论上讲，按照销售价格计算当年收获的20吨大米，总收入可以达到80万元，利润可以达到50万元，每亩利润6000多元，再加上粮食补贴，可以达到7000元。但需要指出的是，由于各种原因，按照原先设定的销售价格，只卖出了一小部分，实际收入远未达到计划的收入。

帮东农米的开发过程给我们的启示是，小农现代化是一个很艰难的过程。即便农机有补贴，但要形成能够大规模替代劳动力的农业机械生产的成本是很高的，尤其是发展真正意义上的数字化智慧农场，做到病虫害水肥监测和精细化农业的成本非常高。我们的智慧农业专家给了一个预算，帮东村的百亩水稻田似乎很难承受这样的成本。因此，2022年开始，我们希望扩大合作家庭农场的规模，乡里计划做到1000亩。规模越大，机械化使用的成本越低。最大的困扰是如何进行销售。如果把帮东农米打造成一村一品，那么加工、包装、运输的成本会很高，因此定价也必须高。但定价高又会导致销售困难。全国各地都在搞直播，相互竞争，实际上直播的效益就会下降。如果生产的水稻按一般市场价格销售，又很难保本。

小农现代化不可能围着几个劳动力和几亩地来实现。现代化意味着发达的工业、良好的基础设施、高效的物流以及通畅的信息网络，更为重要的是能够把小农带到大市场的组织机制中。全世界任何地方的家庭农业，不管是大农场还是小农户，都是脆弱的，都需要得到支持。如果没有现代化的推进，像帮东村这样的乡村，小农的现代化是很难实现的。

新电商如何助农？

农村产业兴旺，事关农民收入和乡村振兴的大局。产业兴旺涉及需求侧和供给侧两个方面，而流通则是连接供给侧和需求侧的关键环节。每年收获季节，农产品销售难的主要原因是卡在流通不畅。如何改善流通，如何以成本最低的方式解决鲜活农产品的销售，是农村产业兴旺和提高农民收入的重要内容。

农产品销售的难点，在于鲜活农产品销售。我国每年农产品的总产量超过20亿吨，其中鲜活农产品产量2018年超过13亿吨。鲜活农产品影响农民收入的弹性最大，能否有效销售直接影响农民的收入。由于存在保鲜和腐烂问题，无法及时销售的鲜活农产品损失可达20%—30%，损失的数额巨大，而且这一损失主要是由农户承担。

长期以来，解决鲜活农产品供需时间差问题的主要方案，是开发储藏保鲜、冷链和粗包装加工等环节的技术。这些方案虽然可以错开供给和需求的时间差，在一定程度上减少了农民的损失，但同时也增加了中间环节，进而压缩了农户鲜活农产品的出门价。在云南生产的豆角，农户的出门价为每公斤4.2元，消费者购买价格是每公斤14元，农民在整个供应链中的收益为11.9%，储藏、冷链和粗包装环节的收入占到30%。

从某种意义上讲，农产品加工是农村产业发展的重要环节，也是通过增加附加价值提高农业现代化水平的重要手段。但是就农产品本身的社会属性来讲，消费鲜活农产品依然是农产品消费的本质属性。电商平台为解决鲜活农产品销售问题提供了很好的方案，2014年生鲜电商的交易额为289亿元，到2018年上升到了2103亿元。

巨量鲜活农产品供给，需要快速形成巨量购买力。传统的电商平台，通过快速信息发布和所带动的物流活跃度，在鲜活农产品销售中发挥了重要作用，但是依然不能在鲜活农产品的销售方面取得突破性进展。生鲜电商零售比例由2014年的0.7%，快速上升到2017年的1.8%以后，增长放缓，开始出现销售"瓶颈"。其根本原因在于2018年之前的快速增长，来源于鲜活农产品电商数量的增长，而非鲜活农产品销售关键环节的技术突破，无法突破鲜活农产品生物学属性所造成的销售困难。

首先，农产品的生产有季节性，成熟期相对固定，新鲜产品的可食用周期很短。需求弹性大的农产品如瓜果类一般的生产规模都很大，在区域范围内都会瞬间形成巨量供给，所以每年农产品成熟期间，就会出现所谓的滞销。需要指出的是，这类农产品是农民收入最为敏感的农产品，滞销严重影响农民的收入，产业在发展中往往会落入生产—滞销—农民积极性下降—生产下滑的恶性循环，这是普遍存在，也是最为困扰农业产业发展的问题。

其次，鲜活农产品的巨量供给，需要迅速形成巨量现实购买力来消化，否则要么腐烂损失，要么通过储藏加工环节将需求延后消化。而延后消化同样会产生损失，还会加大交易成本导致交易分散化，最终影响农民收入。比较理想的做法，当然是实现鲜活农产品及时消化的最大化，同时实现农民收入的最大化，从而减少不应有的损失，提升农产品整体价值链的价值。

新电商突破了鲜活农产品的销售"瓶颈"。与传统电商站位于商家和依赖搜索流不同的是，新电商主要站位于消费者，通过商品流和社交裂变对接产需。用通俗的话讲，在新电商平台上，销售是围绕着电商创新和与粉丝的社会互动而实现的。拼多多是近年来出现的新电商的典型代表，至2019年年底活跃用户达到5.85亿人，平台农副产品的销售额为1364亿元，农产品常购用户有2.4亿人，订单中51%以上为鲜活农产品，在短时间内成为中国农产品最大的上行平台。拼多多能够在农产品上行中取得迅速发展，主要原因有以下几个方面：

第一，拼多多从农产品起步，在耕耘农产品电商的过程中对于农产品的生产和市场属性，以及消费者对于农产品的消费属性都有深刻的认识，如鲜活、性价比等，其农商模式比其他电商更具益农特点。

第二，拼多多聚焦低价、下沉流量，以三四线城市为目标。拼多多用户70%是女性，而且以35岁以下的年轻用户为主；从用户的收入结构来看，70%是处于收入在2500—6000元的群体，因此从某种意义上讲，拼多多电商平台的上行和下行用户以低中收入群体为主，具有很强的大众普适性。

第三，简化包装，不断压缩供应链。拼多多有的产品直接进入物流中心，不做或少走冷链保鲜渠道，通过时效性、鲜活性和价格优势惠及消费者。拼多多农货上行51%均为鲜活产品，显示了其在鲜活农产品销售上的优势。

第四，最为重要的是，拼多多的电商模式属于社交型电商模式。通过大家一起拼货的方式，从而瞬间凝聚需求，并通过电商与粉丝的互动不断黏结粉丝激励下单，瞬间将需求转化为现实购买力。拼多多电商平台上的购买模式，往往都是5万—10万个消费者的拼购，一个产品信息在拼多多平台上通过大家一起拼，可以很快变成10人、100人、1000人到10万人一起购买。这样一个拼货模式，并不适合购买一件奢侈品，却完全对接了瞬间出现的巨量农产品销售需求。

瞬间形成的购买量，可以在瞬间消化等待销售的鲜活农产品，这样极大地减少了由于延后销售所产生的损失，以及延后销售所需要的储藏、冷链等环节。而且，由于实现了鲜活产品的及时巨量销售，同样一个产品，在拼多多上的价格一般都很低。拼多多的社交农商模式多样化，"多多果园"就是一个社交娱乐性项目。该项目通过免费派送在游戏中种植收获的农产品，不断黏结青年粉丝，同时通过广告和流量反哺生产农户，形成"反哺—游戏—奖励"的良性互动。

净化社会舆论环境，支持电商助农模式创新。精准扶贫与乡村振兴战略的实施，为传统大型电商扶贫助农提供了巨大空间。这些电商先后推出了一系列商品下行、农品上行的模式，阿里、苏宁、京东等电商企业和平台纷纷入驻农村。与此同时，新电商模式不断涌现，直面农产品品牌销售和特色销售的"瓶颈"。拼多多在其农产品上行优势的基础之上，开始把重点放在提升农产品上行的效率方面，依托其社交电商的优势，发展产地直发模式，实现消费者、农户、平台三赢的格局，同时布局"多多果园"扶贫助农项目。云集发起农村电商"百县千品"项目，覆盖了31个省、市、自治区，希望通过建立地理标志性农产品品牌，打造高端农产品销售机制。快手、抖音等新型电商，也正在改变中国电子商务的传统格局。

随着各种新型电商的不断创新，竞争客户日趋激烈。因此，向公众披露各种电商平台的正负面信息，成为电商平台争取用户的重要手段，有关各种电商的虚假信息，甚至是电商管理人员的绯闻也大量充斥在网络上，严重干扰公众对电商平台的选择。更为严重的是，电商平台作为中国引领全球的新兴产业，多属国外上市企业，国内媒体充斥的大量平台自身过分夸大和相互抹黑的信息，不仅严重影响电商的公众形象，还容易成为西方打击中国新兴产业的口实，影响到这些企业履行社会责任和在海外市场进一步的融资。电商平台社会舆论环境恶化的苗头如不加以规范，势必对我国电商发展产生重大影响。因此，推动电商平台企业的自律，以及在国家层面制定相应的信息披露管理规范，迫在眉睫。

社区电商助小农户对接大市场

产业兴旺是乡村振兴的核心，而乡村中产业兴旺的难点还不完全在产业方面，因为就产业本身而言，只要有土地、资金与技术，产业就可以发展起来。但是，实际上乡村的产业兴旺，是一个与农民的利益黏在一起的问题，是产业如何让农民受益的问题。所以说乡村产业兴旺问题不仅仅是农业生产的问题，而是一个农村的经济社会问题，这也正是乡村振兴中产业兴旺的难点。

我在云南的西双版纳、临沧、昆明、昭通等地从事乡村实践工作，经常会在公路的两侧看到挂着各种名称的合作社的牌子。地方的同志跟我讲，这些合作社其实就是农产品的收购点，好一点的合作社会为农民提供保底的收购价，和农民签订合同，再好一点的还会提供种子、化肥以及相应的栽培技术标准，差一点的其实就是收获季节的中间商。那么，为什么在基层会有那么多不同类型的合作社呢？一个主要原因就是农户一家一户的生产形式，没有组织，他们不了解市场的需求，没有销售的渠道，一旦生产出来，很容易出现滞销。我在云南勐腊县河边村扶贫时就曾出现过农民种的南瓜找不到销售渠道烂在地里的情况。分散性的小农户生产如何对接市场是落后地区，特别是边远地区、山区产业兴旺的核心问题。

这几年，随着互联网技术的发展，电商成了农户生产对接市场需求最为重要的媒介，电商不仅仅快速对接了生产和消费，让生产者迅速获得消费信息，同时也让消费者迅速获得生产信息。更为重要的是，电商极大地减少了流通的中间环节，特别是直播带货等形式，更是让小农户能够直接将自己的产品送到消费者手里。我在昆明安宁市雁塔村从事乡村振兴的工作，每到收获季节，雁塔村里的红梨大部分通过互联网电商销售一空。

互联网电商对于市场流通的影响当然不局限于农产品，但是对农产品流通的意义则更为特殊。首先，农产品的消费与其他产品的消费不同，如果你去买一件衣服或者买一件玩具，并不必然存在购买时间的问题，但是如果希望消费鲜活农产品，就存在产销对接的时间问题。其次，虽然农产品的保鲜技术、加工技术越来越发达，但是人们依然倾向于购买鲜活农产品。因此，从这个意义上讲，能够确定消费需求的信息，而且能够将这样的信息有效转化为实际购买需求的技术，就会极大地促进鲜活农产品的销售。我在安宁雁塔村的梨园里和我的学生一起品尝刚刚摘下的新鲜红梨，我让村里的人用最快的方式把梨发送给北京的亲友们，他们都在两三天内收到了红梨；而7天后收到的和两三天内收到的人，对梨的品味评价截然不同。这就需要我们在红梨最佳自然保鲜期的两三天内收集足够量的产品需求信息和消费者需求信息，这样红梨的品质最好，当然价格也最好，这也是我们需要不断创新电商模式的主要原因。

前几年我曾经推荐拼多多的"拼货"模式，我认为这样的模式能够瞬间凝聚巨量消费需求，并能够将这样的需求转化为购买力，这极其有利于鲜活农产品的销售。实际上，这几年拼多多的确在这方面取得了长足的发展。这一模式虽然解决了产销对接的时间问题，但是有效的产销对接还需要一个"组织"。最近半年来阿里巴巴新成立的社区电商事业群（MMC），则是一个能弥补其他新电商不足之处的新业态，是一个能做到当日下单，次日自提，适合鲜活农产品的全新电商模式，更重要的是社区电商在实际运行中相当于有了一个使农户生产与市场消费对接的"组织"。很显然，在如何对接农户生产和市场消费方面，电商的创新越来越精准，越来越高效。

记得2015年我刚到云南省勐腊县河边村扶贫的时候，村里连手机信号都没有，更谈不上互联网。这几年，村里有个青年农民在直播平台上卖自己的蜂蜜，一年的销售额达1万多元。随着互联网深入到乡村的每个角落，互联网电商的创新也日益深入，阿里社区电商的创新就是一个典型的案例。在中国几乎没有人不知道阿里巴巴，但是，很多人可能不知道，阿里平台农产品的销售是中国农产品上行的第一大平台，2020年阿里平台农产品销售额达到3037亿元。阿里社区电商模式正在通过其能够确定的消费需求，帮助农户"以销优产"，有效地对接小农户的生产与市场需求，助力农民增收，成为助力小农户组织起来的创新模式。

阿里社区电商模式在解决鲜活农产品的销售方面具有明显的技术优势，与远场电商相比，社区电商不是点对点的交易，而是聚合确定性的需求，从而将这样的需求转化为确定性的供给，精准对接需求与供给，推动鲜活农产品及时大规模地上行。社区电商模式通过构建数字化的供应链体系，通过终端服务的确定性和消费需求的确定性，实现线下人、货、场的精准匹配，让源头工厂和农户以最优的链路直接社区小店，从而通过数字化网络将田间与社区无缝连接，就如同用一辆快车将农产品直接送到社区小店一样。社区电商的聚合性订单打通了物流、商流、信息流、资金流，推动了分散的农户深度融入供应链，提效降本，让供需两端均能获益。这一模式最大的创新是通过互联网将生产者与消费者组织起来，其对于乡村产业兴旺的意义重大。

如果说第一代农业电商仅仅是为供需双方提供了减少中间环节的信息服务的话，第二代电商则更加注重链接物流的服务。就农产品而言，基于社区的电商服务更加高效快捷和人性化，尤其是日益增加的个性农产品服务都越来越依赖于通过数字化的技术进行精准的生产需求对接。将田间的农产品直接带到社区是消费者对农产品消费的最高预期，鲜活农产品可以溯源。小农户的生产越来越希望有确定的订单,从而避免生产过剩和销售困难所带来的损失。这些都是社区电商所具备的优势。从销售的角度看,社区电商通过集中采购和配送,降低交易成本;而就生产和消费的对接来看,可以帮助实现以销定产。

乡村振兴中产业兴旺的难点在于农民所从事的产业如何兴旺起来,而小农户产业的兴旺主要取决于如何将小农户有效地对接市场,核心是小农户的利益不要被过多的市场销售环节所盘剥。我在西南某地的调查中发现,农户生产的优质大米1公斤挣到了4元钱,而公司在网上销售时1公斤卖到了30多元钱,农户的收益只占到了10%左右。试想,如果让社区电商这样的模式深入到村落,那将会极大地帮助农户增加产业链中的份额。这也是我们常讲到的乡村振兴产业兴旺难的主要原因。

"地主"缘何成"雇农"?

最近几年,我到很多地方,尤其是原来的贫困地区参观学习农业产业开发,发现乡村的产业发展很快。很多地方都推动"一县一业",种植几十万亩的蔬菜水果,规模颇为壮观。2016年全国的水果种植面积为1091.6万公顷,总产量为2.44亿吨;到2021年达到了1369.8万公顷,总产量达到了2.95亿吨。蔬菜面积由2016年的1955万公顷增长到2021年的2174万公顷,蔬菜总产量从2016年的6.74亿吨增长到2021年的7.82亿吨。难怪在北京的超市里可以看到全国各地生产的各种各样的农产品,琳琅满目。

乡村产业的发展不仅表现在种植业,还表现在养殖业和第三产业,其中乡村旅游业尤为突出。从某种意义上讲,乡村已经不再是过去单一种植业的生产空间,乡村的经济结构已经得到极大的拓展。然而,乡村产业结构的扩大和发展的背后始终都没有离开土地问题,从而也就一直存在着产业发展与农民利益分配的问题。这一问题的核心是资本、市场、土地和劳动力在产业发展中的复杂关系，由此也呈现出在现代化语境下小农生存与发展的一系列困境性问题。

2015年，我刚到河边村时，就发现有的农户山地很多，自身管理不过来，他们就会把部分山地租给浙江老板种香蕉，1亩地租金是1000多元。老板在香蕉栽种、管理和收获阶段，都会雇当地农民劳动。农民去香蕉地打工，每天能赚100元。我算了一下，1亩香蕉地，老板的成本为劳动力的支出1000多元、种苗和化肥的支出1000多元。

香蕉成熟的时候，各地的大卡车停在路边，老板雇用村民把香蕉装在印着"老挝香蕉"的盒子里，卖到内地。我那个时候才知道在北京经常买到的"老挝香蕉"是从哪里来的。行情好的时候，老板1亩地能卖出1万多元，除去各种成本，老板至少能赚5000元以上。我刚到勐腊县时，住在县城的一家宾馆。宾馆老板是一个安徽人，他租地最多的时候达到1000多亩，通过种香蕉，他发了财，于是后来就在县城新区盖了宾馆和商城，用于出租获得收益。他说过去种香蕉很赚钱，但现在种香蕉的人多了，他便转移到老挝，因为老挝那边租地很便宜，他现在种的是真正的"老挝香蕉"。

前几年，河边村好几户农户都靠租地赚钱。卢学春家每年都会有3万元的租地收入。对于这些村民而言，家里有20—30亩山地，家中缺少劳力的话，就把地租给老板，一年有几万元的收入，也是不错的选择。我曾经问租地的农民是否知道老板1亩地能挣多少钱，村民都说不知道。自己的地，1亩挣1000元地租，别人租了挣7000—8000元。我当时就想，这些瑶族村民真的很傻。

后来去很多地方的乡村考察，我都很注意这个问题，发现农民出租地的现象十分普遍，而且多是"公司加农户"的形式。我在某个县的乡村考察农业产业，乡里的干部把我带到一个3000多亩的大棚产业园参观。那是一个叶菜的生产基地，从立在路边的介绍牌子可以看出该基地算作"菜篮子工程"。干部很自豪地跟我讲，土地是从农户那里流转的,每亩1000多元,租金每5年上调一次。此外公司以每人每天80—100元的价格雇用本地农民,可以解决农民的就业问题,并且政府投入与农业产业相关的基础设施建设。算下来公司平均每亩大棚投入8万元,而纯收入达10万元。

我看着一个个大棚和在里面干活的村民,和干部开玩笑说:"你们这个产业开发很好啊,城市居民有菜吃了,老板都成了千万富翁,农业公司政府也没啥税收,更重要的是,人家农民原来是'地主',现在一个'公司加农户',让农民变成了'雇农'。"在场的干部听了都笑了。

很多地方请我给干部讲课,我都讲这个事。"地主"变"雇农"当然是一句玩笑话。农地不能买卖,地只是出租给公司,出租的是经营权,"地主"不可能变"雇农"。这正是我们坚持农村土地集体所有制的原因所在。但是,土地所有制只是土地制度的一个方面,土地经营的收益分配直接关系到农民的收入问题,如何在土地流转环节确保农民利益这一问题需要高度关注。如果有的农民有了固定的非农收入,尤其是做生意的,他们的劳动力和资本的机会成本很高,不可能投入农业。对这部分农民来说,他们不以土地为生计,地租属于额外收入,其利益问题不凸显。但是有些农民缺乏非农收入,或者非农收入不稳定、不高,对这部分农民来说,他们仍然在相当大的程度上依赖土地,因此,土地经营的利益分配对他们来说就显得尤为重要。

乡村产业发展了,市场供给丰富了,但是农民增收幅度却不大。这是农业发展的一个悖论。统计局数据显示,2013年农民经营性收入增速11.3%,到2016年则为4.9%,2017年为6.9%,2018年为7.1%,年增速呈现下降趋势。而2016年以后恰恰是全国范围内推动产业扶贫的主要时段。我们不能绝对地讲,产业发展没有促进农民增收。我在某地一个大规模的芒果产业开发基地考察时,村干部介绍道:"村里每户流转土地为10—30亩不等,每户每年流转土地的收入为1万—3万元,此外,农民在土地流转后的农业基地打工,每人每年收入为8000—10000元。"对于农民而言，他们的收入有了很大的提高，这样看，"地主"变"雇农"并非坏事。但是，我们可能忽视了这个过程中收入差距扩大、农民能力没有得到提升以及公共投入的收益外溢等问题。

首先，我们需要认识到实现共同富裕的难点在乡村，农民收入和城乡社会公共服务是其中的核心问题。我们讲共同富裕，往往会关注第二次分配和第三次分配，但实际上第一次分配中的问题更应该得到重视。我在一个农业产业基地问一位公司派到现场的经理："一年多少工资？"他说："不到100万吧。"按照1亩地算，大多数蔬菜和水果每亩平均利润最少都在1万元以上，留给农户的利益不到2000元。有的产业利润高达10万元以上，比较起来，农户收益的占比更低。从某种意义上，"公司加农户"的模式在乡村不断生产不平等。如果不在第一次分配领域解决不平等的生产问题，即使有二次、三次分配，都会严重影响实现共同富裕的目标。

其次，农民把地租给公司，收了地租，在地里打了工，但是没有学到如何管理，也没有学到如何组织起来，更没有学到如何当"老板"。也就是说，农民的能力在这个过程中没有得到根本提升，小农自身的现代化没有随着产业的现代化而实现。"公司加农户"的模式看起来把农民带入了市场，实则是把产品带进了市场，农民不直面市场的变化，不直面如何直接对接市场，看起来是补了农民的短，实则是把农民从市场学习和锻炼的场域中排除，让农民脱离了现代化改造的道路。"地主"变"雇农"不仅让农民眼前的利益受到损害，也影响了小农现代化的长久发展问题。

最后，政府为乡村产业的发展注入了大量的公共资源，如道路、水利等。很多公司只投入"地上物"，有的公司甚至只投入所谓的技术，如种苗。这相当于无偿使用了公共资源。虽然有的地方大力推动大规模的产业开发，政府投入很多，公司支付6%的使用费。但这相当于公司获得了无担保低息贷款。其结果一方面是公共投入效益外溢到公司，另一方面也容易导致这类公司的竞争力不强。

乡村产业发展中出现的"地主"变"雇农"的现象并非任何一方精心设计的局，而是小农现代化改造的某种困境和我们推动小农现代化以及产业发展过程中的某种无奈。在很多乡村，每户都有几亩地，但乡村人才逐年流失，村里很少有带头人能把村民组织起来，乡村存在着"组织短板"。即使通过建立合作社的形式把农民组织起来，农民还是不会对接市场，农民存在"能力短板"。政府可以帮助农民组织起来，很多地方村里的合作社都是政府帮着农民组织起来的，但是政府没有能力帮着农民进入市场，政府也存在着"管理短板"。在这种情况下，外来的公司就有了价值。这些公司既可以把农民组织起来，又可以把农产品带入市场。公司能够发挥作用的主要原因是，面向市场的规模化生产是一个现代化的生产过程，现代的公司具备管理这一过程的条件，农民不具备，当然公司也不具备从事小农生产的能力。

社会资本从事农业并非必然导致"地主"变"雇农"。我在杭州郊区看到一个村里有几十个小企业，本地的农民都不种地，而江西来的农民却在杭州郊区租地种菜，1亩地赚1万多，算是"双赢"。但是在其他不发达的地区，这一模式明显存在弊端。

我在参观云南陆良县的一个产业基地时，乡里的领导告诉我，这些地都是以前流转的，已经签了合同，不好改动了，但是新的合同不搞土地流转了，要搞土地入股。土地入股比流转的形式对农民会更有利，但最重要的是要让农民成为产业发展的主体，成为直接的市场主体，否则小农的现代化无从谈起。

把农民组织起来，形成真正意义上的合作社或公司，让农民当老板，聘用职业经理人为农民打工。只有这样，农民的利益才能得到充分保障。但是，这并不是件容易的事。我和同事在云南10多个村庄主要就是做这个方面的实验。只有把农民培养成"老板"，小农的现代化才有可能实现。

种粮也能致富？

我小的时候，住在西北的一个小县城，经常盼望山里的一个姨姨家里来人，因为他们会带来很多吃的东西，尤其是过年时，会有腌肉、猪灌肠、各种油炸的面食。家里人说姨姨家地多、劳动力多，都很勤劳，家里富裕。那个时候城里的人靠供应，生活条件感觉不如农村。农村如果家里自留地多，劳动力多，遇到风调雨顺，自留地生产的粮食就多，加上养的猪，一家人能够达到丰衣足食，日子过得可能比一般的城里人好。所以在我的印象中，农民家里只要地多、劳动力多、勤劳，就能致富。当然这是过去富裕的概念，主要是以能吃饱来衡量。在市场经济不发达的自给自足的乡村社会，农民为了满足家庭消费，需要把劳动力追加投入到农业生产中实现自给自足，还会有剩余。这就是恰亚诺夫所讲的小农高效率的现象。

今天的乡村，即使农民家里有地，有劳动力，能满足自己的消费并有剩余，也很难富裕。主要的原因是农民已经进入一个市场消费社会。河边村的老周2021年家里种的水稻够全家吃饭，种菜、割胶和打工全年现金收入3万多元，按理说算是富裕农户。但是一年全家的支出高达5万元。家庭经营如买化肥、农药、种苗、水电柴油等支出2万元，生活支出达到2.5万元。收入不低，但反倒成了入不敷出的困难户。过去河边村家家户户在山上种旱谷，旱谷产量第一年能达到1亩800斤，在山里养猪，生活水平虽然不高，但能自给自足。我在2015年到村里的时候，他们虽然不种旱谷了，但基本上还是低水平的自给自足。当然，老周家虽然负债，但是他家现在的物质生活水平比在山上种旱谷的生活还是提高了很多。老周家的孩子上学要花钱，家里的日常生活要花钱，看病要花钱等，这些都是现金化的交易，靠自给自足没法满足。河边村的所有农户都是这样从原先低水平福利的安全变成了较高福利的风险。这就是现代化和市场带给小农的发展悖论。很显然，在现有福利水平的约束下，农民单靠粮食生产很难生存。

当然，靠粮食生产能不能致富也是相对的。这涉及农业现代化的问题。我在浙江杭州萧山区见到一位粮食生产大户，让我对于现代家庭农场有了一点认识。谢总是一位农民出身的农艺师，原先在农业部门工作。浙江人都喜欢做生意，他辞职出来自己干，流转了周边几个村共3200亩水稻地，以小麦加水稻（小麦收，种水稻），油菜加水稻（油菜收，种水稻）轮作种植。他雇用10—20名工人管理农场，购买8台大拖拉机、3台收割机、5台8行插秧机、无人机等，形成一条加工流水线，种植加工完全机械化。2021年他种植的常规稻亩产大约为1100斤，杂交稻亩产1200—1300斤。他的水稻都卖给了国家，水稻收购价1.64元/斤。1.64元的收购价中包括国家收购价1.3元、浙江省补贴0.03元、萧山区补贴0.31元。出售水稻的总收入为1.64元/斤×1200斤/亩×3200亩=629.8万元。除此之外，他还获得国家种粮补贴计：1000元/亩×3200亩=320万元。种植3200亩水稻的总收入为约950万元，这里还没算小麦和油菜的收入。总的生产成本包括土地流转费、人员费用、水电费、种植成本、机械折旧等合计约500万元。谢总说一年的纯收入大概在300万元。一户农民种水稻一年赚到300万元，的确是个天文数字！看着这个数据，我们一定会说种粮食真的可以致富啊。

谢总的大院里有各种各样的农业机械，水稻加工车间也很大，办公室也很漂亮。他给我看了他新建的养殖设施。我问他赚这么多钱，为什么还搞养殖设施。他说不是为赚钱啊，就是自己玩。实话说，谢总流转土地的几个村里没人种地，地都包出去了。一个村都有80多家小企业，连村里的老人都在村里的企业上班，每月都能挣到8000多元。村里的一位村委告诉我，她家不算富裕，她老公一年也就是七八十万元的收入。我听了倒吸一口凉气。相对很多浙江做生意的人而言，谢总一年收入300万元真的不多。谢总说搞农业太辛苦，离不开人，一年四季都在外面，就是自己喜欢而已。我想这在浙江可能也是实话，谢总算是一位有情怀的新农人，他为我们的粮食安全做了贡献。

仔细算一下账，谢总这个种粮大户的生意经其实涉及很多今天农业农村现代化所面临的问题。谢总流转的3200亩地，纯收入每亩实际上就是1000多元，与河边村及其他地方农民种地的收入差不多。谢总能赚到钱靠的是规模，而能有这样的规模是因为几个村里的人每户只有1—2亩地，他们都搞非农产业了，没有劳动力搞农业。假如村里的人都在村里种地，不但谢总富不起来，村里的农民也富不起来。这就是著名经济学家、牛津大学考利尔教授说的农业发展不足以实现减贫的道理所在。2017年在北大国家发展研究院的一个会上，我讲了通过农业发展实现减贫的观点，他当时就反对。2018年在伦敦我又讲这个观点，他再次提出质疑。其实，我讲了减贫的三个阶段：第一个阶段是农业发展，第二个阶段是非农产业，第三个阶段是城市化。和他的观点本质上并不冲突，只不过我强调了农业发展的重要性。浙江农民收入高，乡村发展水平高，其实主要还是非农产业发达。谢总这个家庭农场周边的村庄有很多家庭企业，大多数是外向型的。其中一个村全村都是做鞋的，我在车间里看到多数都雇用30—40人，做的鞋就是我们在欧美市场看到的那种休闲鞋。老板说，现在的订单越来越少了，村里的企业也在减少。还好，我们的人口不再增加了，劳动力也短缺了，要不然没有国际市场，大家没事干了，都回到乡村来种地，就很难有像谢总这样的生产大户为市场生产粮食了。

谢总之所以能流转这样大规模的土地种植水稻，主要得益于周边农民有其他更好的生计选择。这样他可以雇用很少的一部分工人实现完全的机械化。谢总的家庭农场与我们在欧洲和美国见到的大农场完全一样。当然美国的农场规模更大。粮食是国家的战略物品，不是一般意义的商品。但是粮食要由人来生产，因此就有一个激励的问题。如果一家一户种几亩地，家庭的收入是提高不了的，难怪连美国的农民都是要兼业的。从谢总这个例子上，我们可以体会到粮食生产和农民生计之间的复杂关系。假如乡村的大多数人口都从事非农产业，那么就会有很多的土地可以流转集中，形成很多家庭农场，这样可以实现机械化和智能化。谢总的水稻喷药都用无人机，这或许就是未来农业现代化的前景。当然，这对于大多数的地区，尤其是很多不发达地区而言，还是很难做到。对于这样的地区而言，维持农民种粮积极性还得靠农户的兼业化从而实现生计的多元化，否则单靠种地很难维持生计。

谢总说自己不赚钱，主要指的是种地赚钱难。虽然他流转了3200亩地，规模很大，但如果除去政府每亩的种粮补贴，还真是不赚钱。按照谢总的估算，他1亩地有1000元的粮食补贴，加上农机和其他方面的补贴，总计超过了1000元，而他现在每亩地的纯收入也就是1000多元。难怪恰亚诺夫说小农的生产效益高于大农场。谢总调侃说自己是玩，是为国家做贡献。他生产的水稻几乎全部卖给国家了。我看到他也在搞加工，搞自己的品牌，开始搞设施养殖业。连3200亩规模的家庭农场都要做兼业经营，可见确保粮食安全有多难。因此，国家的粮食安全战略与农民种粮收益之间的矛盾缓解还主要在于经济的持续发展。这也是我主张通过现代化推动农业与农村发展的主要原因。

麦地冲村村民分红了

农历腊月二十五这天，昆明宜良县九乡乡麦地冲村农民自己入股组建的麦地彩居文化旅游发展有限公司召开了分红大会。按照当初入股的份额，村民最多分红为5000元，最少为500元。记得在动员农户入股建立经营公司的会上，针对农民不确定能否有收益的疑问，我曾经说过："你把5000元存在银行，一年的长期利息最多只有100元；但如果入股，收益至少有200元。当然我们不是搞非法储蓄。"半年以后，入股的农民1股分到了500元，大致相当于年利息20%。农民会算账，投资了10股的农民，仅仅半年的时间就分到了5000元，入股的农民当然很高兴。这个分红虽然数额不大，而且只涉及入股公司的少数农户，但是意义很大，至少能证明农民能够成为自己资源收益的主要受益者。

乡村振兴需要拓展产业结构。真正意义上的乡村振兴并非轰轰烈烈的大建设，而是能把农民调动起来的一件件小事，但恰恰是这些小事做起来很困难。乡村要活起来，首先要经济活起来。活化乡村的经济，一方面要靠农业的现代化，另一方面则需要拓展乡村产业结构。九乡乡麦地冲村地处山区，耕地很少，农民的生计主要依靠外出打工。村长老寇说："我们水田很少，又缺水。过去主要是在山上种苞谷，现在也没人种了，都出去打工了。"最近几年，九乡乡的旅游业渐渐发展起来，政府利用发展旅游的资金在麦地冲山下那片唯一的水稻田里种植了彩稻，发展起了农旅观光。但是村里既没有服务设施，也没有经营机构，所以没有形成农民受益的新业态。

我第一次到村里，就发现村里有很多闲置的烤烟房和农房。我和县、乡的同志以及村民一起现场考察，讨论能不能将村里的这些闲置资产盘活改造。麦地冲村农民有的在新村建了新房，有的住在城里，很多过去的烤烟房、马圈、猪圈都已闲置多年，很多的农房也处于闲置状态。对于闲置的农房而言，虽然政策上要求清理一户多宅的问题，但在实际操作层面往往困难很大。农户说，过去家里人口多，没有分户，一旦要求按照一户一宅的标准收回宅基地和房屋，农户就要求分户。烤烟房、马圈虽然是闲置的，但一旦集体要收回，农户也不愿意，处理村里这些问题的社会成本太高。因此，我们在麦地冲村划定了一个小范围的核心示范区，召开村民大会，动员村民与集体进行协商：或者一次性流转，或者入股，将闲置的资产流转到集体。最后，愿意参与实验的农户和村集体达成协议，村集体根据闲置资产的面积大小，按照30年使用权一次性流转和入股两种方式，从农户那里将这些闲置资产集中到村集体。我们用实验经费将这些闲置的资产改造成了民宿、会议室、餐厅和饮品店。之所以首先建设一个小规模核心示范区，目的是做一个新业态开发和经营的实验，以便将来吸引农户和社会力量投入到乡村建设中来。政府不可能出资把全村的闲置资产都进行改造，只能做一个实验示范。从2020年春天到2021年夏天，村长老寇带领村民通过以工代赈的方式，将部分农户的烤烟房、马圈及闲置农房改造成了民宿、餐厅和饮品店，形成与彩稻观光相配套的一产与三产融合的新业态示范。

不能让"地主"变"雇农"。乡村要发展现代产业，最大的困难是如何经营这些产业。麦地冲的核心示范区建成以后，同样面临如何经营的困境。由于农民缺乏资金，也缺乏相应的管理技能，这类产业一般都是引入外部的公司承包。因为政府支持村里建设好了基础设施，但没有能力为农民运营这些产业，所以只能通过我称为"外借管理"的"公司+农户"的方式来弥补农户能力的短板。这一模式虽然解决了农民资金和管理的短板，但农民不仅不是受益的主体，还需要承担失败的风险。我考察过某地一个农旅产业，政府投入了2000多万元，因为无法运营，承包给了一个公司。公司每年给村集体20万元，同时招收一些村民为公司打工。我不是说这个模式不好，但问题是乡村资产产生的大部分收益都被外来的公司攫取。如果乡村的资源和政府的投入产生的收益大部分都流出了乡村，乡村就很难振兴。由于机制不到位，在第一次分配中不断产生不平等，如何建设共同富裕的社会？所以，我们在麦地冲村开展"利益留村"的机制实验。动员农户入股成立一个经营这些资产的运营公司，实现乡村资产所有权和经营权的分离，让"地主"真正成为"地主"。麦地冲乡村建设工作专班的同志反复走访村民，征求意见，最后召开村民会议，部分村民同意入股，注册了这个公司。大家一致同意每股5000元，一户最多不得超过10股。最终共有20户农户入股，最少的一户入了1股，最多的一户入了10股，共筹集到50股，合计25万元。筹集的股份主要作为经营21间民宿、1个会议室和1个饮品店所需要的流动资金。村集体与公司签订委托运营合同。在这个人才和资金缺乏的小山村，推动建立一个颇有现代意义的"现代企业"真的是一个天真浪漫的想法，难怪很多人听到我在昆明做的实验都表示怀疑。实话说，我自己也不确定能否成功。

事实上，这个由农民入股组建的运营公司在此期间不断遭遇各种困难。在一个乡村共同体社会，每个人都处在各种复杂的亲缘关系网络中。节日往来、红白喜事和生产互助的交换维系了他们的日常关系和村内的秩序，突然间出现了分工、工资、分红等这些他们不熟悉的"现代物"，既引起了他们之间关系的紧张，也导致了公司经营的困难。公司董事长总倚着自己年长指挥公司的年轻人，年轻人虽尊称他寇叔，但他们好像不愿意听他的指挥。村民入了股，恨不得一个月就分红一次。疫情影响了麦地冲新产业的运营，部分入股的农民感觉不到赚钱的希望，选择退股。我们从一开始就让村民自己管理公司，但是村民反映公司财务管理不健全，实际上是收入和支出监管有漏洞。当看到村里的工作群里大家分到钱的照片时，我有感而发地说了一句话："搞乡村振兴很难啊！"

经营乡村需要"乡村CEO"。在运营公司的成立会上，我对村民说："外面的公司之所以能赚钱，当然是因为有老板，但是老板的企业不是老板自己干的，是老板拿钱雇来的总经理、副总经理等人干的。你们有了公司，也不是你们自己干，你们也要雇用你们自己的CEO。"所以，我们把培养"乡村CEO"作为麦地冲乡村建设实验的重要内容之一。

长期以来，在建设城市的现代化进程中，乡村的资本、人才不断流向城市，造成了今天乡村资本和人才的匮乏。在麦地冲实验工作的展开过程中，我们和村里的干部一直在找村里在外打工的年轻人，看看谁愿意回来创业。最后，四位在外打工、有中专学历的年轻人加入到麦地冲建设的团队，他们全程参与了核心示范区的建设工作。基本建设工作完成以后，这几个年轻人参与了公司的组建，并成为公司的股东。与此同时,他们也成了这个属于农民自己的公司的"乡村CEO",很像城里企业中那些既是股东又是高管的年轻人。在核心示范区建设过程中,我们通过以工代赈的形式支付了他们的工资。在核心示范区开始运营后,他们的工资从公司收入中列支,作为公司管理的成本。我们通过"送出去"和"请进来"的方式对这些年轻人进行了培训,让他们掌握了账务、客房和饮品店管理等各种技能。

在村里搞一个农民自己的公司很难,把年轻人吸引到乡村来创业也艰难。不要说像麦地冲村这样的山村,一到晚上除了几声狗叫,什么也听不到,即便是建设得很好的乡村,让青年人留下来也很难。所以,我在很多地方说乡村振兴不是建设所有的村庄,也不是把所有的青年人都弄回村里,而是让愿意回来的回得来,留得住。麦地冲的几位"乡村CEO"在疫情的影响下,依然坚守他们的工作,在半年时间内实现了将近30万元的收入。这次分红也正是他们努力工作的成果。但是,即使他们在村里可以挣到很多钱,我也不能肯定这几个年轻人会一直坚守在麦地冲。我和他们很熟悉,能察觉到他们对大城市和现代化的那种向往。这其实恰恰是埋在我们每一个人心里的对乡愁情结隐隐的纠结,也是我提出的建设乡村的现代化道路上必须面对的困境。乡村需要年轻人,年轻人需要乡村吗?

第五章　经营乡村

2006年，时任浙江省委书记习近平在浙江"千万工程"现场会上提出要树立经营乡村新理念。习总书记的思想实际上为乡村振兴和乡村建设指明了方向。我在云南曲靖市沾益区启动乡村振兴示范项目时，当地干部问我，为什么要搞乡村建设。我理解他的意思是如何让乡村建设工作可持续。所以我当时就说，建设乡村就是为了经营乡村，这个概念是习总书记提出来的。乡里的干部就把这句话放到了他们建的一个景观墙上。

长期以来，乡村都是传统落后的代名词。在乡村里，年轻人有出息的标志就是离开乡村。如果要回到乡村，那也得是衣锦还乡。虽然乡村为工业化提供了资本、原材料和劳动力，但是在以城市化和工业化为导向的现代化过程中，乡村总是屡屡被"抛弃"。"抛弃"乡村的直接后果是乡村的衰败和落后。中国在现代化进程中出现的乡村衰落问题在很大程度上来源于中国现代化的特殊性。与西欧国家现代化经验不同的是，中国的现代化一是在被动的状态中开启，二是没有经历农业革命的基础就展开了城市化和工业化的进程，三是城市化和工业化又需要乡村为其提供资源，这些特殊性造成了中国乡村长期以来的过度输出。进入新世纪以来，城乡发展的格局开始发生变化，乡村的命运开始被扭转，乡村的相对价值不断凸显，这引发了乡村一系列新的经济社会功能的出现。

随着人口不断涌向城镇，就业人口不断流向非农产业，乡村的稀缺性开始显现。过去，乡村一直被看作是一个生产农产品的经济空间，随着城市化的不断推进，城乡之间的经济功能开始发生变化。很多住在城里的人向往在乡村有一处度假别墅,很多人周末、节假日带着家人到乡村度假休闲。乡村旅游的兴起是过去二十年间城乡经济空间变化最明显的特征。过去被忽视的各种乡村的资源,甚至是一片草场、一片林地、一块水稻田,现在都成了稀缺的旅游休闲资源。不仅如此,城市消费群体的偏好正在发生剧烈的变化,人们对个性化、娱乐化、生态化的农产品的需求日益增长。昔日以原材料为主的农产品正在被各种包装精美、个性突出的新"农品"所取代。事实上,乡村正在由以往的单一农产品生产基地转变为一个多功能经济空间。

过去乡村里说做生意、挣钱都得到外面去,说谁搞经营至少也是在县城里。今天,城乡关系发生了根本性的调整,乡村相对价值的凸显为我们提供了一个新的经营性产业,即经营乡村。把乡村的自然资源价值转变成经济价值就是我们常说的让绿水青山变成金山银山。乡村的特色民族文化、农耕传统、红色文化等都可以成为新的经济资源。在过去几十年中,很多农村人口外出打工,挣到的钱主要用于农村房屋的改造,但同时由于外出务工人口增加,乡村的人口越来越少,很多的房屋被空置,农民的钱都变成了"砖头",形成了大量的闲置资产。这些资产都可以利用起来,打造成民宿、餐厅等新的业态。

经营乡村不仅仅是一个如何在乡村开发新产业的经济问题。从中国式现代化和推动共同富裕的角度讲,经营乡村的核心是确保农民成为经营乡村的主体。我和我的团队在云南等地开展乡村建设实践,把经营乡村作为推动乡村建设的抓手。在每一个村的建设中,我们都强调"一个中心,四个主体"。"一个中心"是以农民为中心。"四个主体"是以农民为决策主体、建设主体、经营主体和受益主体。

昆明实验做什么?

2019年与昆明市主管农村工作的负责同志一起讨论昆明市乡村

振兴工作时，我提出了都市驱动型乡村振兴实验的设想。他们觉得这个概念很好，决定做一些实验探索。因此，从2020年10月开始昆明市政府选择了昆明的六个区县，每一个区县中选择一个示范村，总共六个村展开都市驱动型乡村振兴的实验。

乡村振兴工作是在快速的城市化和工业化导致城乡差距不断扩大、乡村出现衰落的情况下提出的发展战略。这一战略不仅是乡村发展的战略，也是城乡协调发展的国家战略。在这样的背景下，实现乡村的振兴大概涉及三种不同类型的区域：一是与都市的经济社会文化联系紧密的乡村地区，如城市的郊区，特别是大中型城市的郊区；二是受都市影响相对较弱的以农业为主的地区；三是经济社会发展相对落后的乡村地区。当然，中国的经济社会发展差异较大，地域也广阔，乡村的振兴工作不可能只有三种模式，这三种类型的划分也只是一个简单的分类。从过去几十年的社会转型过程看，受都市圈影响大的乡村地区呈现出的转型问题往往更为明显和剧烈。昆明的经济与国内其他城市比并不算发达，但是在旅游业的推动下，城市化的速度十分迅猛，对于周边乡村地区的影响也十分明显，在这样一个城市做一点通过城乡要素流动促进乡村发展的实验是有意义的。

因此，昆明市政府与中国农业大学共同启动了昆明市都市驱动型乡村振兴实验区的工作。实验工作按照中央乡村振兴战略的框架设计，具体到如何能把乡村的利益更多地留在乡村、闲置资产如何盘活、如何培养乡村人才、生态价值化、传统文化保护、村事管理、涉农资金使用等八个方面，其中前三个方面是实验的核心内容。

乡村的利益主要是指乡村资源和资产市场化产生的利益，受都市经济影响大的乡村利益的流失也更为明显。在城乡要素互动中，农民大多数时候都不是乡村变迁中经济发展的受益主体，这一点不需要太多的讨论。当农民的土地变成城市的工业用地时，农民除了得到有限的补偿以外，土地增值的好处大多数都流出了乡村，没有装进农民的口袋。现在国家对土地使用的控制特别严格，所以各种各样的资本力量会通过土地流转、租赁、入股等各种形式进入都市经济圈内的乡村。而很多乡村旅游、民宿、农旅项目大多也是外部投资者获取利益的主要形式。这些现象在很多大城市的郊区非常普遍。因此，我们希望在六个村里实验如何将乡村利益更多地留在乡村里。

乡村中的资源，例如气候、植被、新鲜的空气以及农户闲置的住房，都不可能直接成为市场中的消费品，而首先需要进行产品设计、投资和再生产，如民居改造成民宿，又如爬山道、步行道等各种农旅项目的建设，最终还需要进行专业性的市场运营。

农民除了拥有这些资源和资产的产权之外，既没有专业的队伍进行设计，也没有资本进行投资，更缺乏技术进行运营。实际上，政府在很多乡村已经做了大量基础设施的投资，如我们开展实验的宜良县九乡乡麦地冲村在过去几年中已经得到了政府近千万元的基础设施的投资。很多情况下，这些投资并没有转化为农民的资产，反而在流转过程中成了外部资本的资产。农民控制自身资源能力的缺失和外部资本的市场开发与管理能力是外部资本获取利益的秘诀，也是造成乡村利益流失的重要原因之一。有很多例子说明，当建立以农民为主体的机制后，农民受益就多，如富民县石桥村的集体经济企业。

所以我们实验的主要做法是：首先建立农民入股的公司或合作社，如宜良县九乡乡麦地冲村建立的麦地彩居有限公司，这个公司是集体性质农民入股的；其次按照市场的薪资标准聘用"乡村CEO"，通过这样的形式，建立起乡村的控制和管理经营能力。只有培育乡村自己的能力，才能确保利益留村。实验希望通过这样的方式能够将政府已经投入的资产转变成农户自身发展的资产，而避免政府的公共投入无形中被转变成外部资本的私人资产。利益留村听起来过分突出乡村立场，显得很狭隘，实际上强调利益留村机制，并不排除与外部资本的结合，而主要是考虑到要素的城乡互动过程中农民往往处于劣势，通过发育确保农民利益的机制，来保证农民所获得的收益在一个合理的范围之内。

昆明乡村振兴实验的另一个重要内容是乡村振兴中的人才问题。人力资源的流失是乡村衰落的重要方面，这包括智力资源和体力资源。在城市化和工业化的推动下，传统社会向现代社会的转型似乎无法回避这一问题，但乡村是一个国家政治社会经济文化的重要组成部分，无论从价值的维度还是从经济发展的维度讲，乡村人力资源的过度流失不仅会导致乡村的衰落，也会导致经济社会发展的不均衡。乡村的资源和资产，特别是乡村产业的兴旺都离不开人才。

通常我们只要一讲乡村的人才，大家都会想到种植业、养殖业方面的技术人才，或者往往都会认为乡村需要的人才不一定按照城市的标准，把乡村的人才看作是"低端人才"。实际上从城乡融合的角度讲，乡村资源和资产管理的落后，乡村产业的凋零，恰恰是因为缺乏很多优秀的人才。但这里有一个悖论，一般来说，在现代化的过程中，城市不仅是一个不同于乡村的地理空间，更是主导经济社会文化生活的经济空间。制造业、服务业都集中在城市，人才就自然向城市流动。乡村没有现代的产业，没有现代的文化，很难吸引优秀的人才。所以，如何将乡村的资源资产和乡村的产业逐渐提升为与城市的产业相融合的现代产业体系，是乡村人才发挥作用的关键。

昆明乡村振兴实验在六个村的一个重要内容就是推动三产融合，提升农村产业的现代化程度，在这样的基础之上，实行"乡村CEO"计划。农民的合作社和股份有限公司在某种意义上就是农民资产管理有限公司，让农民真正当老板，通过雇用"乡村CEO"团队来管理和经营这些资源和资产。

宜良县九乡乡麦地冲村有好几个中专毕业的青年人在外打工，他们所学的专业完全适合管理麦地冲村农民的产业。他们在外打工每月的收入在3000元左右。宜良县在实验中设立了一个青年农民回乡创业基金，将这些年轻人送到外面培训，然后给予他们高于打工收入的薪资待遇。当然，在乡村发展现代型的产业仍然会有很多的困难。在很多情况下，产业并不仅仅是一个只有公司结构的组织形式，更重要的是，现代产业是附着在一整套供应链和现代文化以及各种社会网络上的，乡村缺乏这样的社会网络和产业服务体系。但是一旦在乡村开始培育这样的产业，并且有年轻人来管理这样的产业，这些社会网络和服务体系也会逐步形成。呈贡区的万溪冲村推动万溪梨镇商业化步行街的开发，而这一开发同样面临着经营人才的缺乏，在安宁的雁塔村正在打造的雁塔花巷也存在同样的问题。实际上，富民县石桥村就有一个能人，他把石桥村的资源资产很好地动员了起来，通过集体所有的公司发展农旅产业，农民每年都会得到分红，乡村资源和资产经营收益留在了乡村。所以我们在实验的过程中，反复强调农民"当老板"、雇用专业团队经营的思路就是这个意思。

  昆明乡村振兴实验的另一个内容是闲置资产的盘活。闲置资产的盘活是与都市关系密切的乡村发展三产融合的基础性工作。在我们实验的六个村有大量的闲置农房、烤烟房及其他类型的闲置资产。最近几年来，很多城市郊区的村庄都在做整村范围的资产盘活，其中有些盘活工作基本上属于外部资本的大规模介入和农民的上楼。在确保农民就业和获得社会保障的条件下，这也算是乡村振兴的一种方式，但这种方式最大的问题就是农民利益的受损。所以我们在六个村的资产盘活实验中，主要采用了以农民为主体的资产盘活形式。主要的做法是成立合作社或股份有限公司，农民或者以建筑物入股，或者一次性将其资产流转到合作社或公司，然后合作社或公司通过政府的支持以及相应的贷款进行盘活改造，同时也通过经营示范引导农民自己投入建设经营。在宜良九乡乡麦地冲村的实验中，宜良县首先将麦地冲村确定为乡村振兴整村授信示范村，授信农户50户，授信金额1050万元，利率低至4%，为资产盘活提供金融支持。在这样的实验中，我们的基本做法是通过政府的支持，对资产盘活的形式进行示范，如在晋宁区福安村首先打造福安六坊作为示范。我大概做了估算，福安离昆明不远，而且晋宁的旅游也正在发展，福安六坊开发经营后，每栋楼一年至少可以收入80万元，改造成本60万元。雁塔村还留着10

个残缺不全的古村落小巷，改造成花巷，可以发展乡村旅游。

昆明乡村振兴实验还涉及村内公共服务体系的建设、生态价值实现、文化遗产的保护以及村容村貌、村内卫生等不同的内容，但其核心是产业和收入以及治理的机制。依托闲置资产的盘活带动三产的融合以及农民组织的建立和人才的培养，可以促进利益留村机制的发育，并最终帮助乡村走上实现振兴的发展路径。

推动乡村振兴工作是一项十分艰难的工作，我们一直把在昆明进行的乡村振兴工作称为"实验"，就是希望摸索出一些经验。昆明六村实验在推动以农民为中心的机制发育、资产盘活与经营乡村等方面取得了基础性的成果，但是这些实验工作并没有完全按照我们的设计被顺利地推动下去。雁塔村虽然一直在运营，但是始终没有能够动员更多农户参与，而雁塔花巷的空间也没有能够按照设计得以扩展。麦地冲村是我们投入大量精力建设的项目，但一直困扰在"谁来经营"的难题中，培养的"乡村CEO"反复离职。最近，村里不得不和外部的企业合作，这相当于把我们实验的主要内容"农民经营乡村"给"出让"了。矣美堵村的确建成了和美乡村，但同样没有实现以"农民为主体"的目标。这些实验向我们展示了乡村振兴工作的艰难性和复杂性。

乡村闲置资产如何激活？

2015年我来到云南省勐腊县河边村，开展扶贫和乡村建设的实践，面临的首要问题就是如何在乡村发展产业。一开始，我对于乡村产业的理解局限在种植业和养殖业。经过半年多的实地研究，我认识到，试图通过种植业和养殖业来帮助农户大幅度提升收入，效果会十分有限。

4月，勐腊县的傣族迎来了他们最盛大的节日——泼水节，各地游客纷至沓来，县城里的酒店无法承载这么多客群，好多游客便开车到乡村寻找住处。这个场景令我深受启发。我和勐腊县以及勐伴镇的同志们一起研究，利用政府易地搬迁的资金在河边村建设了"瑶族妈妈的客房"，并建设了会议室、餐厅、酒吧和便利店等配套设施，希望通过承接城里人的休闲度假需求来打造乡村产业，帮助农户提升收入。

现在，河边村的农户利用政府资金修建起一栋栋干栏式木楼，一半满足自身居住需求，另一半则用于接待客人。主人和客人住在同一栋木楼，晚上一起喝茶聊天，实现了真正意义上的乡村休闲业态的打造。

"瑶族妈妈的客房"从2017年起运行至今，极大地提升了农户的收入。农户每年从客房中获得的收益，少则1万元，多则3—4万元。客房成了河边村脱贫的主要依靠。2022年夏天，云南旅游迎来一波热潮。来自成都的客人说，他们在携程上看到"瑶族妈妈的客房"，与周边一间房每晚100—200元的民宿相比，河边村的客房1300元一晚（半栋楼的价格），估计很有特色，所以选择到河边村来度假。

"瑶族妈妈的客房"这一实践起初也只是为了发展河边村的产业，但随着外部游客的陆续到访，以及我们在其他乡村的进一步推广，以"瑶族妈妈的客房"为代表的这一模式对于乡村振兴的意义和由此引发的问题也逐渐呈现。

一是对于乡村资源价值的认识。

河边村地处热带雨林，一年四季气候适宜。来过的客人都说，在村里睡得好，有"醉氧"的感觉。河边村实践给我一个重要的启示：我们需要摆脱以往在乡村里打转的"内卷化"乡村发展路径，要超越乡村的局部，在城乡关系的大视野下，寻找乡村的出路。

十多年前，我带领团队做"替代生计"的研究，主要从生态保护和农户收入提升两个方面出发，通过一般意义上的农业生产来替代农民过去在雨林的生产活动。那些在生态保护地区的农民，除维持自身的生计以外，实际上还从事着"生态服务"，但这样的服务既不能靠牺牲农户的收入来维系，也不能全靠政府转移支付的补偿来支撑，所以，我们提出了"市场补偿"的概念。现在回头看，当时并不具备"市场购买"的条件。

今天，河边村的例子向我们证明，城市已经逐渐具备了很强的"消费动能"，因此，城市群体用较高的价格购买乡村的"生态产品"，应该是类似河边村这样的村庄实现乡村振兴的一条可行路径。

二是对于乡村产业的认识。

农业是乡村独特的社会经济功能。除此以外，乡村相较于城市，还具备生态和社会文化的功能，但我们不能要求农民无偿或者低价为社会提供这样的服务。政府为了补偿农民的福利损失，提供了很多方面的补贴，然而，这些并不足以补偿农民全部的损失。在城乡收入差异依然很大的语境下，乡村需要发展新的产业，将自身的生态和文化资源转化为"商品"，在市场中获得收益，从而突破保护与乡村发展的困境。

在昭通市昭阳区的范家坝塘村，团队讨论如何利用村里的玉米地时，一位同事说，她曾带着小孩在美国乡村的玉米地里，玩过一个儿童迷宫，小孩很开心，她也乐得消费。于是，我们也学着在范家坝塘村的玉米地里设计了儿童迷宫，在不影响玉米生产的前提下，通过儿童迷宫项目，来增加玉米地的市场价值。

发展乡村新业态，不能让乡村失去它的核心功能，否则，乡村振兴就失去了方向。在这个大前提下，我们要想办法让土地尽可能增值。"玉米地里建迷宫"这一尝试，就是让乡村的生态和文化价值通过这一新的业态得以实现。

这几年快速发展的乡村旅游，拓展了乡村的产业发展空间，成为城市购买乡村生态和文化产品的产业依托。过去，我觉得发展乡村旅游，一定要有"景点"，但现在我意识到，乡村本身就是最好的景点。越来越多的人居住在城市，乡村在这些人的眼中成了稀缺资源，就如同几十年前我们这代没怎么去过大城市的人看待"大上海"的心态。

我在大理看到一对夫妇坐在田埂上,欣赏田野美景。我们在昆明安宁的雁塔村把有老房子的村巷保留下来,做成花巷,吸引了大量的游客。通过发展一些餐饮和礼品小店,既带动了农户非农收入的提升和村集体收入的增加,又保护了村庄的传统文化。从这个角度上来说,乡村的稀缺性可以带来乡村价值的提升。

三是如何挖掘乡村闲置资产的价值。

2021年我在昭通调研时发现,乡村的房子都盖得又大又好。农民外出打工的钱都换成了砖,一块一块都盖到了房子上。但是这样的大房子,却很少真正为农户提供居住价值。很多大房子空着,妈妈带着孩子在城里租房上学。

我和昭通的同志选择了三个村做试验。我们把农户的大房子里空置的房间改造成"嵌入式客房",并在村里建设儿童乐园、配套餐饮等农旅服务。昭阳区范家坝塘村开业试运行两个月,各种业态收入高达40多万元。彝良县的大苗寨和鲁甸县的石水井村每天客流不断。大苗寨的干部告诉我,每逢周末,村里每天的收入都在1万元左右。在昆明宜良县麦地冲村,我们把闲置的烤烟房和马圈改造成民宿,很受市场欢迎,节假日都是满房的状态。

这几年,大家都看到了乡村"沉睡"资产的价值,但是,没有稳定的产权,外来的人很难在乡村投资。因此,一些学者呼吁推动产权改革,让城里人能在乡村购置资产。然而,中国还有数量庞大的农民住在乡村,不可能完全转移到城市。一旦放开乡村宅基地的产权,土地价格就会上升,农民就有可能出售房产。农民如果没有稳定就业和社会保障,一旦失去宅基地,其面临的社会风险不言而喻。从这个角度讲,农民的宅基地在短期内很难上市交易。

农村政策的权威人士陈锡文对此有很多论述,他总是说:"不要老是盯着农民的这点儿地。"我在伦敦政治经济学院的朋友普策尔教授是东南亚乡村土地问题专家,他就坚决反对土地私有化。但是，我们也不能让农民的资产永远闲置在那里。所以，在农民社会安全稳定的条件下盘活农民的闲置资产，应该算是一种折中的路径。这也是最近几年，我在云南乡村展开的一部分试验工作的主要内容。前不久，原国家发改委副主任杜鹰在雁塔村就这一问题与我们及当地干部进行了认真讨论。他强调要站在农民的立场上来考虑问题。

我们在云南多个乡村进行的试验，是基于底线的、盘活乡村闲置资产的路径探索，还不是真正能解决问题的方案。我们用政府的资金做了一些试验，目前看来还算成功。比如，我们用政府的试验资金盘活了六栋闲置的"滇中一颗印"民居，租期为15年，15年之后，民居还给农民。一栋民居每年租金为6万元，出租15年就能获得90万元的租金收入，这些收入归集体所有。这一做法既保障了农民的权益，又让村集体有了收入。但是，推广起来却颇有难度，最核心的一个问题是，谁来支付盘活乡村闲置资产所需要的资金呢？我曾经和农信社讨论过可否通过政府贴息做一个试验，他们说难度很大。

乡村的确有很多"沉睡"的资产，但农民自身缺少资金，政府不可能大规模投钱，金融机构也不可能介入，产权问题使得社会资本也很难进入，这些因素共同导致了乡村闲置资产盘活的困境。河边村每户村民都能有一间"瑶族妈妈的客房"是因为脱贫攻坚资金的支持，但全国范围的乡村，不可能都有这样的资金。所以，盘活乡村闲置资产的核心是资金的问题。这或许正是乡村振兴面临的大难题。

雁塔村的新业态

从2022年4月27日开始，云南安宁雁塔村的"乡村CEO"团队就开始在"花巷雁塔"的公众号上密集推送"五一"的活动，分别推出了题为"嗨玩五一/文创集市、星空露营、啤酒烧烤……我在小鹿田园等你！""五一花巷雁塔狂欢周攻略，嗨翻五一""昱茗书院/五一节亲子活动，嗨玩五一，在书香气息中学习成长"的推送。当然，由于当年"五一"期间赶上了疫情管控，人流受到了很大的限制，但初步统计"五一"期间收入也达到了七八万元。2020年的"五一"，我们第一次到雁塔村启动工作。雁塔村是一个古村落，但是已经破败不堪，我们在村中划定了一个核心示范区，建设雁塔花巷，打造新业态。2021年"十一"开始试运行，"十一"期间近万人涌入雁塔花巷，政府为雁塔村开通了一条旅游公交专线，雁塔花巷成为昆明的网红旅游打卡村，假日人流不断，已经形成了文旅相结合的各种业态。昆明人喜欢假日带小孩出游，雁塔花巷把人流带进村里，农民开起了各种风味小吃店，摆上各种小摊，这样就把城市的动能转化成了乡村产业兴旺的动力。雁塔村是我们在昆明展开的都市驱动型乡村振兴实验六个村之一，当初在讨论如何建设雁塔村的时候，我们提出了以下四个方面的想法：

第一，实验乡村的新业态。产业兴旺是乡村振兴的核心，乡村的产业兴旺当然不能脱离农业，这是乡村的基本功能。但是，随着科学技术的发展，传统农业也会逐渐成为现代农业。通过现代农业的发展，乡村也能够实现产业兴旺。同时，除了农业以外，乡村同样可以发展新的产业业态。从乡村振兴的角度讲，有生命力的乡村新业态一定是与"乡村性"紧密联系的产业。雁塔老村里的老房子，有的完全空置，有的部分空置，村民不断修建的新房正在一天一天地消灭极富滇中乡土气息的古村建筑。单靠政府资金对其进行保护，一来缺乏大量的资金，二来不可持续。所以，我们与干部和村民经过半年多的研究讨论，决定将雁塔古村通过简单的、保留原状的修缮，开发成为一条商业性的花巷。通过呈现乡村的历史、文化，并保留不同时期的建筑遗迹，不仅将花巷打造成一个农耕生活的博物馆，还计划将一间间空置的房屋打造成各有特色的小型商业空间，从而形成一个农旅结合的新业态。我们计划通过五年的建设，基本完成花巷新业态的培育。第一期花巷通过政府的实验经费支持，后续将会引入农民和社会资本的参与。

第二，实验以农民为主体的经营机制。雁塔古村就是雁塔村的资产，古村的部分房屋属于一户多宅，按照国家相关政策，通过补偿，部分"多宅"已经收归集体，还有一部分老人居住的老宅，仍属于农户的资产，这些资产通过股份合作的形式，与集体共同开发。但是，目前农村集体经济组织仅能进行集体资产的登记，不具备经营职能。因此，雁塔花巷的一个实验内容就是，由村集体再注册一个雁塔花巷文化旅游有限公司进行经营。实验的思路是，让农户成为他们资产的老板，避免农户资产被资本廉价收购，从而导致农民资产增值利益流失的弊端。为了配合这一实验，昆明市农村信用合作社为雁塔村制定了集体授信的融资机制。雁塔村成立了集体股份有限公司，可以承贷。该公司没有收益之前，以实验经费偿还利息。

第三，实验农村资产管理与经营相分离的机制。乡村的集体资产管理与乡村治理机制往往是一体的，也就是说村党支部和村委会的干部一方面是乡村治理的主体，同时也是乡村集体资产管理的主体。与大多数乡村一样，雁塔村一方面缺乏集体资产管理的专门人才，同时更缺乏集体资产经营的专门人才，即使有了村集体经济组织和即将注册的经营公司，也没有相应的人才从事这一工作，这也是造成乡村集体资产和农户资产增值收益流失的主要原因。改变能力的不对称，是通过市场机制盘活乡村资产，让乡村资产的增值收益更多地留在乡村的核心内容。因此，雁塔花巷实验的另一个内容是引入农村资产管理和经营的专门人才。通常，城市的企业之所以能够在市场中竞争，其主要机制之一，是通过提供有吸引力的待遇来招聘适合企业发展的专门人才。而在乡村，大家通常都会认为不需要训练有素的专门经营人才，这当然主要是由于乡村的产业相对单一，而这些产业也多数都是低技术含量的种植业和养殖业。因此，谈到人才，大家的目光都放在城市。雁塔花巷实验计划按照城市企业招聘的标准，依照工作经验、学历等不同的素质和经验，通过猎头公司公开招聘，提供有吸引力的待遇来吸引人才进入乡村。在雁塔花巷没有盈利之前，由实验经费支付有吸引力的薪资。通过这样的形式来探索农民作为他们资产主体的机制。

第四，实验基于市场的古村落保护机制。将濒临消失的雁塔古村开发成一个新的农旅商业业态，通过这样的机制来改变古村落保护工作完全依赖政府投资的习惯性做法，将政府、农民和社会资本通过雁塔花巷的开发有机地结合在一起。目前，雁塔花巷第一期主要探索开发的成本、经营的机制以及功能的打造等基础性的工作。基于示范的经验，通过昆明市已经具有的农村资产盘活、拍卖机制，引入社会投资——昆明南亚农村产权流转服务股份有限公司，已经为雁塔村展开核资工作，成功进行了土地流转的拍卖，溢价达到20%。第一期实验结束以后，将会与该公司合作，对花巷的改造进行社会招资。

经过两年的建设，雁塔花巷的核心示范区建设与乡村运营机制的发育基本完成。雁塔村隶属安宁市县街街道，街道的女书记叫普志慧，两年来她花了很多时间在村里和村干部、村民一起工作。我也一直从事性别与发展的研究与实践，在实践的工作中，我感觉女同志在发展实践中往往会有很多男性不具备的"性别"优势。雁塔花巷取得今天的成果与这位女书记的审美及亲和力或许有很大的关系。记得当初讨论如何发挥"乡村CEO"赵全康的作用时，这位女书记讲，让赵全康兼任村主任助理，她这一安排很好地解决了"乡村CEO"与村委会"两张皮"的问题。乡村建设不仅仅是修路、建房，更重要的是能够培育出以农民为主体的乡村发展机制。我们在昆明都市驱动型乡村振兴实验中一直强调不能让"地主"变"雇农"，但是农民缺乏管理能力，因此我们的实验中有一个重要的内容就是引入"乡村CEO"。赵全康就是一位优秀的"乡村CEO"，村里的干部讲，两年来赵全康带领他的"乡村CEO"团队不仅帮助村里完成了资产盘活的工作,策划了村里的各种业态,同时也直接经营了雁塔村的咖啡店等。农民是乡村振兴的主体,但是这个主体需要在政府和社会的催化下才能实现。在乡村内部通过规划,形成农民能够从事各种业态的基本条件,并形成相应规范,这是解决分散性小农进入市场的重要方面。村民在这样一个过程中会形成新的社会关系网络以及新的村规民约,这就是我们从社会学角度讲的乡村社会关系的再生产。我们在做乡村产业的时候往往会聚焦物质的再生产,也就是所谓的产业,但是支撑物质再生产的基础是社会关系,小农的现代化改造的核心是社会关系的现代化。这样一种社会关系就不再是过去仅仅基于差序格局的乡村共同体的社会关系,而是由政府、市场、村民委员会、村集体经济组织与村民共同融合嵌入的新的社会关系。

麦地冲村的烤烟房

　　昆明宜良县九乡乡麦地冲村这两年很火。一是因为那片彩色稻田,一年一度不同的图案,到了七八月份从山上看下去,很令人震撼。二是麦地冲烤烟房、猪圈等闲置资产盘活改造成的乡村小酒店。2022年"五一"之前,我在麦地冲的工作群里向村里的"乡村CEO"问起节日的订单。到村创业的大学生田越说,客房"五一"期间全部订满了,预计仅客房收入就能达3万元。2021年6月21日,麦地冲村的麦地彩居有限公司的总经理潘云春在实验村的工作群里公布了截止到6月19日的收支。从6月6日开业到6月9日,麦地彩居实现总收入56102元,纯收入达42972元,工作群里的市县乡的干部都给公司的开门红点赞。那么,麦地冲通过资产盘活来催生新的业态能否按照预想持续下去呢?

　　"新业态"实验的缘起与进展。宜良县九乡乡麦地冲村地处山区,环境优美，紧靠九乡旅游区，村里耕地很少。进村处唯一的一片水地在过去一直生产水稻。这几年，九乡政府将这片水稻打造成彩稻，每年彩稻成熟季节，通过设计种植形成的彩稻图案成了当地的一个景观，游人越来越多。美丽的彩稻景观上了央视，麦地冲也被列入旅游村的建设项目中。

但是，每年种植彩稻都靠政府的补贴，村庄的建设也依靠政府的投入，村庄没有能够将这样一个自然景观形成商业化机制和打造成产业化平台。基于这样的情况，我们在对麦地冲考察的基础之上，于2019年年底开始探索在村里培育新的业态。

在过去城市化浪潮中，麦地冲的村民基本上都以外出打工为主，他们攒了些钱就开始在老村旁边开辟一个新村，同时老的村落也没有被破坏，一部分人仍然住在老村里。但是，村里的很多烤烟房、马圈、牛圈以及民居都不再使用。基于这样的情况，我们在村里的烤烟房和废旧农房集中的一块区域，设立了一个核心示范区，主要做法是，通过一次性补偿流转和入股两种形式，将5栋烤烟房和马圈、猪圈等综合体建筑的20年使用权流转到集体。基本的思路是，每一栋房屋以2万元至6万元不等的价格一次性流转给集体，集体对这些闲置资产进行建设。20年内产生的收入全部归集体，20年以后这些资产返还给农民或重新协议进一步流转。

我们对这5栋闲置房屋进行了设计，打造出了21间高端民宿、1个小型会议室、1个小型厨房、1家咖啡快餐店，并围绕着这5栋房屋进行了环境改造。在此基础上，我们还将村内的公共卫生设施转移到村口，将原来的公共卫生设施改造成了三层的文化服务中心，其中一层为麦地彩居办公室，二层为公共书吧，三层为会议室。经过一年多的建设，核心实验区的各项建设在2021年6月6日基本完成，并举办了开业仪式。

将"新业态"的收益留在乡村。之所以首先进行核心区建设，主要目的是希望使用部分实验资金进行示范，示范结束后能够尽快展开运营。我们的假设是，一旦运营产生效益，就可以引导农户和社会参与整个村庄闲置资产的改造。麦地冲闲置资产盘活发展新业态的乡村建设，没有采用一般情况下引入大的资本进行整村改造的模式，因为这样的模式往往会使得经营村庄的利益都流失到外来投资者的手里。在多数情况下，本来是"地主"和房主的农民，在拿到一点流转费以后，多沦为公司的临时工，而且集体收入的比例也不会很高。

我们实验的主要目的是，让乡村资源的增值更多地留在农民手里，留在乡村的集体经济里。但是，乡村的这些资源经过投资以后，即便可以转化为产生盈利的资产，也需要有人来经营。由于集体是一个大家都有份但是大家都不负责的集体，很难靠着几个村干部去经营这些资产。因此，我们动员了几位读过中专、在外打过工的青年农民，支持他们建立了一个农民股份有限公司——麦地彩居，由这个农民股份有限公司与村集体签订资产经营协议，实现了资产的所有权与经营权的分离。

我们同时为麦地彩居有限公司的年轻人提供全方位的培训，把他们称为"乡村CEO"。过去我们一直讲，乡村的振兴需要有一批能人。实际上，要在乡村形成现代化的产业，就需要有高素质的青年人，培养他们按照现代管理的框架来对乡村的资源进行管理。自开业以来，麦地彩居公司开始接纳小型会议，成为昆明的亲子教育营地，并为到麦地冲观赏彩稻的游客提供餐饮和住宿等农旅服务。我们希望通过资产的盘活，发展住宿、餐饮，能够将彩稻观光等农旅的潜力挖掘出来，使得麦地冲成为一个以农旅业态为主导的新的乡村景观。

我们的实验推动的这样一个农旅新业态发展路径能否成形，实际上依然存在着很多不确定性。首先，麦地彩居的几个年轻人并没有经营这样一个新业态的管理技能。他们不具备对接市场与在更大范围内开拓业务的能力，也不具备包括客房、餐饮、卫生、财务等诸多方面的管理技能，目前依然依靠我们工作团队所提供的日常支持来进行。这一支持持续到何时，并不确定。这当然不是麦地冲村本身的问题，而是乡村振兴中发展乡村产业面临的普遍性问题。我在很多地方讲过，乡村的产业发展起来需要的不是一般性人才，而是需要有与在城市里创业取得成功的那些人才一样素质的人才。所以，在麦地冲的实验中，我们更加强调在实验期间首先要推动新业态的基本建设标准，从质量上和文化上做到更能吸引年轻人。这样，即使麦地彩居现在的年轻人在实验中不能继续下去，也会有其他地方、其他村庄，甚至是城里的年轻人来竞争。有吸引人才来竞争的条件，比马上就有人来做这样的工作，意义更大。

预计在未来一年中，麦地彩居公司很难产生大额的收入。麦地彩居公司年轻人的个人收入，目前还主要依靠实验经费所提供的基本工资。因此，如何大幅度提升已经建成的基本设施的运营潜力，非常重要。我们目前暂定在实验期间麦地彩居公司与集体之间按照7∶3的比例分成，这样可以为麦地彩居公司的年轻人减轻经营的压力，同时鼓励他们自营餐饮设施，提高公司的收入。为了更好地对接市场，我们引入了携程控股的旅悦集团，希望打造花筑民宿来推动麦地冲村的市场经营；同时也引入高端管理公司，提升麦地彩居工作人员的素质。

麦地冲村新业态能否可持续发展，取决于最终能否有大量农户和社会资源参与村庄整体的闲置资产盘活。其中，农户参与这些资产盘活的意义更为重大。因为实验表明，投资改建一个闲置的烤烟房费用并非很高，农户完全可以投资。我们实验的目的也是希望鼓励农户投资，然后交由麦地彩居公司进行经营。通过这样的形式，大部分的收入都可以留在乡村。由于九乡旅游区和麦地冲村彩稻的客流量很大，通过盘活麦地冲村闲置资产形成新业态的潜力很大。

因此，下一步工作的重点将是：一方面强化核心示范区的经营，为农户提供示范；另一方面需要进一步强化麦地彩居公司工作人员的管理能力和对接市场的能力。必要的时候，可以考虑招收外部的青年人加入麦地彩居公司。从目前的情况看，由于麦地彩居公司的青年人都是村里的人，在村庄内部与村民、村集体打交道，存在着诸多

"熟人社会"的弊端。这对于推动麦地彩居公司按照市场原则经营，形成了很多的挑战。对一个乡土社会而言，可能是"外来的和尚好念经"。2022年3月底，我到村里去，发现整村的环境没有太大的改善。我提出了一些具体的建议，"五一"之前麦地冲村的村干部与"乡村CEO"一起到雁塔村和福安村参观，回来以后他们开始动员村民整治村内的人居环境。

盘活改造麦地冲的烤烟房目的是为村民做一个示范，让他们看到这些闲置的资产通过盘活改造是能够产生经济收入的，而且投资也不是很大。乡村振兴的主体是村民，但是村民往往不知道自己的资源可以转变为产生收入的资产。即使知道，也会因为资金和技术的缺乏而不了了之。在很多时候，一旦发现有潜在价值的乡村资源，外来的资本就会进来，结果往往是它们与村集体签署一个流转协议，每年给集体交一部分钱，雇用村民到公司去打工，乡村资源的收益就这样大部分从乡村流失了。所以麦地冲村的烤烟房盘活改造示范就是希望能够通过示范形成以农民为主体的利益留村机制，让麦地冲的"乡村CEO"与村民共同组建自己的经营公司，由他们来经营这些盘活的闲置资产。

矣美堵村的资源变产业

石林县圭山镇矣美堵村是一个地处圭山森林公园中的彝族村寨，有40多户人家。石林风景区在全国几乎人人皆知，可对我们这一代人来讲，阿诗玛更为知名。当初昆明市在介绍圭山镇矣美堵村的时候就专门讲，这里也是阿诗玛的故乡。彝青是彝族的一个支系，矣美堵村被当地人称为"云上人家"。当初镇里的同志把在村子里拍的几张照片发给我，我转发给很多人，大家都对矣美堵村产生了很多的联想。

但是，我和团队初到矣美堵村，感到了现实与想象的巨大反差。尽管身处圭山森林公园，自然环境优越，但是村里的彝族村民很多都已外出打工，大部分土地流转给了公司，村里的环境又脏又乱，遗弃的农房破烂不堪。很多农户都把原来的特色民居拆除，盖起了砖混楼房。很多家庭即使有了楼房，也少有人居住。这样的一个村庄如何能够振兴起来呢？

乡村的振兴当然不仅仅是村庄的建设，更多的是一个国家发展到一定阶段后，城乡如何可持续发展的战略问题。但是乡村振兴需要从某个最基本的单元开始，所以我们在展开昆明都市驱动型乡村振兴实验的时候，也是把自然村作为一个基本的工作单元的。虽然我们在总体上形成了基于乡村资源实现的利益，开展了如何让游客更多地留在乡村，如何盘活乡村闲置资产，如何让乡村拥有的生态价值为乡村带来经济价值等八个实验内容，但是经过一年的工作，我们还没有形成在矣美堵村究竟如何展开工作的核心思路。

我的团队与矣美堵村、圭山镇及石林县的领导在过去的一年中对矣美堵村的乡村振兴工作进行了反复的讨论。我在一年的时间里已经数十次到矣美堵村进行现场研讨。空置的民居、一户多宅、脏乱的环境、村民依靠外出打工的单一生计、正在消失的彝青文化、软弱的村集体以及人力资源的严重匮乏，矣美堵村的这些问题始终在我的头脑中徘徊。在我们乡村振兴实验区的推动下，石林县与圭山镇的领导反复研究，已经形成了一些想法和做法，如利用闲置的农地发展土飞鸡的养殖，初步对矣美堵村的闲置资产进行摸底调查，将农户闲置的农房全部无偿流转到村集体等。这些工作为在矣美堵村展开实验奠定了重要的基础。但是，说实话，如何能够按照实验区的八大设计在矣美堵村展开工作，我们一直没有形成一个比较清晰的框架，这也使得矣美堵村的工作在过去的一年中处于相对被动的状态。

石林县委县政府、圭山镇委镇政府已经充分认识到实验工作的意义，也认识到这一工作所处的现状，不断推动市委市政府乡村振兴实验工作在矣美堵村的具体落实。县委书记、副书记、县长、副县长多次到村里推进工作，并制定了定期到村内现场办公的工作制度。在县委县政府的推动下，矣美堵村的实验工作开始取得实质性的进展。基于目前的工作，矣美堵村的乡村振兴实验大概可以归纳为以下几个方面。

第一，依托农旅结合发展新的业态，带动三产融合。矣美堵村具有苹果、人参果等特色农产品种植的优越条件，已经具备了一定的生产规模。同时，矣美堵村地处圭山森林公园，而且具有红色旅游的文化氛围。更为重要的是，村庄也是彝青文化的所在地，具有丰富的旅游文化资源。但是，这些资源并没有通过一定的机制得到充分挖掘。因此，通过开发客居、餐饮，从而留住游客，并与特色种植相结合，形成农旅结合的三产融合，将是矣美堵村实现产业兴旺的重要抓手。

第二，引入外部资本和管理技术，实现矣美堵村各种资源的价值。在过去的一年时间里，实验团队与市、县、镇的同事认识到矣美堵村自身能力不足的限制：要将矣美堵村丰富的自然、地理、文化及土地资源增值，很难完全依靠村民自己。这一特点与其他村不同。因此，培育一个通过引入市场力量盘活闲置资产、使现有各种资源增值的机制是突破矣美堵村乡村振兴实验工作的核心。县委县政府与镇委镇政府做了大量的工作，正在与赫石兰茂庄园公司讨论合作事宜，希望通过引入他们的资本和管理技术，将矣美堵村带入市场驱动的乡村振兴探索之路。引入外部资本和技术的最大难题是如何确保两个增加：一个是农民收入的增加，一个是集体收入的增加。因此，矣美堵村实验工作的核心应该集中在培育一个既能激励外部资本又能实现两个增加目标的机制上。这一目标的实现需要将现有的农户闲置资产和集体闲置资产进行系统的摸底，确认权益的归属，并按照中央目前已经确定的有关土地流转、宅基地流转的规定，与市场主体进行协商，建立起一个可持续的盘活各类资产的机制。矣美堵村的农村集体资产核查工作已经结束，需要建立一个能够与外部市场主体在法律层面上对接的市场经营主体，通过建立以合理的股比为基础的股份合作公司展开工作。股份合作机制的重要原则是，如果外部市场主体无资本投入，仅仅是管理投入，那么市场主体经营所得的股份收益应控制在

20%左右为宜；如果外部市场主体有资本投入，则应根据各方资本的比重确定相应的收益比重。使经营主体依托于外部市场主体进行资产经营，将会极大地弥补矣美堵村进入市场能力不足的短板。在这样的机制下，需要考虑三个重要的问题：一是建立合作经营主体的理事会，以确保农民和村集体的主导性；二是具有充分的激励制度，使合作经营主体能够充分发挥进入市场的能动性；三是建立可监督的透明的会计制度，避免不对称的能力产生收益不公平的问题。

第三，通过盘活资产发展农旅，按照市场的机制保护彝青文化，将矣美堵村的乡村振兴与圭山森林公园的小旅游及石林风景区的大旅游进行有机衔接。从这个角度讲，外来的市场资本需要将其未来合作经营的内容扩展到文化、旅游方面。通过市场机制来带动彝青文化的保护需要走出传统意义上只要涉及文化保护就必须依靠政府公共资源的单一路径。而通过市场机制保护彝青的文化资源则需要与石林旅游的大环境相结合。

第四，矣美堵村乡村振兴工作中人居环境的改造也将需要按照公司经营村庄的模式展开。未来公共卫生间的维护、村庄的美化、环境的整治等将需要纳入到公司运营的整体框架中，通过支付服务的形式购买村内闲置劳动力的劳动。这既可以促进乡村公共服务的可持续性，又能提升闲置劳动力的就业，从而提升农户的收入。

第五，矣美堵村的另一个薄弱环节是乡村治理，将村庄整体纳入市场经营的范畴将会为村庄注入新的人力和组织资源。未来矣美堵村与外部市场主体所形成的合作经营主体将会涵盖村庄经济活动和社会服务的很多内容，因此需要考虑合作经济活动与乡村治理之间的有效衔接。这就需要在起步时对村"两委"的领导与合作经营主体的关系进行明确的界定。

为了推动矣美堵村引入外部市场主体，通过外部资本和技术进入带动矣美堵村乡村振兴的实验工作，要考虑在矣美堵村实验中各方的角色。政府应该主要负责基础设施建设工作，并对实验的核心示范内容进行支持，如闲置农房改造为民宿、民宿餐饮和彝青文化保护的示范工作。在此基础上，实验应进一步考虑如何为村集体经济与外部资本的合作经营主体提供支持。合作经营主体一方面可以继续得到政府的政策性支持，另一方面也可以探索通过农村信用合作社授信的方式获得更多信贷，同时还可以考虑以外部主体为纽带通过市场进行融资。

大苗寨的咖啡店

2021年，在大苗寨规划建设时，我提议将村里一个废弃的猪圈改造成一个咖啡店，村里没有空地，只能盯着闲置的资产。县里和乡里的同志虽然没有直接反对，但我从他们的表情中已经看到了抵触情绪。县里一位同志前不久和我说："李老师，我当时就觉得，昭通人谁来山里咖啡店喝咖啡啊？"现在的专班负责人李珊梅也和我讲，他们当初最不看好的咖啡店，现在却成了大苗寨最赚钱的小业态。运营一年多来，咖啡店总收入超过16万元，咖啡店每天的营收少则五六百元，多则2000多元。大苗寨的咖啡店成了昭通网红打卡地。我在村里时也发现，这样一个山村的咖啡店，每天屋里居然坐着很多年轻人，就像我在学校边上的咖啡店里看到的一样。

乡村的振兴当然不可能靠在村里建一个咖啡店，大苗寨自运营一年以来，营收超过250万元，这实在出乎我这个"设计师"的预料。一个贫困的山寨由当初的一片衰落和贫困的状态，通过建设，竟然成了昭通市网红打卡休闲旅游村。我在村里还遇到了从四川来的客人，他们说是"慕名而来"。我这几年提出乡村的"社会稀缺性"正在不断地提升，大苗寨的案例说明，这样的稀缺性正在创造新的价值，这是乡村振兴的新动能。

在云南说发展昭通的旅游经济，很多人可能都不以为然。在云南现有的旅游经济版图中，昭通确实没有太大的分量。在过去几十年的经济发展中,云南旅游业取得了长足的发展。但是,旅游经济的基础依然是文化古迹和自然景观,凡是具有特色文化古迹和特色自然景观的地方,旅游业都毫无疑问成为当地经济发展的重要支柱之一。从这个意义上讲,云南昭通似乎并没有太多可圈可点的优势。但是,随着旅游经济概念的不断拓展,昭通的旅游开始呈现出了特殊的发展潜力。

昭通位于云南省东北部,地处云贵川交界的乌蒙山腹地,坐落于四川盆地向云贵高原抬高的过渡地带,气候冬暖夏凉,夏季温度常年在14—24℃,平均气温不到20℃,是夏季避暑的天堂。与我们通常认为的昭通没有自然美景的固有印象相反,这里有辽阔锦绣的高原草海,有几十条罕见的大小瀑布,有优质的峡谷温泉资源,有多样的民族文化。过去,由于昭通地处乌蒙山腹地,交通不便,旅游潜力无法得到发挥。但伴随着经济社会的发展,尤其是脱贫攻坚战的实施,昭通的交通条件得到了根本性的改善,旅游潜力开始得到关注。

那么,昭通的旅游经济如何发展呢?昭通的朋友告诉我,夏季时昭通的宾馆一房难求,乘坐公共汽车和跳广场舞的很多都是四川人和重庆人,这些地方的人还到昭通来买房,某种程度上抬高了昭通的房价。这些情况,我没有做过系统的调研。但最近几年,昭通市区和下属县城的旅游设施都呈现出快速发展的趋势,各种中小宾馆林立,很显然消夏旅游经济正在成为昭通旅游发展的亮点。

这几年,我花了很多时间做乡村实践,其中很大一部分工作都和广义的乡村旅游相联系。事实上,我既不是研究旅游的专家,也不从事旅游经济工作,主要是在探索如何能够将城市的动能带到乡村,并将这样的动能转化为乡村发展的动力。90年代中期,我在昭通从事过乡村扶贫工作,对昭通落后的交通和衰败的乡村印象深刻。这两年我多次到昭通,发现昭通的乡村发生了巨变,漫山遍野的苹果园和马铃薯产业的发展令我颇为震惊。但同时,我也在思考大规模同质化的农业产业是否会造成过剩?单一的农业产业是否也是限制乡村发展的隐患？昭通并不适合发展大型工业，依靠农业产业既有优势也隐藏风险。昭通乡村经济的另一个重要特点是，农民收入的主要部分仍然靠外出打工，外出打工收入依然是昭通乡村经济的主要来源。近几年发展起来的大规模的农业产业，仔细看并没有极大地增强农户经济的实力，在很大程度上主要带动了外部的资本和企业的盈利。从农业产业发展角度讲这当然是好事，但从稳固提升农民收入角度讲，这中间还存在断层。我在昭通几个县的农村调研发现，随着一年又一年外出打工，打工收入逐年增加，农民都用打工的收入回村盖房。昭通的同志开玩笑说："我们昭通人在大城市打工，住地下室像老鼠，回家盖的洋房养老鼠。"我在村里看到一栋栋宽敞豪华的住宅，但是大部分都是空置的。农民在外打工看到外面的房子，回村里照样子盖同样的房，过几年看到外面的房子变了样，回家再重新盖。村里大部分的农民都是这样，把辛苦挣来的钱不断投在建房上，自己却很少有时间享用，这样的投资更是无法形成新的资本。

我跟昭通的同志讲，我是搞乡村实践的，可能持有乡村主义的立场，昭通发展旅游经济能不能不要重复传统的城市型旅游经济的老路。也就是说，不要再在城市里建大宾馆、大公园、大广场，能不能把昭通的旅游服务设施建在乡村，发展乡村旅游。这几年，昭通乡村的交通有了很大改善，基本实现了县县通高速、村村通公路，如果进一步完善乡村旅游的基础设施，自然的景观、大片的山地草场、壮观的瀑布、大面积的果园，这些都是极富吸引力的天然旅游资源。汶川地震后，此地农民建的住宅质量很高，这些闲置住宅经过改造，都能成为优质的乡村家庭酒店。把城市的动能带到乡村，通过在乡村进行旅游资源的投入，即可将这种城市的动能转化为乡村振兴的动能。更重要的是，这种方式能够将农民的闲置资产转化为农民提高收入的资本。

2021年，我带着团队开始在昭通展开工作，在昭阳区、鲁甸县、彝良县各选了一个村庄，进行将城市动能带入乡村并转换成乡村振兴动力的示范，目标是为跨省市、跨区域带动城市动能展开试验。昭通乡村旅游将会拓展昭通旅游经济的空间，因为昭通市区面积不大，发展城市旅游经济潜力不足，更为重要的是发展昭通乡村旅游经济对于昭通稳固脱贫攻坚成果，从根本上改善乡村经济结构，以及进行资源的保护和生态的涵养都具有重要意义。

我与昭通的同志在讨论中提出，发展昭通乡村旅游经济可以实现昭通经济的三个拓展：经济结构空间的拓展、经济动能驱动的拓展以及农民收入空间的拓展。渝昆高铁正在建设，未来几年内，昭通将会成为成都—昆明—重庆一小时交通圈的重要驿站，这将是昭通发展的巨大契机。

石水井村的"圣托里尼"

2021年7月份，昭通的同志请我帮他们研究一下乡村振兴如何搞。他们知道我在西双版纳州勐腊县河边村和昆明有很多村庄建设的实践，希望我也能帮他们打造几个示范村。我和昭通的领导讲，我不是建筑学家，也不是严格意义上的乡村建设专家，我更感兴趣的是如何在现代化的语境下让乡村活起来。昭通的同志在昭阳区、彝良县和鲁甸县各选了一个村庄来搞实验，石水井村就是其中之一。

石水井村位于鲁甸县江底镇，是一个在半山腰的自然村，共有84户312人，农民的收入几乎全靠外出打工。镇里和村里的同志带着我从山上转到村里，他们想在山上搞一个旅游点。我在村里除了看到农民在山坡上盖的一间间贴着不同颜色的瓷砖、形状各异的房子以外，没有看到能够做任何产业的条件。

我在考察期间，市里和县里的同志们说，每到暑期，很多四川、重庆的人都来昭通，在市里跳广场舞的大妈很多都是四川人。他们还说，很多四川人甚至都在昭通买房，所以昭通的房价相比周边城市都要高。我这几年一直都在想着如何通过城乡互动来激活乡村的潜力，所以在昆明做了一个都市驱动型乡村振兴的实验，主要假设是，昆明是一个人口不断增长且具有全国知名度的旅游都市，这样一个大都市存在着很大的城市动能。通过在乡村打造适合城市群体消费的业态，把这样一个动能引入乡村，就有可能激活乡村。但是昭通在我的印象中并不是一个大都市，而且我20多年前就在昭通工作过，对昭通乡村交通困难的印象非常深刻。所以，我到了昭通并没想着城乡互动式的乡村发展，而在想如何搞农业产业。但当我看到昭通漫山遍野的现代化种植的苹果产业和马铃薯产业的时候，我觉得我很难给昭通的同志提出任何有价值的建议。

在与昭通同志聊天的过程中，我想到了村里建起的一栋栋新房，尤其是我在村里看到很多房屋都是空置的，或者即使不空置，也只住着一两个老人，同时我也想象一批批的四川人、重庆人到昭通来。我突然感觉到，像石水井这样的村庄可能真正蕴藏着城乡互动发展的潜力。我也看了昭通的同志选择的昭阳区范家坝塘村和彝良县大苗寨，在考察和讨论的过程中，我形成了一个假设。

昭通长期以来都是劳动力输出的大省，在过去几十年的经济发展过程中，外出打工是带动昭通这样一个乌蒙山贫困地区整体性脱贫的重要因素。农民在外打工辛辛苦苦积累的钱，首先是用来在家建房子。我在彝良县大苗寨见到了很多只建设了一层的房屋，在其他村看到了很多虽然建起来了但还没有加装窗户的空房。农民说他们有钱了就先盖一层，接着再挣钱，再加窗，装修。农民辛苦挣的钱都变成了砖头，那我们是不是可以探讨一下，如何让这些砖头再变成钱？

我带着这一想法回到北京反复地思考，又带着这一想法回到昭通写了一篇短文，叫作《昭通为什么适合发展乡村旅游？》。从农民收入结构的角度讲，单纯依靠外出打工一方面潜力已经不是很大了，另一方面又会受到经济波动的影响，这几年新冠疫情对外出打工的影响就是一个典型的例子。而从事农业的资源有限，当地多是山地、坡地，保持温饱可以，实现增收的潜力不大。

因此，如果能把城市的动能带入到乡村，让很多跳广场舞的大妈到乡村里来休闲旅游，这就可以为农民提供一个新的收入来源。如果说，把乡村的产业从我们习惯的一产向农旅融入、三产融合发展，拓展乡村经济的新空间，那么乡村发展的动能结构也会发生变化。更为重要的是，如果能把农民沉睡在砖头里的资产激活，那就可以为乡村振兴提供新的动力。我们讲以农民为主体，实际上大多是一句空话，主体是需要以经济载体为依托的，如果产业的主体不包含农民，农民的主体性就很难实现。

我在石水井村和村支书讨论，让他盘点一下村里闲置的农房，把这些闲置的农房改造成高端的家庭公寓、餐厅，同时在村内的闲置空地上打造一些适合游人、儿童的村游设施。村支书是一个致富带头人，对市场信息非常敏感。我问他这样一个想法是否可行，他满怀信心地讲，绝对可以。

就这样，我们在一年的时间里，在石水井村选择了一个核心示范区进行了建设实验。为了引导未来农民和社会资本投资，政府提供了一部分实验经费，作为先导示范，我们将这部分实验经费量化为集体资产，然后通过不同形式与农民进行股份合作，把集体和农民闲置的资产打造成了住宿、餐饮和公共的业态。

由于这一项目是一个示范性项目，政府提供了示范的资金，所以我们在实践中摸索了多种与农民合作的形态。第一种形态是股份制的方式，如精品乡村家庭公寓全部由政府示范资金投资，资产量化为集体资产，农民以其房产进行入股，收益的39%归农户所有，61%归集体所有；第二种形态为资产合作，如咖啡厅以及农垦乐园，全部由政府资金投资建设，收入全部归集体，15年后该资产归属村集体；第三种形态为农民自己投资，投资收益的90%归农民，10%交给集体，如便利店。

核心示范区于2022年7月建成，试运营以来，大量的游客进入村庄，有县里的、市里的以及昆明的游客，也有很多四川的、重庆的游客。我们给石水井村起了一个花名叫"云中乐谷"。云中乐谷顿时成了网红打卡地,很多婚礼都到村里来拍摄、举办,客流不断。云中乐谷的"乡村CEO"告诉我,乡村精品公寓入住率达到了50%以上,试运营一年来,由集体运营的各种业态总营收达到200多万元,同时带动50多户农户自主经营烧烤、餐饮等经营业态,这些农户每天的营收都能在500元到1000元。

在过去几十年的发展中,我们想象中的很多村庄已经改变了形态,村里的建筑已经不再是乡村原来的风貌,农民自建的房屋都是从外面学来的"火柴盒建筑"。从乡村建设的角度讲,已经不可能再把村庄推倒重建,恢复过去的民居,所以我们在核心示范区按照已有的格局进行了现代化的改造。我们将村里农户闲置的房屋进行统一设计,按照圣托里尼的风格,打造出了蓝天下错落有致的白色建筑景观。石水井因为其圣托里尼式的景观,很快成为了当地的旅游打卡点。

村里的农民看到了核心示范区改造后的房屋,都纷纷表示也要改造他们自己的房屋。村支书告诉我,他们计划将全村都改造成嵌入式的精品乡村家庭公寓和其他业态,希望打造一个"乡村一条街"。更为重要的是,政府出资主导的核心实验很快产生了示范效应,很多农户都表示他们要自己出资建设,也有的外来人询问如何与农民合作进行建设。

石水井的闲置资产盘活并没有改变宅基地和房屋的所有权,也没有大资本进入进行流转和买断,更没有让农民出屋上楼,而是把闲置资产盘活起来,让乡村沉睡的资产成为乡村振兴的新动能。实现乡村资源的价值、盘活乡村的闲置资产的核心是农民的根本利益不能流失。农民缺乏足够的资本,也缺乏将他们自己的资源利用起来的管理能力和市场能力,因此在资产盘活进入市场的过程中,容易受到外来资本和有能力、有资源的群体的剥夺,在很多情况下,会出现"地主变雇农"的现象。农民的这种"双缺口"困境是确保农民主体性的核心制约。

因此，石水井的乡村建设实验在一开始就确定了确保农民根本利益的机制，例如，即便咖啡厅是由政府实验资金量化为集体资产后使用了农民土地来建设的，但15年以后这样一个优质的资产仍将归属集体，乡村的利益没有发生根本的流失。咖啡厅实际上是一个综合性的餐饮服务设施，试运营一个多月已经有两万多元的收入了。咖啡厅总投资40万元，如果按照每年净盈利15万元计算的话，三年内就可以收回投资，而三年后，咖啡厅将会给集体创造可观的集体收入。

河边村的"公益共享公寓"

近些年去过河边村的人会发现在村里最高处多了一栋内部装修高端现代的木楼，其他正在改建的工程也即将完工，这就是河边村新业态发展提升的初期工作。

河边村是利用脱贫攻坚计划中易地搬迁扶贫资金的支持，以及通过"小云助贫"进行的社会筹资和公益组织支持共同建成的。河边村实验中最重要的项目是将政府支持建房的资金与从社会上和公益组织中筹集的资金、农民自筹的资金组合起来建设一家一户的"瑶族妈妈的客房"，以及相应的会议、餐饮等配套设施。

通过这样一种基础设施的建设，河边村迎来了小型会议、自然教育等新的业态，于2018年整体脱贫。截止到2019年，新业态每年为河边村带来近百万元的收入。"瑶族妈妈的客房"成了河边村的名片，也成了西双版纳傣族自治州贫困村脱贫的一张名片。这张名片承载了很多的含义，包括新业态开发、瑶族妇女在家就业、传统村落保护、替代生计等等。

2020年5月，我的朋友李铁先生到河边村度假。他是一名医生，住在深圳。他也是一位企业家，他的企业在新疆，平时全国各地到处跑。他在河边村住了一段时间，对我讲："小云老师，这个地方太好了!氧气充足,睡觉太舒服了,应该发展高端的康养产业。"来过河边村的人其实都有同样的感受。

由于河边村建设初期受到资金使用的严格限制,"瑶族妈妈的客房"的建设标准并不算高:每户房间的木隔板、木地板都是单层的,漏光、漏风,且无法有效隔音,楼上有人走路,楼下都听得到。虽然每一户新建起的干栏式木楼相比于原来农户住的房子有了根本性的改善,看起来也很美观,但的确存在上述问题。

河边村虽然地处热带,但由于海拔较高,冬天过年前后有一段时间早晚较冷,这样透风透气的木楼即便安装了空调,保暖性也依旧不够好。从某种意义上说,初期建设的"瑶族妈妈的客房"还无法帮助村民充分实现河边村地处雨林的自然资源和文化资源的潜力。

李铁先生在周志学家住了一段时间,问我可不可以给他家提供点什么支持。我告诉他,你就帮他家建一栋"李铁公益共享公寓"。我和李铁以及周志学商量,由李铁出资将周志学家的半侧楼改造成三层楼的高端公寓。李铁不拥有所有权,但李铁和他的朋友可以自由使用,每年李铁需要向周志学交纳6000元的房屋管理费,用于周志学支付水电费、卫生费、维修费等。李铁不使用期间,周志学将公寓对外出租,全部收入归周志学所有。就这样,花了将近大半年的时间,"李铁公益共享公寓"终于得以建成。

2021年春,李铁和朋友们一起来到河边村。他住进了自己的"公益共享公寓"。我的同事宋海燕一直负责帮助建设。她帮助周志学开发了"雨林套餐",李铁住进他的公寓后,每天还可以吃到定制的三餐雨林美食。实话讲,宋海燕老师和周志学共同开发的"雨林套餐"太好吃了。这也是我们和万科基金会开展的一个营养光盘行动项目的实验,也是我们开发"公益共享公寓"的业态内容之一。

夏天的时候,周志学的这栋"公益共享公寓"开始试运营。按照试验的价格,一套"公益共享公寓"特殊优惠价为1500元/天,一般优惠价格则为3000元/天。周志学试运营8天期间,共获得收入

18000元。如果不是疫情的影响，这栋公寓每年至少可以给周志学带来数万元的收入。按照这一思路，陆陆续续有好几个热心公益的朋友开始在河边村建设"公益共享公寓"。目前，河边村有4栋共享公寓已基本建成。

建设共同富裕的社会在实践上并不容易。讲到共同富裕，我们往往都会盯着第二次分配和第三次分配。其实，从城乡的收入差距来看，建设共同富裕社会的短板在于农村，在于如何提高农民的收入。从这几年农民收入的构成来看，农民收入的增长很大程度上来源于转移性收入的增长。当然，现在农民的数量比80年代要少很多。通过转移支付提高农民收入，从战略上讲完全正确，但同时我们应该注意到，在第一次分配领域来提高农民收入，改善农民收入的格局，潜力还是很大的。

我最近出版了一本书，里面写到徐永光先生多次提及的"公益不是搬运，公益应该成为解决社会问题的方案探索"的观点。我的朋友李铁先生以及我的同事们，他们希望做公益，但没有把他们的支持放在一般性的救助方面，而是投入到他们自身也能受益的高端的"瑶族妈妈的客房"产业上。他们在想休息的时候，可以飞到西双版纳，就像李铁先生讲的"躺在雨林唱着歌，吸着新鲜空气"。他从他的奉献中，获得了自身的效用。周志学作为一个农民，从李铁先生的公益奉献中获得了他提升收入的资产。所以我把这样一个改造后的"瑶族妈妈的客房"称作"公益共享公寓"。

季官村的集体为何富裕？

季官村是云南昆明市官渡区的一个村，在"村改居"的过程中成了现在的季官社区，实际上是一个乡村城市化转型的案例。讲到乡村的集体经济，季官社区的案例并没有太大的参考性，因为它毕竟是最靠近城市的乡村如何转型的问题。几年前,我到这个社区考察,最深刻的印象是这不是一个村,而是一个城市的现代化住宅区。所不同的是,生活在现代化居民楼上的不是在单位工作的城市人口,而是"上楼"的农民。我去楼里的农民家里参观,他们基本上都是一家有两套房,一套相对大一点,三室两厅,一套小一点,两室两厅,很多农户都把小一点的出租了。昆明的官渡区已经是一个繁华城市区域,这样的房子出租是比较容易的。农民说,全村的人都就业了,在城里没有找到固定工作的,主要在社区就业。而且无论你有没有工作,每人每年都会有1万元以上的分红收入。可以说,季官社区是一个农民变市民、村民变股东、乡村变城市的典型代表。

  季官村的情况让我想到了20世纪90年代我居住的北京海淀区的上地。我读书的时候,上地就是一个乡村,除了几个村落外,都是小麦和玉米地。今天的上地,已经是北京的高新产业开发区,当时我住的小区是北京海淀区最早开发的商业小区,小区有商品楼和农户征地以后的回迁房。商品楼和回迁房从外表上看不出差异,那个时候上地村民的土地被征了以后获得的补偿并不多,但是每户都可以分到1—3套面积不等的住房。当时的村民失去土地以后,一部分开起出租车,另一部分被负责开发上地的公司所聘,还有一部分成为上地居民小区物业公司的员工。在90年代中期,农民住上了现代的楼房,感觉他们还是非常高兴的。后来我搬出了那个小区,很多年之后我再去小区,发现很多曾经的年轻人都找到了不同的工作,成家立业以后也都离开了小区。当时有个印象,就觉得乡村就是这样消逝的,至少从上地那片区域的情况看,没有感受到农民因此变得贫困了。前两年,我协助一位外国朋友,把他早年在上地那个小区买的房子卖掉。当初他花了60万元人民币,后来轻而易举地卖出了1000万元。我在院里问了一些原来住的农户,很多都把房子卖掉了,上地是学区,周边有很多高技术的创业公司,对住房,特别是学区房的需求很高,所以需求量很大。这是工业化和城市化对乡村影响的一个例子,这个过程的确导致了乡村的消失和农民的终结，但这个过程从经济学的角度讲，并没有导致失地农民贫困化，至少至今没有出现因为没有土地，这些原来的村民和他的后代失去了城市的工作而回不到乡村的现象。很显然，这样一个城市化带动乡村转型的路径，必须要有非农就业的可持续性为前提。在很多时候，我们对于这种方式的担忧在于，工业化和城市化又是一个全球化的过程，这个过程充满了各种各样的风险，确保非农就业的安全在很多时候是很困难的。今天我们所面临的全球产业链的紊乱、新冠疫情所产生的风险以及突发性的冲突带来的地缘政治和全球经济的变化，都清楚地说明了传统的工业化和城市化所产生的风险。因此，我们会质疑类似上地和季官村这样的村庄的普遍意义。显然，我们不可能把全国的村庄都变成这样的村庄，这就是我们今天说的乡村振兴的问题。

我问季官社区的党委书记，农民分红的钱是从哪里来的？他给我介绍了季官社区集体经济的运行情况。在季官社区城中村改造项目中，社区成立了季官投资有限公司，以自筹自建的方式，负责回迁安置房一期建设"云秀小巷"项目，通过"创新模式、自主开发、原地回迁、先建后拆、分片实施"的老村改造工程，实现让村民先回迁安置后拆除旧房的保障机制。第一期是在政府审批的140亩新住宅用地上建设迁村并点的安置房小区——官南城小区，共建成150平方米大户型住房313套、75平方米小户型住房900套。通过并户分配的方式，最终分配给257户村民，每户村民可以分得一套150平方米的住房和两套75平方米的小户型用来出租，解决了失地农民的后顾之忧。第二期是商业街和社区公共设施的建设，季官社区打造了集购物、餐饮、休闲、娱乐等功能于一体的综合商业区。自建成投产以来，每年商务中心、沿街商铺出租等为集体创收3000万元以上，并且逐年递增。第三期工程为拆建区，通过土地的"招拍挂"将集体土地转变为国有建设用地，引进企业投资建设，配合官渡区政府等企事业单位的行政功能，深度开发出季官社区的城市化价值。

在拆迁改造的同时，季官社区通过股份制改革和公司化运营带动社区产业重组与经济结构调整，让农民变股民，并以新的组织形式强化社群关系和原有结构。在这一过程中，季官村首先启动集体资产股份化改革，利用被征收集体土地（老村旧房所在地）的赔偿款约5000万元作为启动基金，成立股份合作社，将全村1006位村民纳入合作社，每人占有5股，每股1万元。同时鼓励入股，每人最多再认购5股，96.2%的村民利用拆迁补偿款参与入股。整合了村民股金和集体资产资金以后，季官村进一步建设了汉唐莲花酒店主体建筑、沿街商铺等一系列营利性的集体资产，2012年开始实现收益，每年每股约有2000元的分红。2014年，村集体保留了60%的营业收入用于投资新项目，2015年和2016年则是将收益股权化，实行增资扩股，大部分村民都选择将两年的分红用于扩股，增持到14股。2017—2019年在保持收入稳定的基础上，村集体再次分发每股2000元左右的现金分红。2019年年底，季官村村集体的现金资产已经超过2亿元。

拥有了雄厚的集体资金以后，季官社区以集体经济股份合作社为核心，首先成立昆明季官投资有限公司、云南官南城企业管理有限公司、云南官南城房地产开发有限公司共3家与房地产开发相关的公司，以确保"村改居"的自主改造顺利进行。随后成立物业管理、餐饮文化、玩物拍卖等公司开发后续产业。2020年又成立修真茶道茶叶公司等，开始向生态产品进军。目前季官社区已拥有14家集体股份制公司，社区集体收入逐年增长，2020年已经突破7000万元。现在，季官社区的产业已经远远超出社区的地理范围，他们在云南省迪庆州香格里拉市中标开发了一块土地，预计建成商业住宅区，作为集体经济新的增长点。除此之外，云南滇创季官产业园、云南官渡村史文化产业园、云南新经济产业园等项目也将被打造成新经济小微企业孵化园基地，进一步带动区域发展，为"双创"开门铺路，预计吸引新经济项目入驻200个以上，高层次创业者超过200名，投资机构10家，创业融资达到10亿元，资产规模达到100亿元，这也将成为实体经济强有力的新增长极。

季官村村集体之所以能有这样一笔资产，主要在于城市化的过程中给他们留下了一部分"资产"。上地的村民，除拿到房子以外，土地都已经被征收了，并没有给集体留下他们可以自主经营的土地。我听说，季官社区今天所经营的资产，在很长一段时间属于"小产权房"，后来因为都已经成为事实，所以就合法化了。如果说，在全国各地城市化的过程中，都能给涉及征地的村庄留下他们能够合法经营的资产的话，解决集体经济的问题是相对容易的。

前几年，很多地方为了增加乡村集体的收入，都投入资金，鼓励村集体购置一部分固定资产，如商铺等，然后通过出租获得固定的收入。但问题是，全国有几十万个村庄，这些村庄不可能都到城里去买固定的资产来投资，那么像这样的村庄，集体经济如何增强呢？

第六章 集体经济和"乡村CEO"

从脱贫攻坚开始，国家就强调发展和壮大集体经济。脱贫攻坚期间，国家投入到贫困村的很多项目都有增强集体经济的内容。现在，乡村工作全面转入乡村振兴，更是把增强集体经济作为非常重要的工作内容。强调农村集体经济的主要原因，是中国非常特殊的城乡二元格局。城市里的人有单位，各种公共性的事务和社会服务由国家或者社会负责。而国家没有办法把所有的工作都覆盖到乡村，乡村又游离于城市社会之外，这就出现了治理和公共服务的断层。最近几年，国家治理逐渐覆盖到乡村，特别是最新一轮"两委"换届，基本实现了政治行政对乡村社会的全覆盖，国家也提供了相应的资源。但是乡村的公共服务，如养老、救济、社会文化活动等，仍然缺乏足够的资源支持。从某种意义上讲，一个没有经济能力的村集体在行使国家下达的各种任务时，往往会呈现出软弱无力的现象。村集体不强，村干部的底气就不会硬，办事就没有权威性，乡村容易成一盘散沙。

但是，发展乡村集体经济又不是一件容易的事情。脱贫攻坚时，很多贫困村搞了村集体产业，到后来就变成了只有村干部负责。而村干部又不能拿好处，没有积极性，只能外包到公司，这样集体的资产又会流失。有了集体就会出现搭便车等弊端。现在很多地方都通过固定资产投资来产生投资收益，例如昆明的季官村，但是如何把资产盘活，又是一个非常复杂的问题。

这几年，农业农村部在推动农村集体资产的清产核资。清产核资以后把农村的资产盘活，则是增强集体经济可行的路径。但是，经营资产又需要懂乡村、懂经营、懂市场的专门人才。乡村里面除了几个能人以外，大多数乡村都是人才的荒漠，盘活资产谈何容易？我们在云南几个村庄实验"乡村CEO"。中国农业大学与腾讯集团共同发起了一个为期三年的"乡村CEO"计划，希望探索一个为乡村培养人才的可行路径。但是乡村职业经理人在乡村工作又不像在城市的公司里就业，他们面对的是一个复杂的乡村社会，需要处理复杂的乡村社会关系。而且把乡村的资产盘活能够产生收益，对乡村职业经理人的要求也非常高。浙江余杭区聘用的"乡村CEO"刘松是一个成功的案例，从他的故事里我们也可以看到，职业经理人回到乡村工作，对CEO本身的要求是很高的。乡村职业经理人与乡村集体经济的发展密切相关，这些问题都是乡村振兴实践中的难题。

乡村组织的发展功能

我从2015年开始到云南山区乡村开展扶贫实践，一年大部分的时间都在乡村，到现在已经7年了。在云南，我从西双版纳到昆明，再到昭通、临沧、怒江，帮助政府建设了十多个村庄，我的生活和工作就是在这十多个村庄间来回跑。我简单地跟大家分享一下我的一些经验和体会。

政治行政功能是乡村组织的一个基本功能，但在长期的城市化进程中，乡村的政治行政功能被弱化了。近几年随着乡村的发展，通过派驻"第一书记"以及提高村干部待遇，农村基层组织的政治行政功能得到了强化。在国外很多地方，基本到了村一级也是公务员制。比如在非洲，村干部分为两种：一种是选举出来的村民委员会的主席，这是村民自己的组织选举出来的；一种是村行政秘书，这是最低一级的政府公务员，是有薪资的，也有不断晋升的机会。我一直呼吁乡村干部公务员化。现在的村干部只能算"准公务员"，这主要是因为村干部的主要职责是做政治行政工作,这是我们的特色,行政是基本功能,乡村跟城市一样也需要这些基本功能,包括养老、幼儿保护等方面。所以,城乡一体化很重要的一点就是社会公共服务向乡村延伸。另一个方面是治理结构逐渐一致化,就是城乡的治理要一致。发达国家在这方面做得比较好,像英国、德国的城乡治理就是一样的,没有太大的区别。所以我们要明确,城乡一体化最终的方向也包括整个政治行政体制的一体化,城乡一体化的核心是要把乡村和城市作为一个整体。

乡村组织创新的基础和核心是发展功能的创新。在集体经济时代,乡村的发展功能很明确。现在我们乡村的发展功能包括两个方面:一方面是要继续稳固以家庭为基础的经营制度,这是我们的基本经营制度,是我们党的农村政策的基本抓手;另一方面就是发展集体经济,集体经济和家庭经营之间在实践上是有一些张力的。现在乡村组织最大的缺陷是发展功能的缺陷,没有经济发展功能,或者经济发展功能薄弱,乡村就会一盘散沙。乡村组织创新的核心实际上是解决发展功能的问题。关于乡村组织的发展功能,我结合自己的实践讲两个例子。

从2015年开始,我用5年的时间对曾经的贫困村——云南省勐腊县河边村进行了改造。但是最近一段时间,村里的合作社运作不下去了。这个合作社由村"两委"领导作为董事长,村干部作为监事,还聚集了村里的一些年轻人。通过这个合作社,我们把全村搞休闲和搞餐饮的村民都组织在一起统一管理,不允许任何人自己拉客。所有家庭10%的经营收益归合作社,90%归农户,确保农户的主体地位,同时壮大集体经济。我们还为集体修建了一些公共设施,比如河边会议厅、专家公寓等,收入都归合作社。合作社一年最高收入达到十多万元,而曾经作为贫困村,河边村的人均年收入不到3000元。这样看来,合作社这种模式是非常成功的。原来这个村庄仅有政治行政的治理功能,现在延伸到了发展功能。但是为什么会出现问题呢?因为合作社的人既是老百姓又是合作社的工作人员，不是专业化的人员，在合作社工作的时候还要照顾家里，这就会发生冲突。乡村社会不是现代的社会，是以家庭经营为主的，和城市社会不一样。所以，乡村经济发展在管理方面非常复杂，难以实现现代的企业化管理，除非从外面雇人来管理。因此，我的第一个体会就是，一个村庄一定要有组织创新的基础，并且这个基础一定是经济发展功能创新。如果没有经济发展功能创新，就不可能有组织创新。比如日本的乡村人口稀疏化非常厉害，很多村庄就只有几个老人，这样的村庄基本上就失去了经济功能，社会功能也完全没有了，但只要有人在，就得提供政治行政服务。将来中国可能也会有这样的村庄，但大部分的村庄是要振兴起来的，一定要有经济功能。有经济功能的核心就是要有新的业态，只有传统的业态是不行的，只有这样才能够调动村庄的发展功能。发展功能和政治行政功能都具备，就是我们衡量乡村组织创新最基本的标准。

第二个例子是我在昆明市宜良县九乡乡麦地冲村的实践。我们吸取了以前的教训，不对这个村庄做整体改造，而是实行政企分离。我们把政府投入的实验经费和设施都量化入股到村集体，找了一些年轻人，让他们自己成立一个股份有限公司，经营这些资产。他们动员了 20 多个村民按照 1 股 5000 元入股，这个公司就成了村民自己的股份有限公司，他们跟村集体签署了合同来经营集体的资产。2022 年"十一"期间，这个小公司承包的 30 多间高端民宿、1 个农业设施、1 个咖啡店和 1 个餐馆等的收益达到了 20 多万元。这就是乡村发展功能的组织创新。

乡村只有引入现代企业制度，才能逐步与现代社会对接起来。我国第二个百年奋斗目标是到中华人民共和国成立 100 年时建成富强、民主、文明、和谐、美丽的社会主义现代化强国。中国式的现代化，是我们党百年以来的奋斗目标。乡村社会今天面临的问题，包括组织创新的问题，其实质是现代化的问题。因此，对乡村的现代化改造是组织创新的基础。如果乡村不进行现代化改造，就无法创新，就没有组织。只有引入现代化的业态、现代化的管理、现代化的人才，才能分解原来的社会关系和价值体系，建立起现代化的体系，再造一个新的乡村。

集体经济怎么搞？

我对为什么搞集体经济、如何搞集体经济的问题并不熟悉，既有的认识也都是概念性的。村庄有很多需要钱的事情，让任何一个农户掏腰包来干，没人愿意干。一个村庄就像一个家庭，会有很多公共支出。村里的垃圾收集处理、外面客人的接待，这些事很难让农民个人来出钱，因此村里得有点经济收入。村里要有这个收入，就得有点集体经济。这是我对乡村集体经济的基本认识。当然，今天看来，我这个认识仍然是功能主义层面的。从坚持公有制为主体的角度讲，乡村的集体经济实际的意义超越了功能主义的视角，因为乡村是个体经济的海洋，集体经济涉及社会主义的制度问题，这是政治维度的考量。无论从政治维度，还是功能主义的维度来看，集体经济都离不开如何让村集体挣钱这个问题。

我在云南好几个州市做乡村实验，这些工作都涉及如何壮大集体经济。在我工作的十多个村庄中，集体经济几乎都是空白。在乡村里讲集体经济实际上主要是讲两个内容：一是集体的资产，二是利用这些资产所展开的经营活动。集体的资产包括集体的建设用地，如原来的学校、村办企业的厂址等以及集体的林地、集体的耕地、收归集体的宅基地。不同的村庄拥有这些资产的类型是不一样的。有些乡村的集体资产还包括建设的道路、政府通过扶贫和乡村发展项目修建的各种基础设施，以及这几年通过产业扶贫、产业开发所投资的农业产业和各种乡村旅游的产业。其中政府投资的部分因为投到了乡村，那笔资金应属于乡村集体的资产。因此，发展乡村集体经济的首要工作是要对这些资产进行核查，这就是近几年一直在做的农村集体资产清产核资工作。与国有资产管理不同的是，农村的集体资产没有专门的立法，也没有系统的资产管理体系。国家对国有资产的管理是一个完整的系统，只要是属于国家所有的资产，均有从中央到地方，一直到国有企业、事业单位的国有资产管理系统，都有比较严格的国有资产管理的规定和执行机制，我们在大学里买一台电脑都要做国有资产登记，损坏了要做报废登记。乡村的集体资产管理并没有一个全国性的机构负责，其管理最终就落在了村集体，也就是村民委员会头上。若问村里有什么资产，也都是靠村干部拍脑袋。我有时说笑话："国有资产都在计算机里，村集体资产都在村干部的脑袋里。"有时候我异想天开：为什么不能搞一个全国性的农村集体资产管理公司呢？把这些资产统筹起来经营和上市，农民就有了真正意义的资产增值的机制，这些钱可以用来建设乡村的社会事业，补充政府公共资源的短缺。

集体资产管理只是集体经济的一个组成部分，集体经济最重要的是资产的经营。每个村庄都或多或少有一些集体资产。这些集体资产散落在村中，连村里的人都摸不清楚有多少家底。这几年，农业农村部在全国各地搞"摸清家底"的活动，这是发展集体经济的重要组成部分和基础。但是，发展集体经济的最大问题在于集体资产如何赚钱，如何增值，这就是我们常说的发展村集体经济，也是集体经济问题的难点。

首先，村庄的经济主要是以户为单位的个体经济，缺乏集体资产经营的机制。从组织形式上看，现有的农村集体经济组织仅仅是村一级的集体资产的管理机构，不是直接进行投资和经营的机构。所以在这种情况下，如果村庄希望把村里的集体资产盘活挣钱，就需要有一个经营实体。比如说，村庄里的集体闲置农房改造成为民宿，如果要经营乡村旅游，就得成立一个专门的乡村旅游企业。但是，一旦成为企业就会涉及是集体的还是个人的，谁来当董事长，谁来当总经理、如何分配等具体的问题。现在的乡村多半是村干部管事，村里多数都是留守老人、留守儿童，能出去的都出去了，村里有事开会来的都是妇女和老人，遇到大的决策有时候还得等在外面打工做事的人回来，在村里几乎找不到能干这些事的人。但凡村里自己搞的企业，如果不和外来的公司或村里的能人合作或由他们承包，就要么无法运作下去，要么即使能运作下去也避免不了村里能人和干部的"利益捕获"，搞得好的村集体很多都靠能人、村干部的无私奉献。乡村是一个共同体，这个共同体是个体农户通过亲缘关系连接的共同体，村里的公共事务多是通过互助帮工和义务的形式来维系，而且这些公共事务并不涉及经济收入和分配的事，现在说的公共事务大都超过了传统共同体习惯的范畴。集体经济规模大、搞得好的多是原有共同体解体了的村庄，这些村全村就是一个企业，甚至是个家族企业，村民成了企业的工作人员，村庄实际上是一个在农村的"城市社会"；而要把一个没有解体的共同体的成员组织起来搞集体经济是很难的。我在河边村搞的合作社，管理团队几个人都有工作的分工，也都规定了每个人固定的工资，但是每个人都有自己的农活和生计，都希望在合作社里拿钱不干活，一个小小的合作社运转起来很困难。

其次，对乡村资产的经营和在城里创业做公司一样难，很多时候甚至比在城市创业更难。即使村集体搞起来一个产业项目，要让这个项目可持续运营下去，仅靠村里人是很难的；但村庄的条件又很难吸引城里的能人来村里。所以，很多情况下，村庄都是不得已把资产经营转包给外面的人。外面的能人和公司虽然可以把这些资产经营起来，但是却带走了大部分的利润。西南某地一个村，政府支持的一个优质大米种植的村集体农场，搞了两年都亏损，包给了外面的公司后开始盈利，但一年村里只赚了不到5万元，公司却赚了近百万元。

最后，农村集体经济凡是搞得好的多半都是靠资产的直接性收入，而不是复杂的市场性经营。我在昆明参观了一个农村社区，虽然居民是农村户口，但实际上已经是一个城市社区。这个村一年有上千万的集体经济收入，仔细一问则是在城市扩建过程中这个村坚持自建了一批楼房，盖的标准和城市商业小区一样，所以这个村每年靠出租属于村集体资产的房子产生了很大一笔集体经济收入。这种形态的集体经济，收入的透明度高，资产经营的形态容易受到监督，更重要的是，不需要老百姓参与，这个过程实际并没有经营，仅仅是简单的资产性收入，收入也都是简单地进行平均分配。但是很多村集体办的企业，如我在云南一些村庄见到的村加工厂、养殖场和种植经济作物的小农场等，这种类型的经营就与资产收益型集体经济完全不同。一个村干部跟我讲，村里搞了个集体果园，整地、灌溉、种苗都是政府提供的资金，土地是村里集体的山地，和全体村民开会讲，这是集体的财产，收益归全村村民，年底分红。干部说，雇农民在果园干活，每天要付100元工钱。他们几个村干部一年花很多精力组织生产和销售活动，没有办法像村民那样按天计算工钱，搞了两年，村干部没了积极性；到了年底，村民要分红，说支出项目不清楚，他们不信任村干部。这位干部讲，明年要把这个集体果园承包出去。我在一个村里做实验，成立了一个集体合作社，设计的思路是用合作社的收入来负担管理人员的工资，但村干部说很多决策和具体工作，他们也介入了，因此也需要给他们激励，所以最后只能也给村干部们发津贴。原来设计的时候说集体收入的一部分用于对外的接待，村干部说外面来的人都在村干部家吃饭，这个钱应该给他们。但是一旦放开这个口子，最终的结果就是一个无底洞。集体资产在经营中所涉及的"公"和"私"的问题，实际上是过去搞集体经济吃大锅饭的核心问题。即便在今天的实践中也没有找到一个机制性的解决办法。搞得好的村庄很多都是能人当村干部，而且很好地结合了能人的"私"和集体的"公"。而且，这个能人如果希望在村里站得住脚，还真得肯出钱出力为村里做大家都看得到的事。但是，中国大多数的村庄是没有这样的能人的。

我在云南做乡村实验的过程中，遇到的都是这样的问题。我们的做法是建立一个集体或者村里农民入股的经营公司,经营公司和村集体签署经营协议,把集体的资产管理和运营分开。虽然我们没有引入外部企业经营,希望村资产的收益主要留在村里,但是由村里建的不同类型的运营公司在实际运营中也是困难重重。如果是集体的公司,管理人员的工资高,大家不同意,工资低也没人干。如果不是村民股份制的、集体的公司,公司又会希望少给村里交钱。经营乡村资产是一种完全的市场行为,遵循个体主义、劳动分工和契约关系的逻辑。在乡村共同体中"公"与"私"、集体和个人的利益的交织使发展集体经济变得艰难而复杂。

合作社为何步履艰难?

前不久,在河边村做论文的学生与我说,村里的合作社搞不下去了。我问出啥事了?学生说:"合作社的几个管理人员说他们不想干了,主要是因为有的人拿钱不干活,其他人觉得不公平。"我的同事去了村里,她和合作社的几个骨干开了几天会,最后几个骨干退出了管理团队,剩下的人组建了新的合作社管理团队。

河边村这个合作社功能其实很简单。当初发展乡村旅游休闲经济,每户都建了"瑶族妈妈的客房"。为了避免建成以后农户各自拉客产生恶性竞争,同时也涉及开具住宿发票和承接各种会议以及组团来村里的自然教育活动,需要有一个统一经营的模式,所以在建设的过程中,就成立了由有客房的农户参加的雨林瑶家合作社。主要做法是,无论是客人自己找到农户住宿,还是合作社集体承接的客人和团队,都到合作社办理入住手续,在合作社缴纳房费,单个农户不能自己收钱。合作社集体接收的客人按照平均主义的原则分配客源。住宿收入90%归农户,10%作为合作社的收入。村里的河边会议厅和专家公寓属于合作社集体所有,所产生的收入全部归合作社。合作社有理事会，村干部是其成员，同时，聘用几位年轻人作为"乡村CEO"管理合作社日常工作。在确定合作社管理人员的报酬时，本来没有理事会成员的报酬，但是干部说很多事年轻人干不了，还得他们干部做，不给报酬不公平。年轻人也说，不给理事会成员报酬，他们的工作也不好干。最后决定，除总经理拿得多一点以外，其他人员一律一样，按月取酬。

河边村是一个共同体特征很明显的村庄。大家相互之间都是亲戚，相互帮助不收报酬是习惯，福利的平均主义色彩很浓厚。因此，如果管理团队成员之间搞差异性的分配，合作社很难运行。其实村民对于管理人员之间的分配倒是没有意见，反正村民们都拿了90%，村民们知道，开发票、照顾外来的客人、组织各种活动他们也不用管，都从10%的成本中支付。合作社在县里雇用了一个会计公司做账，村里有一个"CFO"负责出纳和给客人开发票。负责客房的管理人员在客人来之前到住户家里检查，然后组织大家到村口接客人到家里，去过河边村的客人对此都有印象。在过去的几年中，这个模式一直运转得很顺利。村里没有一户乱拉客人，也没有一户私自收钱，所有的钱都先收到合作社的账上。

河边村合作社实际上就是一个为村民服务的小组织，不能算是一个真正意义上的合作社。农民需要这样的小组织，所以，村民对于合作社并没有意见。但是，合作社的管理人员也是农民，要照顾自己的田地和客房。如果让管理人员全职就得给很高的报酬，起初我们也是这样设想的，但村民不愿意。因为，如果把超过20%的客房收入交给合作社，村民们就觉得太多了。照理说，合作社的工作对于农户有好处，交20%也不算多，但农民是非常理性的。合作社虽然有作用，但是这个作用并不具有"不可替代性"。因为，即使合作社不提供服务，农民自己接待客人也没有问题。合作社的确提供了方便，但不是提供了不可替代的服务。这也就是为什么在很多时候，农民情愿把自己的农产品低价卖给老板的原因。因为，地里成熟的农产品，卖不掉就会烂在地里，而农民没有可替代的选择，他们没有市场销售的渠道。因此，很多地方的公路两侧都会看到类似仓库的大厂房，都挂着种植业或养殖业合作社的牌子。这些所谓的合作社大多是有市场渠道的老板在收购农民的农产品。好一点的是公司或者合作社加农户模式，保证最低收购价。但一般的合作社基本就是一个收购点，收了产品，付现金，并不提供其他服务。合作社的管理人员也不愿意拿高薪，一旦村民知道合作社的年轻管理人员一个月拿很多的钱，村民就会把所有的事都推给他们，几个年轻人觉得他们自己根本就应付不了。

河边村合作社出现的问题是集体行动和搭便车的悖论问题。参与合作社管理工作的村民有自己的田地和客房，同时又有合作社的工作。他们自然倾向于选择两者兼顾。合作社的工作是"公共品"，每个人都会指望其他人多做，自己少做。这就是所谓的集体行动的外部性。我在云南其他地方的乡村也见过类似的合作社。有一个村，政府支持村里用扶贫资金成立了合作社，村干部既是理事长，又是总经理，还是农民，到头来，干部不干了。因为，村民反映干部拿的好处太多了，最后只能把合作社包给了一个老板，很有一点"公地悲剧"色彩。实际上乡村社会普遍存在着合作，但是乡村的合作都是基于生存的相互帮助和共同应对风险的合作。这样的合作收益是平均的、共享，每个成员的付出都会以不同的方式获得回报。而现代意义的合作社的合作则不同，基于市场的合作会涉及激励、分工和责任等，结果是有差异的收入，不是平均主义的共享。河边村合作社出现问题，主要原因是村民既是农民又是合作社工作人员，既想把客人和好处留给自己，又得在全村范围内公平分配客源。既想多干自己的活，又想在合作社拿工资，公和私的界面太多，矛盾也就多。我们这几年发起了一个"乡村CEO"的计划，就是希望像河边村这样的合作社，农民自己聘请外来的职业经理人，说白了就是外来的和尚好念经。但是在实践上发现，真正愿意到乡村来工作的人又太少了。要想让年轻人到村里工作，村里得有现代的业态，乡村要宜居，要有社会公共服务设施，没有这些，即便给高工资，也留不住年轻人。

河边村合作社遇到的问题也只是全国几十万个乡村合作社存在问题的一个侧面。实际上，我们现在讲的合作社，还是所谓的"专业合作社"，并不是类似于日本农协那样的综合性合作社。在自给自足的乡村共同体中，每个农户自给自足，有相互帮助的需要，但并无现代意义上合作的需求。然而，像河边村这样的乡村早已不是完全自给自足的乡村，他们的生活、生产和销售都与外部密切联系，在客观上有着强烈的合作需求。但是，现在大多数的合作社却没有条件满足农户的需求。

首先，农户面向市场的生产需要金融服务，但是农民没有自己的金融机构，现有的金融机构主要是服务工业化和城市。农民缺乏资本，日常生活和生产需要的资金往往额度不大，但需要能及时获得，最好没有抵押。一些金融机构如农信社或农商行等都有针对农民的贷款项目，也能解决一部分农民的信贷需求，如很多地方开展的是"全村授信"，但额度有限，授信期限与乡村生产和社会实际存在脱节，无法达到乡村需要的普惠性。很受农民欢迎的小额信贷和乡村金融创新，由于涉及金融法的制约得不到发展。即便农民把自己的钱存在农信社里，农信社也不会把钱都贷给农民。各种银行的贷款额度是中央银行控制的，不完全是由市场需求决定的。所有这些都导致了有利于农民的金融服务的供给不足。如果一个合作社不能为农户提供金融服务，合作社存在的意义就会大大下降。

其次，农户需要种子、化肥、技术和市场销售服务，政府和各种公司都在提供。也就是说农民需要的很多服务客观上存在着多元的供给。但同时，除专业有实力的公司以外，很多为农民提供服务的机构效率不高，且都有自身的利益，占有着资源，这在很大程度上削弱了农民自己的合作社获取资源的可及性。面向农民的社会服务呈现碎片化，而农民合作社又缺乏能力在制度上整合资源的供给，导致了大多数乡村的合作社"活而不旺"。

最后,农户生产的规模和专业化程度也是农民合作社发展受阻的重要原因。规模越大,专业化程度越高,所组成合作社的运行就越顺利。我在西南某地看到了一个村里的马铃薯生产专业合作社,虽然主要还是种植技术和市场销售的合作,但是由于每个农户种植面积大,而且都是种植马铃薯,对于技术的统一和市场服务的依赖程度高,农民愿意支付合作社提供服务的成本。更重要的是,政府和负责市场销售的公司都把各种服务交给了合作社负责,合作社的服务是综合性的。从这个意义上讲,发展专业化的家庭农场也会推动合作社的发展。

合作社被看作小农现代化的重要路径。但是在乡村搞合作社,却有诸多的困难。从实践上看,合作社发展的制度供给不足与农户规模不大、专业化程度低,合作社提供服务的替代性高,合作社普遍管理能力弱,是目前乡村合作社发展的三大困境。这也是小农现代化改造面临的实际问题。

何家岩村的"共富"如何搞?

2021年夏,腾讯为村发展实验室的陈晶晶约我去看看重庆酉阳的何家岩村。她说腾讯希望和酉阳县一起在这个村做点事,她希望我能帮助一下。 我这几年在云南做乡村实践,有点经验,也有很多的体会。感受最深的是做乡村建设是很难的,关键是很多时候都是吃力不讨好。说实话,当时我一想到重庆的武陵山区,就想到了那里曾经留给我的印象,山高路远,去一个村要走一天,所以很不想去。就这样一拖再拖,直拖到实在不好意思了,就去了一趟。

和我一起去的是腾讯公司的一批年轻人,都是高学历,受过很好教育的年轻人。他们很阳光,到了乡村欢快得直蹦跳。看着他们都像我自己的孩子,突然觉得和他们一起工作有乐趣。更重要的是,到了酉阳县发现这个县的自然景色和文化底蕴都太诱人了。走在何家岩的路上，突然感觉像到了新西兰，原来何家岩村就在菖蒲大草原的下面。站在山坡上观看大峡谷和万亩梯田，山下的何家岩村坐落在梯田之中。何家岩村是一个保留完整的土家族和苗族的村寨，有着一座座农家木楼，青石村道一直通到秋末金色的稻田。第一次去完全沉迷于何家岩村的自然景色，无从想象何家岩村如何"发展"。

经济生活是村庄社会的主要组成部分，产业则是村庄经济生活的核心，所以乡村振兴的第一个振兴就是产业。与全国特别是西南地区乡村经济发展模式一样，何家岩村过去几十年的发展主要是在工业化和城市化的驱动下，通过外出打工增加收入。打工收入至今仍然占到农户收入的30%以上。这几年，随着菖蒲旅游区发展的不断推进，何家岩村开始发展乡村旅游，部分农户来自民宿、餐饮和刺绣的收入开始上升。全村人均耕地只有3亩多，户均10亩地，户均水稻田只有7亩左右，即便种植优质水稻，按照每亩400公斤，每公斤8元来计算，每亩也只有毛收入3000多元。如果没有打工收入和转移支付，农户只靠一年两万多元的务农收入无法应付日常生活。因此，何家岩村发展的首要问题是产业如何兴旺。

乡村的产业兴旺不能脱离农业。在平原农区，如东北平原、华北平原，发展规模化的现代农业是这些地区乡村产业兴旺的核心。未来这些地方将会出现很多现代化的"家庭农场"，这将是农业现代化驱动的乡村振兴的模式。但是对于山区的小农而言，很难发展这种类型的现代化农业。因此，这些地区的乡村振兴需要考虑不同的发展模式。我认为这类乡村需要立足当地的资源禀赋发展"多元生计"体系，何家岩村在这个方面的条件相当优越。

何家岩村地处正在开发的菖蒲旅游区，各种旅游设施都在不断完善，发展旅游也潜力很大。何家岩村海拔1900多米，夏季天气凉爽，交通十分便捷，村内的基础设施也正在不断完善，更重要的是全村700多户，都陆陆续续建了大房，房屋空置率很高。同时，何家岩村地处菖蒲旅游区核心,是游客留宿观看大峡谷和万亩梯田的理想之地,加上村庄本身就是一个古村落文化景点,具备了发展乡村旅游的各种条件。按照菖蒲旅游区未来的规划估算,旅游区带来的客流量每天应该在1000人以上,如果按照一年中100天能维持这一客流量来计算,每年客流量将会达到10万人以上。如果全村700多户均改造成嵌入式民宿,每户两个房间,每个房间每晚200元,一年按照50天算,每户每年可以收入2万元。家里只要有妇女甚至身体健康的老人,就可以实现在家就业。村里一位农户,一个人打理家里的民宿,共8个房间,每间房1晚80—100元,一年收入高达10多万元。目前,何家岩村外地游客进村流量日益增加,夏季每天进村旅游的人数达200—300人。但是目前村内可以居住的民宿数量少,餐饮业态不够,更为重要的是村内住宿存在安全隐患,餐饮卫生不达标,村内公共服务设施落后。随着外来客人的增加,何家岩村妇女的刺绣产业开始形成,加入刺绣工作坊的妇女每年收入高达4万多元。何家岩村优质贡米每公斤能卖到50元。何家岩村发展农旅和文旅融合的基础已经具备。因此,从产业兴旺的角度讲,围绕着农旅和文旅融合产业,将城市动能带到何家岩村并将其转化为乡村振兴的动力,是何家岩村产业兴旺的关键。

产业发展有潜力并不意味着何家岩村能实现乡村振兴。虽然乡村振兴的第一个目标是产业兴旺,但是实际上乡村振兴最大的难点在于农民如何富裕,也就是我们现在说的共同富裕。我去了3次何家岩村,我和县里的领导、腾讯的项目组负责人说,何家岩村可以做一个"共富乡村"的实验。县里专门召开会议研究,决定县委书记亲自挂帅建设"何家岩共富乡村"。

城乡的收入差距,甚至乡村内部的收入差距都是乡村振兴过程中面临的挑战。我们一讲到缩小收入差距就会讲收入的再分配机制,这并不错,但是我们往往忽视了第一次分配环节的问题。一般来说,第一次分配环节是基于市场竞争的,产生了收入的差别,所以需要第二次和第三次的分配。但是，制度安排不当则会造成市场竞争不公平，产生收入差距过大。这是目前普遍存在的问题。我在村里遇到一位搞农业的小企业家，他利用政府的支持搞贡米加工，以每公斤4—8元的价格从农户手里收购，然后加工卖到1公斤40—50元。这个数据当然不一定准确，在保山的咖啡种植也是农户的产品出门价格只占到终端销售价格的不到10%。这几年农业产业发展很快，农民当然也受益了，但是，因为农户规模小，没有组织，缺乏市场联系和销售渠道，因此，在很多情况下只能搞"公司加农户"，结果是，价格好的时候，老板受益最多，价格不好，农民受损最多。何家岩村乡村旅游的潜力很大，很多人都到村里找商机，他们想租农民的房，改造成高端的民宿。农民没有钱，也不懂民宿经营，政府不可能帮助每一个农民解决问题，因此，很多乡村旅游的热点地区都是老板租房投资。这种方式当然很好，特别是对于那些家庭有固定收入，房屋闲置无人打理的农户来说是一个增加额外收入的选择。但是对于像何家岩村这样以小农户为主的乡村而言，如何培养以农户为主体经营乡村旅游，如何让乡村旅游成为有利于小农户的新业态则更有意义。农民就这点资源，让他们在第一次分配中多受点益，这样可以减轻第二次分配和第三次分配的压力。乡村发展中，无论是政府的支持还是市场的介入，都存在农民如何成为受益主体的问题。一旦农民无法成为自己的资源和产品的主要受益者，即使产业发展了，乡村也只是部分实现振兴。所以我提出在何家岩村搞一个"共富乡村"的实验。

无论实现共同富裕还是乡村振兴，都需要在国家现代化过程中逐渐实现，不可能说在一个村庄单独实现。但是，在一个乡村可以做一点实验。很多情况下，由于农民与外部资本之间存在不对称的信息和能力，以及微观机制的缺乏，政府的支持和农民的努力不仅很难成为农民和乡村积累财富的动力，反倒在很多情况下更有利于外部资本获得利益。所以，解决这个问题的关键主要还在于微观机制上如何将政府的支持和农民自身的努力转变成为乡村振兴的动力。何家岩村共富乡村实验的核心是确保农民成为自己资源和劳动的受益主体。实验的主要目标是探索在一个村庄如何把政府的支持和市场的动能转化为农民致富和乡村发展的动力，也就是说如何将这些资源整合在以农民为主导的机制之中。腾讯决定支持一笔发展资金并投入技术和人力，依托腾讯为村发展实验室与酉阳县政府的乡村振兴战略合作，联合中国农业大学国家乡村振兴研究院，由地方政府、高校和企业三方共同组织专班在酉阳展开工作。实验工作的主要内容是，在何家岩村选择一个核心示范区集中打造，主要包括：（一）打造嵌入农户、由农户经营的符合安全标准的不同价位的民宿，为其他农户建设民宿提供示范；（二）打造嵌入农户、由农户经营的符合卫生标准的餐饮；（三）建设农户和集体经营的公共商业业态，包括小型农旅田园综合体和会议综合体等；（四）打造"何家岩村品"，包括贡米价值链、文旅价值链，提升农民收入的复合度；（五）打造"何家岩智慧乡村"，通过数字化和智能化将资源、市场与乡村治理链接为一个系统，让农民直接了解市场，打破市场信息的垄断，实现赋权化发展；（六）建立农民主导的综合发展合作社，同步培养乡村职业经理人来管理合作社日常工作，弥补农户管理能力的缺失，确保合作社成为农民利益和集体经济利益的主体。按照初步的计划，何家岩共富乡村的工作将分为三个阶段：第一个阶段围绕着核心示范区，开展以农民为主体的业态打造和合作社机制的发育；第二个阶段开始在全村推广；第三个阶段进行总结完善，形成可以推广的经验。

为何要培养"乡村CEO"？

《广东省乡村振兴促进条例（草案）》日前提交广东省十三届人大常委会第三十七次会议审议，其中一条是拟规定农村集体经济组织可根据集体需要聘用职业经理人，并提供相应的福利待遇。这一条被认为是撬动农村集体经济转型发展的有力举措。2018年1月2日,《中共中央国务院关于实施乡村振兴战略的意见》就明确提出,加强农村专业人才队伍建设,需要"扶持培养一批农业职业经理人、经纪人、乡村工匠、文化能人、非遗传承人等"。2019年4月,国家人社部等三部门联合发布13个新职业。"农业职业经理人"作为同批次唯一的农业领域职业入选。浙江省近年来积极推进农业职业经理人的培养和使用。农业职业经理人被形象地称为"乡村CEO"。

2018年,我和同事在河边村组建了雨林瑶家合作社。当时的思路是,合作社是全体村民的集体经济组织,实际上就是农民通过客房入股的公司。这样一个经营现代业态的农民经济组织面临的一个问题是,谁来管理合作社?我和村民讲,在城里的各种各样的公司,都有老板。这些老板都是市场中的精明人,也就是我们所说的能人。但是,他们同样需要很多懂管理的职业经理人帮助他们管理公司日常的业务。在这些公司里有首席执行官、首席财务官、首席技术官。公司里的总经理或者首席执行官往往都叫作CEO。CEO的名称听起来"高大上",有一种现代的感觉,而我们在村里成立的合作社往往村干部既是董事长又是总经理。村里的干部既要做大量政府交办的事务,又要管理村里的各种村务,还要打理自己家里的生计,很难有精力真正投入合作社的经营业务。为什么河边村雨林瑶家合作社不可以聘用CEO来管理合作社的日常工作呢?所以我们在村里选了几位年轻人做雨林瑶家合作社的CEO、CFO和CTO,由合作社支付他们的工资。他们就像城里的职业经理人那样管理着合作社的各种日常业务。村里的年轻人做了这些工作,大大减轻了村干部的压力,填补了乡村经济合作组织缺乏经营管理能力的空白。当然这个过程并非一帆风顺,这些年轻人也需要长期的培训。

乡村长期以来是"被改造"的对象。在现代化的语境下,像中国这样一个曾经长期以"三农"为主体的国家,现代化的方向是工业化和城市化。工业化和城市化导致现代生产部门都集中在城市,而且相对于乡村，城市无论在收入、福利还是社会服务上都占有优势，这就造成了人才向城市的流动。与此同时，现代的教育体系无论从知识、技能还是价值观方面都是服务于现代化的。在现代部门都集中于城市的情况下，即使有能力的年轻人愿意留在乡村，也常常发挥不了作用，体现不出价值。因此，人才流向工业和城市也成为一个社会的价值导向——"有出息的人"一定是离开乡村的。这就导致了乡村成为人才的荒漠。

随着以工业化为导向的现代化的不断推进，城乡的关系也开始发生新的变化。一方面，尽管单纯从事农业生产的人口已经下降到了20%多，但是这一趋势还在继续。也就是说，中国的城市化仍然具有发展的空间。另一方面，在城市化的推动下，乡村的经济、社会文化价值开始回归。这主要是由于城市的过度发展所导致的"城市病"的不断出现以及乡村的社会稀缺性的出现。因此，推动现代化的战略正在由主要依靠工业化和城市化转向新型城镇化。而在这样一个新的语境下提出的乡村振兴与新型城镇化的战略共同构成了中国城乡关系的新特征。这一新的战略也正在形塑新的转型战略。

乡村振兴与新型城镇化共同推动乡村成为一个新的社会经济空间。乡村旅游、文旅产业、养老休闲等新的业态正在成为驱动新型城镇化和乡村振兴的新动能。不断出现的乡村新产业开始提升乡村资源的价值。同时，回归乡村所呈现出的社会价值也在带动一批人回乡、到乡创业和生活。在新条件下，乡村人才缺乏的问题日益凸显。

可以说在乡村人才向外流动的长期影响下，乡村人才缺乏的问题是全方位的。乡村缺乏基层治理的人才，很多地方村"两委"换届，选拔村里合格的干部都常常出现困难。在这样的情况下，国家通过相应的组织机制选派"第一书记"，选派和鼓励大学毕业生到乡村服务。这些措施在很大程度上缓解了村"两委"干部人力资源短缺的问题。乡村同样缺乏致富的带头人，"有头脑的聪明人"都出村创业了。客观地讲，真正能够致富的能人，本身在社会中就是稀缺资源。

当人才大多都流向城市以后，能够在乡村致富的带头人就更少了。国家制订的农村致富带头人计划，培养了一大批在农村从事产业开发、带动共同富裕的致富带头人。我在西南某地的一个村庄遇到一位种植业的大户，他把农民的土地流转起来，成立了合作社。他过去就是一个搞农产品收购的能人。但是，就全国范围来讲，这样的人并不多，而且能人有些时候是很难"培养"的。村庄里的村民大多数缺乏市场渠道，也没有自己的组织，因此他们面对市场经营的能力不足，在价值链的分配中处于劣势。农民对于他们自己的劣势是了解的，所以很多地方都组织了合作社。但是没有能人的带头，这些由普通村民组织起来的合作社，运转是相当困难的。也就是说，乡村里还缺乏能够经营乡村资产的经营人才。一个村庄的村民组织起来，由政府给予支持，发展成为一个乡村旅游企业。如果这样一个企业能够聘用到职业的经营人才，那么即便没有带头人，由普通农民组织起来的合作经济组织同样也是可以发展起来的。从某种意义上讲，面向乡村的职业经营人才的缺乏是乡村人才问题的一个重要方面。与乡村致富带头人不同的是，这些职业经理人主要的工作是乡村的经营管理，比如联系各种市场渠道，进行财务管理，做电商、网上销售等。这些技能是可以培养的。也就是说，像在城市里发展起来的企业一样，乡村的振兴同样需要一大批高素质的职业经理人来负责运营。这也是中央的政策、很多地方的实践都开始重视乡村职业经理人的重要原因。

我和我的团队在昆明开展都市驱动型乡村振兴实验，在安宁雁塔村成立了安宁花巷文化旅游发展有限公司。这是一个主要经营集体资产的公司。按照实验的计划聘用了一位大学毕业生赵全康为"乡村CEO"，同时作为村委会主任助理。赵全康又聘用了几位年轻人，组建了一个管理团队，经营村里的咖啡店，并策划发起各种各样的农旅项目。在他的管理下，国庆假日期间，雁塔村第一天的人流量达到了9000多人，整个假期公司的收入达到20多万元。当然，赵全康的工作也是在街道和村干部的大力支持下开展的。实际上，"乡村CEO"

并非有了就能马上发挥作用。乡村的经营非常复杂，在很多情况下对这些职业性的经营人才的要求更高。因为他们面对两个社会：一个是现代的市场社会，另一个是复杂的乡村社会。我们的学校缺乏针对这样的目标进行人才培养的机制。所以，"乡村CEO"在村里工作往往会遇到更多的困难，产生很大的失落感。

2021年11月26日，中国农业大学国家乡村振兴研究院与腾讯为村发展实验室共同发起了"乡村CEO"培养计划。这一计划聚焦乡村职业经营管理人才匮乏的短板，基于我们过去在云南展开实验的经验，尝试性地展开"乡村CEO"的培养。这一计划不可能满足乡村对职业经理人的需要，它更大程度上是一个实验，希望通过三年的实验来摸索乡村职业经理人的培养机制。这一计划将围绕着"培养什么样的乡村职业经理人，这些职业经理人将如何在乡村合作社、农民的经济组织以及乡村的公共事务管理中发挥作用"这些问题，同时也探索高等教育如何更好地聚焦乡村职业经理人的培养。这一计划主要瞄准大学毕业后从事乡村经营性工作的人才，特别是那些在乡村各种组织中有工作经验的和在职的年轻人。

乡村职业经理人的培养只是解决乡村人才缺乏问题的一个方面。乡村人才的缺乏需要在城乡融合的新背景之下与乡村治理人才、乡村致富带头人培养等不同方面的工作联动展开。乡村职业经理人的成长还需要乡村产业兴旺、治理有效、宜居宜业的条件以及涉及职称、社会保障等社会公共服务不断均等化的政策环境。

乡村需要自己的CEO

这一年多来我在昆明做乡村振兴的实践工作，困惑很多，总是找不到工作的突破口。我也同时到其他乡村振兴工作做得好的村去学习，发现我看过的振兴了的村庄实际上都是外部资本带动的结果。纵向对比来看，农民的生活、村庄的面貌都有了很大的提升：很多这样的村庄农民上楼了，公司每年会给村集体交一笔钱作为土地、农房流转的收入。村里的负责人很自豪地告诉我，村里的农民都在公司里就业了。老板也很自豪，觉得自己扶了贫，为乡村振兴做了贡献。这些的确是客观的现实，也是乡村振兴的一种模式。但是，仔细想想，农民从原来种地的人变成了景区的卫生管理员。横向对比来看，农民和集体获得的收入与外部资本获得的收入差异巨大，这其实也恰恰是乡村现代化改造过程中的某种无奈。政府做了大规模的基本建设投资，外部的资本只做了一部分的投资，就将农村的资源以及政府的投资转变成了自己获取高额利润的资产。这其中的奥秘究竟在哪里？

其实原因很简单，公司有能力雇用专业团队来进行市场运营，乡村则没有这样的能力来把自己已有的资源以及政府的投入转变成自己能够盈利的资产。所以，我这几年花了很大的力量在云南的乡村实验我的"乡村CEO"计划。

我们讲到乡村的人才，总会涉及如何吸引外面的人来乡村，如何把乡村的人才留住。其实，这样的说法多半是空话。我们仔细想想，在过去几十年中，凡是一个整体的村庄发生巨大变化，实际上都离不开一个"人"字。这样的村庄在中国有很多，如浙江何斯路村，我在此不一一列举。这应该算是中国乡村振兴的一种模式，但是，不是所有的村庄都能有何斯路村的何书记这样的人。因此，还是需要探索一个能够学习复制的模式。我在昆明宜良县麦地冲村乡村振兴实验中采用的做法是，县政府在实验区的框架下建立一个乡村振兴人才基金，同时在麦地冲村建立一个青年人能够就业的平台——麦地彩居有限公司。这个公司是村集体合作经济组织与农民共同参股的股份有限公司，用于经营和管理村里各种营利性的活动，公司聘用在村里成长起来的3名年轻人为CEO、CFO和CTO，对他们进行培训，聘用期间完全采取城市现代企业的薪资和规范，通过这样一种形式来展开"乡村CEO"计划的实验工作。

乡村需要很多方面的人才，但是我以为，乡村最缺乏的是能带头的能人。在没有带头能人的情况下，乡村最缺乏的是能够经营乡村的经营性人才。农民以股份公司或合作社的形式将自己的资产盘活起来，在这种情况下，农民可以当老板，雇用专业的团队来展开经营活动。这是乡村在缺乏带头人的条件下探索乡村振兴人才"瓶颈"问题的突破口。在实践中，我主张给这些"乡村CEO"较高的收入，但是大家会觉得比村里人的收入高一些就可以了。在很多人的概念里，乡村的乡土人才的收入不应该高于小云教授团队的老师。我以为，这恰恰也是乡村缺乏人才的重要原因。我们回顾近百年来的现代化过程，乡村人的梦想和乡村人的价值就是能够走出乡村。乡村家族们最引以为傲的事就是自己的孩子能够走出乡村，在大城市落地生根、当官发财。乡村从来就不是就业的地方，乡村更不是能获得高薪的地方。在云南的某个地方，外部的企业带着资本和技术，将两万多亩农民的山地流转起来，每年的收入达到上千万元。那么为什么我们不能够把这些地集中流转到一个农民合作社，让这个合作社通过高薪同样聘用专业的人才，让村民实现每年上千万元的集体收入呢？我知道我这样的想法有些天真，因为无论是股份公司还是农民合作社，都只是一个集体经济组织，仍然存在真正的所有权和激励缺失的情况。但是，至少我们可以进行探索。

我在云南晋宁的福安村发现，村书记是一个能人，他在外面经营物业和餐饮。我们在福安村要做一个高端的农旅产业开发，完全符合他的个人经验。仅仅让他从村干部的角度来工作他也会很乐意，但是我不太相信他会比经营自己的公司更上心。所以，我觉得要想一个办法，让他能够变成福安村新产业直接的经营者。我跟村干部说，他发了财，他的家在村里，他的社会关系都在村里，中国人讲家国情怀，他会真正反哺村庄；如果像我这样的村外人来投资，在村里获取利润后估计就拿着钱走人了。云南富民县石桥村的村主任也是一个能人，所以我就很少到那个村去指导工作。我希望他能把所有的到村项目整合起来，变成他有股份的集体公司的工作。

我在昆明六个区县的六个村里正在开展的乡村振兴的实验工作，主要是探索如何把乡村的那点好处留给乡村的农民。在实验中，我强调农民作为受益主体并不是我想排斥外部资本的介入，我特别欢迎外部资本的介入，但是我希望农民的资源、政府投入形成的资产，能够变成农民与外部资本进行谈判的筹码，这恰恰在很多情况下是被忽视的部分。我希望在重视乡村的过程中让农民能够享受到更多的好处，并不意味着我持有乡村主义的立场。我个人并不认为大家回到乡村就业就能获得高收入，当然我也不是以城市方案解决乡村问题的绝对的城市主义者。我是主张在城市化和工业化的推动下城乡融合发展的城乡主义者。我希望乡村就业的业态更加接近现代的业态，乡村就业的收入水平更加接近城市的水平，乡村也更加具有城市的特色。城市和乡村不应该对立起来，而应该成为互嵌的融合体。

"乡村CEO"的尴尬

2017年，我在河边村建设"瑶族妈妈的客房"的过程中就开始思考，河边村这样一个瑶族聚居的村庄，将来要搞自然教育、高端休闲旅游、小型会议，发育这些新的业态，分散的农户是无法经营的。所以，我开始考虑先建一个能够集中进行经营的经营主体。2018年开始筹建雨林瑶家合作社，当时和村民开会讨论确定了所有的客房都由合作社经营的基本原则，合作社从中提取10%作为管理费，村民都十分赞同，雨林瑶家合作社就此成立起来。有了组织的形式，就必然会涉及谁来经营。当时的思路是，年轻人都追求城市生活，主要原因是在城市里他们可以从事现代化的业态，即使在工厂里打工，他们的文化符号也是现代的。在乡村就等同于种地，种地就等同于受苦、收入低，所以年轻人不愿意回到乡村。基于这样一个简单的假设,我们努力将雨林瑶家打造成一个与城市就业具有同样文化符号的新业态。我们在村里修建了具有现代感的雨林瑶家办公室,配备了与城市酒店相同的计算机管理系统、财务系统和各种会议设施等,希望在乡村植入一个现代化的业态。我们把村里在外打过工的几个年轻人组织起来,由村干部支持他们,让他们变成雨林瑶家的CEO、CFO、CTO,并对他们进行了长期的培训,为他们定制了工作服装,希望提升他们的就业现代感。外来的客人都称赞,在这样一个贫困的村庄里,看到现代的业态和管理,周围的村庄都到河边村来学习和参观。这些的的确确吸引了几个年轻人到村里扎根,就业。河边村自2019年到现在,在几位年轻人的努力下,正在发生很大的变化。从实践的角度看,不仅将新的业态植入到乡村是有效的,而且打造和提升这一业态的现代感对于吸引年轻人更为重要。基于这样的经验,我们将"乡村CEO"推广到我们在昆明的其他村庄,推广到我们在临沧的村里。但是,在实践中,"乡村CEO"如何更有效地发挥作用,还在不断的探索中。在很多情况下,"乡村CEO"的工作困难重重,他们为什么不能够有效地发挥作用?

第一,即使像河边村已经建设得非常好,而且在河边村植入了一个比较现代的新的业态,年轻人的就业现代感也很高,但是乡村的生活环境依然不能够吸引年轻人安心就业。无论是在河边村,还是在麦地冲村,都是如此。追求城市生活和现代生活并不仅仅是就业与收入的问题。我们给年轻人算过一笔账,在外打工每个月也就挣三四千块钱,吃住刨去,所剩无几,在村里工作与这个收入相差不大。但说实话,仅仅从收入角度讲,还不足以让青年农民,尤其是高素质的青年农民留在村里。我以前说,村庄建好了,居住的条件好了,大家就愿意留在乡村。但事实上,河边村这几年也有青年女孩出去读书,但是没有一个留在村里,都嫁出去了。河边村建好了,收入提升了,外面的人来得多了,但是我的那些光棍青年朋友还没有一个找到对象。我经常私下反思,把这种浪漫主义的想象带到乡村里,是否不切实际呢？很多人其实都觉得，我带着一帮人在乡村胡搞，他们对我这些工作不屑一顾的态度并非全无道理。但是我和我的团队就是想实践一下，乡村这个人才的荒漠如何能长出一点绿苗。年轻人能留在乡村，实际上取决于一个大的环境，仅仅在乡村植入一个现代的产业，把这个乡村建得很好，的确也能够吸引年轻人留下，但是这样一个建设好的乡村和产业，就像一个现代化的孤岛，它与城市的联系还是断开的。年轻人在这个乡村里无法享受到他们期望的现代生活，比如他们也希望穿上与城里年轻人一样的装束去逛街，去歌厅酒吧，去看电影，去公园，这些却是乡村无法提供的。乡村的人才缺乏的确不是一个可以在微观上解决的问题。

第二，在乡村创业其实远比在城市难。城市是一个现代的商业社会，在这样一个商业社会中，无论进工厂还是进商店，进机关，都已经形成了相应的规范，形成了一套适应于就业的体制和系统。一个年轻人只要具备相应的文化素质，通过这样一个体制的培训，即可融入其中。而在乡村，并不是一个现代商业文化和市场体制构建的社会，乡村只是一个适应于家庭农业生产，用家庭劳动力进行简单的农业生产的乡土社会。年轻人在乡村创业无法得到相应的培训，没有市场网络的支持，也没有现成的信息服务体系，更缺乏一个个体相互关联的能提供心理支撑的社会网络。所以，年轻人在乡村创业显得非常孤立，不但创业很难展开，而且展开后很难持续。河边村的"乡村CEO"之所以能够支撑到现在，主要依靠我们团队长期不断的支持。原国务院扶贫办主任刘永富同志在考察了河边村后，对河边村的"乡村CEO"印象深刻。但他敏锐地告诉我："小云教授，你不能离开，你们团队离开后，这个事情是搞不成的。"麦地冲村CEO的工作也存在同样的情况。如果没有我们的支持，这些"乡村CEO"就会觉得非常孤立，而我们所提供的支持也恰恰是在城市很多公司和机构所能提供的最基本的支持。所以我一直在讲，市场本身是一个社会，一种文化，乡村不能说没有这样的文化要素，但总体来讲，乡村的文化不是现代的市场文化。一个年轻人到城市打工,他就会遇到很多在企业机构里工作的年轻人,相互之间就会形成信息分享的网络,他们之间的交流就会形成心理的支撑网络。而乡村里几个年轻人按照现代市场的企业模式来创业,他们是孤立无援的。所以我们希望把像旅悦集团这样的企业引入到河边村、麦地冲村,希望通过它们来为这些"乡村CEO"提供真正意义上的现代市场的社会网络支持。是否可行,还要看下一步的实践。

第三,每次我到村里,河边村的几个CEO就会说不想干了。他们比过去穿得好了,见的世面多了,也经常到外面开会培训,挣的也比过去多了,反而不想干了。他们说,干这个事儿,太伤神了。我们团队的曾艳在九乡麦地冲村花了大量的时间,帮助麦地彩居的几个青年CEO展开工作。我去麦地冲村工作的时间不多,曾艳经常告诉我,某某与某某吵起来了。河边村的CEO和麦地冲村的CEO都是村里人,他们首先面对的是管他们的村干部。这些村干部或者是他们的长辈,或者长期是他们的领导。这些青年CEO的想法与村干部的想法不一样,村干部要在很多事情上面说了算,青年人拉不开这个脸反对。我在村里开会明确告诉河边村的村干部,要让雨林瑶家合作社几个CEO放开干,村干部不要干预。但事实上,是做不到的。谁会远离能看到利益的权力呢?这些CEO还要和村民打交道,让他们拆猪圈、打扫卫生、开会等,也遇到不少困难,所以河边村CEO经常告诉我:"李老师,村民不配合啊,不想干了。"麦地冲村CEO也频繁与村里发生不愉快的事。我们在培养"乡村CEO"的过程中,遭遇到了乡土社会的社会关系的困扰。乡土社会的社会关系不是按照利益和契约来建构的,乡村社会不是一个企业,这些村里的年轻人无法将社会关系置身事外,他们没有办法摆脱亲属、家族和村里各种关系的困扰。看看全国其他村庄,但凡搞得好的,几乎就是一个家族型的企业,一个家族把全村变成了一个企业,农户都变成了这个企业的工人。如山东烟台的南山集团,南山集团其实就是一个南山村。或者,像大多数村庄一样，一盘散沙。所以我在很多时候讲，乡村振兴本质上是一个现代化的问题。日本、欧洲的乡村里，每个农户都是一个企业，相互之间形成一个基于契约的合作社，不同村庄都是在一个大的合作社企业下的自负盈亏的家庭企业，这就是所谓的小农现代化。我们的乡村不是这样一个企业，年轻人在自己的村庄里担任CEO，处处遭遇尴尬，作用很难发挥，在各种社会关系的约束下，信心经常受挫。我每次到村里都给这些年轻人打气，但说实话，我不是村里人，很难理解他们的苦衷。

第四，其实，我也早就意识到青年CEO在熟人圈里搞管理的难处，开始实验从外部招聘青年人的想法。我们在安宁的雁塔村和晋宁的福安村，都从外部招聘了"乡村CEO"。这几个CEO都不是农村人，都受过大学和研究生的教育。他们家住在离村不远的地方，开车到村里上班。我们给他们提供了比较好的待遇。这些青年人到村里来，的确没有像其他村里的那些CEO受到社会关系方面的制约，所以他们的工作显得相对轻松和自如。我每次到雁塔村和福安村，都会看到这些CEO在发挥作用。我经常收到他们的私人信息，给我讲述他们的设想，我备受鼓舞，也看到了通过这种机制吸引青年人到乡村创业的希望。前不久，福安的"乡村CEO"给了我一份他按照我上次的讲课内容所形成的一套经营思路，我感觉非常符合实际。他们的技能与乡村社会的需求对接了起来，但是我同时也了解到，外来的CEO在乡村其实也很难发挥作用。我们虽然在这些村子里成立了相应的经营性公司，但实际上这些公司都还是村里的干部在做决策。这些CEO实际上很大程度上变成村干部日常工作的助理。他们既不是村党支部的成员，也不是村委会的成员，所以如何充分发挥外来"乡村CEO"的作用，也是我们解决乡村人才问题的一个重要实验点。我们现在主要的机制是向乡村派第一书记和驻村工作队，这对于解决乡村人才不足的问题发挥了非常重要的作用。但问题是，实际上乡村真正需要的人才恰恰是那些能够经营乡村的专业型人才。在实践中，培养一批以经营乡村为主的职业化人才特别重要。乡村不缺支部书记，派第一书记驻村，总还是要回去，不可能永远在乡村里工作，驻村工作队也是轮换，都无法将经营乡村、管理乡村作为职业。除非对驻村第一书记和驻村工作队进行专门的职业训练，让他们在乡村工作至少五年以上。

上述都是我们在实践中遇到的问题，也是解决乡村人才问题的难点。要解决乡村人才不足的问题，不是简单地动员很多年轻人到乡村去。如果在乡村没有找到合适的职业，不学会如何经营乡村，没有足够的个人激励，到乡村去的人多了，反而是麻烦和负担。

"稻香小镇"里的"乡村CEO"

2017年，当河边村的建设有了雏形，我们开始介绍一些能给村里带来收入的活动时，就意识到了建成以后谁来负责运营的问题。我和"小云助贫"的张萍以及学校的同事宋海燕、董强，每天都忙着代替村民完成这些工作。显然我们不可能永远代替他们做这些工作，但是当时在村里好像又找不到合适的人。想让村里人把他们的资源优势发挥出来，能在市场中赚到钱时，村民的智力短板开始显现出来。我国很长一段时间都在推进城市化和工业化，人才都流向了城市和工业，乡村很难找到受过教育的优秀管理人才。在这种情况下，很多地方普遍采用了"公司加农户"的形式。为了把产业搞上去，政府也是大力支持公司带动农户发展，这就是我讲的"外借管理"的机制。这种机制的好处是，直接可以利用现有的管理资源，但负面的作用是引入外部资源，很容易造成农民利益的流失。农民增收本来就不容易，再受到盘剥，城乡收入差距缩小就会变得越来越难。因此，在农民经营自己资源本来收益就不高的情况下，如何能把利益留在乡村，实际是乡村产业兴旺中的一个重点问题。基于河边村当时的情况，我们找了几位在外打工、上过高中的年轻人,把他们组织起来,希望把他们培养成为"乡村CEO"。这个想法有一些"浪漫",因为乡村的现实是留不住人,在乡村工作非常困难,尤其是村里的年轻人回村里工作,面对的都是自己的长辈和亲戚,实际运行困难很大。但是乡村管理人才这个短板总是需要解决的,我们把这样一个想法又推广到了云南的其他村庄。前不久,晋宁的干部告诉我们,说福安村招聘的CEO经过一年的工作,现在看来太管用了,他们帮着做了很多村里做不了的事情,比如村庄的宣传、资产盘活、组织运营等,而且他们又能协助乡镇的干部在乡村管理上发挥作用。其实雁塔村的赵全康是我们推动"乡村CEO"培养的一个成功案例,他自己创立了一个团队,把雁塔村的活动搞得红红火火。这些年轻的"乡村CEO"有一个重要特点,就是能把现代都市的理念、风格带到乡村,让乡村有了黏合城里人的融合要素。而像赵全康这样的年轻人,又是从村里出去的大学生,他了解村里的各种情况,虽然他也有河边村CEO那样面对长辈和亲戚的各种问题,但毕竟他是受过高等教育的人,是村民眼中的能人,也是村里的希望,所以很好地发挥了自己的优势。

如何吸引职业经理人才到乡村,不同于鼓励人才到乡村创业,余杭区的实践也为我们提供了很多有意义的经验。2020年余杭区农业农村局发布公告,向全国招募农村经营管理人才。毕业于浙江大学动物科学与农业技术推广专业,且具有10年农业企业就职经历的刘松,通过面试和考核成了余杭街道永安村第一位"乡村CEO"。永安村是一个拥有3000多人口、5000多亩耕地的平原村落,具有世代种粮的传统。受永久性基本农田保护区和非常滞泄洪区的双重制约,永安村集体经济发展较为缓慢,成为余杭区的"经济薄弱村",2017年村集体收入仅28.5万元。2018年,永安稻米荣获"浙江好稻米金奖",余杭街道抓住机遇,提出以永安村为首期启动区块,联合周围8个自然村,共同打造"稻香小镇"。但"稻香小镇"的发展很快遇到了一个难题——稻田产出的优质大米迟迟卖不出去,村干部很是着急,而刘松的到来为永安村带来新的希望。

为了突破困境,在摸透"稻香小镇"的情况后,刘松认为数字农业是"稻香小镇"实现从传统农业向现代农业发展转型的关键。他提出要对"稻香小镇"进行数字化改革,跳出原先水稻生产基地的单一功能,实现数字化全产业链发展。因此,在永安村全村899户、5000多亩农田通过村级统一集中流转的基础上,村集体按照高标准建设农田后分包给7位专业大户实行规模化、机械化种植,面积最少的大户耕种500亩,最多的大户种植了1000多亩,这一举措大大提高了生产效率。在这一过程中,刘松充分利用自己积累的市场资源以及院校资源,与浙江大学、阿里巴巴集团、浙江谷绿农业科技有限公司、浙江省中青旅等16家单位、企业实现战略合作,为智慧种稻提供技术支持。基于智慧农业的全程信息管理技术,团队推出了"认养田"的新销售模式,将核心区块1000亩土地发展成以10亩为1个单元的认养田块,按照8万元/年的价格提前一年向企业和个人开放认养,在微信小程序上就能实现"云种田",这一模式在提高种植收益的同时也减少了市场风险。在智慧种稻的同时,刘松还推出"永安大米"品牌,同时拓展大米加工、打造米酒等大米加工衍生品,提升附加值,放在网上销售,实现农产品和数字经济的跨界融合,解决了卖货难的问题。

除了田地,刘松还将闲置房屋"变废为宝"。在摸排了闲置农房、宅基地等情况后,刘松梳理了收储方案,将普通的农居房打造成集民宿和咖啡厅于一体的"共享小院",将脏乱差的猪圈和牛棚翻新成了酿酒工坊和产品展示厅。永安村的新变化让充满好奇的游客从四面八方集聚到小镇,刘松顺势策划了开春节、油菜花节等主题活动与研学游,把游客留下来,通过休闲农业增加了村民和集体的收入。刘松到永安村不到两年的时间里,永安村运营公司营业收入从2019年的120万元提高到了2021年的2250万元,村集体经营性收入从73万元提高到了315万元,村民人均收入从42322元提高到了56920元。

刘松的成功案例说明，吸引职业经理人才到乡村，补齐乡村在管理方面的短板，是非常复杂的。首先，乡村不是一个专业化的企业。一个专业化的现代企业，从生产到市场是程序化的、线性的，根据这样一个产业链形成对不同技能的要求，从而进行劳动分工的配置。产业链上的每一个人都有具体的分工和任务，经过培训即可上岗，即便是职业经理人才，也可以实现专业化的分块管理。相对乡村管理而言，这是比较简单的。我曾经开玩笑说，在乡村当CEO比在腾讯当经理还要难。现代企业是基于劳动分工和现代伦理，一旦有了相应的工资，就会产生绩效激励，而产业链上的工人实际上是进行自我管理。在乡村工作则有很大不同，刘松要面对的农户，既不是消费者，也不是老板，他们除了耕种，对技术创新以及如何打造出品牌走到市场都一无所知。刘松动用了他积累的各类资源以及过去的经验，最终将每亩稻米的收益从2000元提高到6000元。从某种程度上看，刘松的成功是一个个体化的案例，很难推广、复制到其他村庄，这也是我们在培养"乡村CEO"过程中很大的困惑。我们和腾讯共同发起了"中国农大–腾讯为村乡村CEO计划"，腾讯的同事希望我们出一个标准化、程序化的教案，但是"乡村CEO"没有办法按照教案来培养，我们更多强调个性化学习、案例学习、现场实习、交流指导。从这个意义上说，刘松是"乡村CEO"最好的导师。

推动乡村振兴，经营乡村资源，不是一个纯粹的市场活动。农户缺乏管理经验，他们组建的合作社和公司，从组织到进入市场都是非常脆弱的，大多数村庄的集体经济也几乎都没有钱。像这样的村庄，虽然有资源也有潜力，但是让他们用高薪聘用像刘松这样的职业经理人，难度还是很大的。尤其是任何一个职业经理人都不可能保证在很短的时间里为乡村带来巨大的收益，当然刘松是一个例外。永安村过去有基础，政府已经做了大量的工作，所以刘松可以在不到两年的时间里发挥巨大的作用。但是在宜良麦地冲村，一切都是从零开始，那里的"乡村CEO"步履艰难，如果没有政府给"乡村CEO"提供工资和基本社会保障的支持，年轻人是干不下去的。所以我在很多地方说，投资乡村不要仅仅盯着投资基础设施，搞太多的产业发展项目，也要投资"人"。很多地方政府在一个村里投了几千万，但不愿意每年拿出三四十万来支持职业经理人，最后还是没有人经营，没法发展起来。余杭区为刘松提供的支持是很有远见也非常有效的。余杭区的实践为解决乡村管理人才不足的短板提供了一个很好的借鉴。

我的学生给我讲刘松的案例，我听了后非常兴奋。刘松的案例的确实现了我这几年一直想要实现的目标。我相信乡村的资源有很高的潜在价值，但是如何实现这一价值，确实是很难的一件事。刘松在土地流转的基础上，将5000亩稻田打造成了一个集合智慧农业又实现三产融合的田园综合体，实现传统农业向现代农业的转型。因为像浙江这样的地方，劳动力成本是非常高的，如果没有能够替代劳动力、提高效率的技术，农民是不愿意发展农业的。全国这样的村庄可能有很多，要突破这样的难题，就需要有基础技术的提升。刘松是浙江大学动物科学与农业技术推广专业的，他不可能懂所有农业技术，但他有相应的资源和广泛的社会关系网络，他可以找他的老师、同学和高校、企业，这样就能实现资源的有效整合。

刘松的成功经验和我们在云南几个村里不同类型的"乡村CEO"的实践，给我们培养"乡村CEO"这一浪漫的想法很大的鼓励。腾讯的朋友和我讨论了腾讯如何助推乡村振兴，我说腾讯是一个成功的世界知名企业，有着丰富的管理经验、技术优势和人才优势，我们可以搞一个培养乡村职业经理人的计划。就这样，腾讯和中国农业大学共同发起了"乡村CEO"培养计划。我们希望通过三年的培养，能够形成系统的乡村职业经理人的培养方案，能够探索出如何在现有教育体制之外，通过实践教学和行动学习，培养出一批能在全国乡村发挥作用的职业经理人才。

第七章 他山之石

所有发展中国家几乎都存在所谓的乡村问题。从内涵和本质的角度讲，乡村问题的核心是农民问题和农业问题，而两者又都是现代化的衍生问题。由于现代化的过程出现了城市化和工业化，继而出现了"传统"和"现代"的二元性，从而有了盖尔纳讲的"转型"，也就是传统的前工业化社会向工业化社会的转型。在这个过程中出现了城乡的差别，乡村问题由此而生。所以，我在很多地方讲，中国的乡村问题实质上是一个现代化的问题。

19世纪中叶，现代化问题进入中国，传统向现代的转型开始进入中国政治经济和社会生活的实践中。对于中国这样的后发性国家而言，由于存在原发性现代化国家的经验，无形中有了一个样板，所以在不同时期出现了学习东洋、学习苏联、赶超英美、和国际接轨等学习型的现代化实践。这一格局导致了在面对如何转型的问题时，我们很难遵循"自发"的机制。为了尽可能与前面的现代化样板相一致，不断通过制定国家发展战略的政策形式来驱动发展。这是包括中国在内的东亚国家和地区普遍采用的发展机制。日本明治维新后所采取的一系列政策、印度独立以后的政策、韩国战后的经济发展政策以及中国的现代化实践等都属于不同阶段赶超原发性现代化国家的典型案例。

乡村是赶超型现代化实践的"问题堆积地"。现代化的核心是工业化。工业化涉及资本、原材料和劳动力的投入，这些要素都离不开乡村，于是就出现了要素在城乡之间的流动。工业化需要一系列的服务体系，如培训、金融、贸易等，从而衍生出了现代的服务业，并继而推动了传统城镇向现代化城市的发展。工业部门和城市部门的发展提升了劳动的价值，带动了社会福利的发展，从而导致了福利和工资在城乡之间的差异。所以我们讲的乡村问题恰恰是按照现代城市标准衡量的福利的差别。为了缩小这一差别，就出现了各种各样的政策干预。与其他发达国家相比，印度和中国这样的国家的农业和乡村发展的政策体系是相当复杂的。我的一位朋友，著名的农业经济学家汉斯·宾斯旺格，长期在世界银行工作，是印度和非洲农业方面的权威。我向他讨教印度的农业政策，实话说讨论了很多次，我都没搞明白。他自己说，他有时候也不大明白。日本的情况也有些相似。我和同事在日本访问，日本农林省的政策专家给我们介绍了一天，我们听得云山雾罩。复杂的政策体系恰恰说明农业转型和乡村发展的复杂性和追求现代化的艰巨性。

2011年，我在伦敦一家书店买了剑桥大学出版社出版的伊萨贝拉·塔考克（Isabelle Tsakok）的新书《成功的农业转型：相关的含义和发生的条件》(*Success in Agricultural Transformation: What It Means and What Makes It Happen*)。以后几年，我都将此书作为博士生的阅读书目。这本书的理论探讨并不很深，但是对于政策和实践来说，参考意义很大。

伊萨贝拉·塔考克出生在毛里求斯的一个客家华人家庭。或许是毛里求斯的多元文化、多元种族和多种语言的社会环境影响了她的国际比较的视角。伊萨贝拉·塔考克在伦敦经济政治学院读完本科和硕士，在哈佛大学取得经济学博士学位，后长期在世界银行从事农业和农村发展的政策和实践研究。她的研究和实践跨越了几乎所有的发展中国家。2001年，她从世界银行退休，开始写这本书。写这本书的动力来自她在世界银行工作的一个长期的困惑，即为什么世界银行支持小农户农业发展的措施往往是失败的？为什么各种发展农业和减少贫困的支持建议往往都不起作用？正是出于这样的激励，她以英国、美国、日本、加拿大、澳大利亚、新西兰以及爱尔兰、葡萄牙、韩国、印度、印度尼西亚、马来西亚、突尼斯、巴西、智利，以及中国大陆和台湾为案例，以这些国家和地区农业发展的历史为线索，系统比较了这些国家和地区农业发展的历程和经验。基于这样系统广泛的比较，她提出了成功的农业转型的基本条件和机制。我不能说，她的书完全回答了她提出的问题，但我认为这本书对于我们从世界范围理解农业如何发展、农业的发展与工业化的关系以及我们现在关注的乡村振兴的问题，都具有很重要的参考价值。

我在本章选取了英国、美国、日本和印度的案例，原因是英国是原发性的现代化国家，美国是一个特殊的现代化国家，日本是后发性的成功现代化国家，印度是一个还在现代化路上的国家。这些国家的农业和乡村问题都各有特点，而且我自己对于这些国家都有一定的实地考察的经历，有一些来自实地的认识。在介绍这些国家的农业和乡村发展的经验时，我主要参考了塔考克这本书里的一些基本数据和她的一些观点。

如何认识农业和乡村的发展？

最近几年，像我这样一个坚持自己是现代化的发展主义者的人常常会遭遇很多质疑。一旦我讲到农业现代化，学生就会说现代化导致污染，导致农民离开土地到城里打工，造成留守问题，"反现代"的意识很强烈。很多学生认为农业现代化是导致"三农"问题的根源。从某种角度看，学生的观点并非全错。"三农"问题的确是一个现代化的问题。学生看到的"三农"问题恰恰是现代化过程中经济的发展、农业的发展和农民的发展之间不协调的集中体现。因此我把这些问题看作"转型"问题，也就是说一旦成功转型，不能说这些问题都会解决，但可以大大缓解，如英国和日本的农业和乡村。

我也经常反问学生，为什么在实现了农业现代化的国家，如欧洲、美国、日本等，我们看不到留守妇女、留守儿童？如果说农业现代化导致了这些问题，那么这些国家的问题应该比中国还要严重啊。很显然，我们的"三农"问题的核心还是一个现代化程度不高的问题，还是一个农业没有实现成功转型的问题。这就是我反复强调的观点，即中国的乡村问题实质上还是一个现代化的问题。那么一个成功的农业和乡村转型的特点是什么呢？塔考克基于对世界不同国家农业发展的系统比较，提出了她的看法。我这里把她的观点做一个介绍。

塔考克认为农业的成功转型主要包含了两个维度的发展。一是农业生产力的增长，而且这个增长需要持续20—30年。农业生产力主要是指每个投入单位的产出，如单位面积的产量等。二是大多数农民收入的持续增长。基于这两个维度，一个成功的农业转型主要有四个方面的指标：第一，农业总产值占国民经济总产值比重的下降，也就是说农业在整体经济中的相对重要性不断下降。如果农业对于经济的贡献很大，说明还是一个农业国，没有实现转型。第二，农业就业人口占总的就业人口的比重下降，越来越少的人直接从事农业生产。第三，农业生产力持续几十年的正增长。第四，至少50%的农户家庭收入几十年都持续增长。塔考克的观点超越了以梅勒（John Mellor）为代表的经典农业发展理论，这一理论的主要观点是农业对于经济发展至关重要，为工业化提高了原材料、资本和劳动力。但是这一理论对于工农和城乡关系的认识是单项性的，塔考克将农民收入和贫困纳入其中，从某种意义上界定了现代意义的农业现代化的概念，即包容性的发展。当然，这个概念并没有包括资源和环境的维度。

按照这一概念，我们可以看看中国农业的发展水平。首先，1978年中国的农业总产值占国民经济总产值的比重在35%左右，算是一个典型的农业国，现在这一比重已经下降到了7%左右。日本不到5%，英国在20世纪初就降到了6%。我们援助扶贫的非洲坦桑尼亚仍然在35%。单纯从经济角度看，中国已经算是一个现代化的国家了。其次，中国农业就业人口占总就业人口的比重从1978年的80%

左右下降到了目前的25%，日本大致在2%左右。从这个指标看，中国从事农业的人口数量还是过高。当然，对于这些数据大家有不同的看法。但是农村依赖农业的人口比例大是客观的事实，中国农业产值和人口占比不协调，不符合现代化转型结构的大致标准。从事农业的人口占比高是一个落后经济体的重要指标。全世界发达国家农业就业人口的比重一般都不会超过5%。这里主要指单纯从事农业生产的人口，原则上不包括从事与农业相关的其他产业。再次，中国的粮食单产量从1949年的每亩68公斤增长到2018年的470公斤，中国粮食总产量的增加主要依靠粮食单产量的持续增长，而不是种植面积的扩大。最后，中国农村农民收入持续增长的指标最为显著。2020年实现了消除农村绝对贫困。从四个指标看，中国总体上处于农业成功转型的过程中，主要的问题是从事农业的人口比重还是太高。

中国能够从一个农业大国进入到一个农业基本上成功转型的国家，主要原因有：一是农业的多元化，农业由原来以粮食为主转向了农林牧副渔全面发展，这也是印度农业转型慢的主要原因之一；二是工业化和城市化，特别是工业化开始阶段的农村工业化。我们经常用城市化率来衡量一个国家的转型程度，其实非农产业的发展更重要。现在讲新型城镇化比较科学。农民可以不进城，但是不能都从事农业生产，这样的话农民收入无法增加。现在农民收入中，非农就业的收入占比都高于40%，很多地方更高。如果没有非农收入，人口就会平均农业收入，农民的平均总收入就会下降。从事农业的人口减少，留在农业的人口的农业收入就会相对提升。所以，我们说"三农"问题的核心是农民问题，而农民问题的核心是收入问题，就是这个道理。但是要解决这个问题，出路不能只盯着农村和农业，出路在继续推进现代化，实现城乡互动和城乡融合发展。

从非农收入的角度讲，中国农民的非农收入主要是外出打工。外出打工工作不稳定，而且由于户籍制度等原因，出去的人不能在打工地落户，孩子也不能随去上学，没有社会保障，所以就出现了农民工的权益问题，出现了留守问题。农民工不能真正融入城市，留在城市里住房和社会保障不能保证，很容易成为城市贫困人口。回到村里从事农业，缺乏非农就业，则会导致收入下降。这是我们城乡二元结构下，农业转型问题的根源所在。突破这一"瓶颈"，需要新的现代化的战略路径。首先是需要改变以往城市化单纯发展大中城市的战略，要重视"镇"的发展。以大的村和镇为核心逐渐凝聚乡村人口，形成新的居住和工作模式。其次是要拓展乡村经济的空间，在乡村和镇发展二产和三产，发展三产融合，为农民创造新的就业空间。我在浙江看到很多地方的乡村工厂，村里的老人都就业了。最后是推动乡村的多功能化，把旅游、康养、休闲都建在乡村，让农民就地就业的空间增大，改变乡村的功能。最近十多年，英国乡村的逆城市化很明显，乡村的农业产值只占到乡村总产值的不到1%，信息服务、康养、卫生、教育等不同的产业占据了英国乡村的主要部分，很多高技术的创新企业都转移到了乡村。

总之，对于中国而言，通过现代化的方式解决乡村问题，需要聚焦依赖土地生活的人口相对过高和乡村产业单一的问题。解决这一问题，不能延续传统的先外出打工再回到乡村的模式，需要改变人口流到城市的单一模式，一方面通过就业和居住以及社会公共服务城乡一体化，让在城市的农民工能长久待下去，另一方面通过乡村产业的多元化、基础设施和社会公共服务向乡村的延伸推动逆城市化，让留在乡村的人愿意久留乡村，实现城乡融合。我们过去是建设城市的现代化，所有的资源都到了城市，导致了乡村的衰落。我们现在需要建设乡村的现代化。建设乡村的现代化需要回归乡村的价值，土地制度又是绕不开的一个问题。

英国农业转型的历史景观

去过英国乡村的人一定会对英国乡村的美景印象深刻——英格兰

起伏丘陵上的原野、草场，大片的燕麦、大麦，坐落在原野上的村庄以及村庄里一座座古老的村舍。与大的城市和小城镇相比，英国乡村的人口也是很少的，乡村人口流到城市几乎是所有现代化国家的通病。十多年以前，我去英国雷丁大学访问。雷丁大学农村发展研究所的朋友带我访问了周边的乡村。白天参观他们的牧场和农户家庭，晚上和村里的农民座谈，在一个乡村的酒吧里与十多位农民围着一张长桌坐着，一边喝啤酒一边聊天。记得我的第一个问题就是他们的年收入有多少。由于没有语言障碍，所以感觉到他们并不愿意直接回答我的问题。后来我就索性说中国的农民人均年可支配收入大概只有四百到五百英镑，他们都很惊讶，在他们的印象里中国的农民是很富裕的。我还是想知道他们一年的收入，最后我总算得到了一些信息，我自己通过这些信息算了一下，英国农民每年人均纯收入大概在一万多英镑，那时英镑与人民币的汇率是1∶13，年收入一万多英镑相当于人民币十多万元，从绝对数字看，算是天文数字了。我做了一个对比，在英国如果是博士毕业到研究机构或大学工作，每年的起步工资不到两万英镑，大学高级讲师一年的工资也不会超过五万英镑。这些数字都是从日常生活中的一些信息中获得的，并非统计数据。从统计数据看，2017年英国除伦敦以外的城市平均年收入为22900多英镑，农村是23300英镑，英国全国年平均收入为23700英镑。英国农民的年收入甚至高于城市人口的平均收入。

按照塔考克关于农业成功转型的指标来衡量，英国是完全实现了农业转型，或者从某种意义上讲，是乡村振兴的国家。2016年英国农业总产值在国民生产总产值中的比重下降到了1%以下，农业就业人口占总人口的比重也下降到不到1%，英国的农业生产率也达到一个较高水平，农民的收入和非农人口的收入基本持平。那么，英国是如何实现农业的成功转型和乡村发展的呢？

英国的农业转型和乡村发展主要是在两个因素的影响下取得的：第一是英国的农业革命，第二是英国的工业化。从全世界的范围来讲，英国是世界上第一个发生农业革命和工业革命的国家。由于农业革命先于工业革命，而且工业革命无论从原材料、资本还是劳动力等方面都来源于农业革命，因此英国农业转型和乡村发展是一个经典的现代化转型案例。经典的由农业国向工业国转型的理论，也主要基于英国的现代化实践。

英国的农业革命发生在18世纪中叶，包括技术和制度两个方面。在农业技术变革之前，英国乡村的耕地利用大致可以归纳为"三圃轮作制"，即越冬作物小麦和黑麦、夏季作物大麦和燕麦以及休耕地，农民每年按照冬季作物—夏季作物—休耕的顺序进行轮作。英国人塔尔（Jethro Tull）是一位律师，出生在英国伯克郡巴希尔顿的一个地主家庭。可能是受家庭影响，他后来转行从事农业。他在考察了法国的农业以后，回到英国搞农业机械的发明。他发明了著名的中耕机和马拉条播机，从而引入了芜菁作物的种植。他的《马拉中耕农法》对于英国和欧洲的农业革命产生了深刻影响。塔尔同时也算是一位土壤和植物营养学家。他认为要想提高土地生产率，需要停止休耕。他引进了芜菁和三叶草，实行越冬作物—芜菁—夏季作物—三叶草的"四圃轮作制"。汤森德（Charles Townshend）和科克（Thomas William Coke）在诺福克郡应用了"塔尔农法"。科克出生在贵族家庭，继承了13000公顷的土地。他在他的土地上采用了"塔尔农法"，极大地提高了土地的产出，使得"塔尔农法"很快在整个诺福克地区推广。这就是知名的"诺福克农法"的由来。阿瑟·杨格于1768年考察了诺福克郡，写了《南部游记》一书，在全国推广了"诺福克农法"。由此我们也可以看出英国的工业化与农业之间的联系。从某种意义上讲，英国的工业化首先也是从农业技术变革开端的。这与很多后发性国家都是通过工业化改造农业是不同的。当然，英国农业其后的发展也得益于工业化。

英国由于人口增长对于肉类消费和羊毛需求的增加，仅仅靠天然牧场不能满足需要，因此需要种植饲料作物，于是引入豆科牧草作物，特别是三叶草。"诺福克农法"不仅是种植业的变革，由于引入了饲料作物，改变了家畜的生产方式。家畜由放牧改为收割饲料作物的圈养，而家畜的粪便用作厩肥，增加了土壤的养分。农业革命的另一个重要内容是采用机械行播取代撒播和大规模应用农业机械，实行松土改良土壤和改良畜种。这些农业技术的广泛应用使得英国的农业生产不再单纯依靠开垦荒地、增加耕种面积的传统方式，草田轮作技术的推广增加了饲料作物，畜牧业的发展又增加了有机肥料，有机肥料还田增加了土壤肥力。与此同时，由于英国大部分地区的土壤都是黏性土，土壤盐碱化程度高，通过建立排水系统和增加有机质改善了土壤的结构，提升了农业的基础设施水平。英国是世界上最先系统产生农业技术变革的国家，这一变革大幅提升了作物和家畜的产量。从1750年到1890年，英国人口增加了将近一倍，农业革命使得英国成为人类历史上第一个人口高速增长却没有导致饥饿的国家。

杨格在英国全国范围内推广"诺福克农法"的过程中发现，科克之所以能取得成功，主要原因是他的农场规模大，"诺福克农法"很难在中小农场推广。因此，"诺福克农法"的推广与圈地运动直接相关，以圈地运动为特征的农业制度变革构成了英国农业革命的重要内容。杨格算是推动圈地运动的重要人物。他不同意小农是乡村繁荣的基础的观点，认为只有大农场和圈地才能增加乡村的财富，农村人口之所以背井离乡到城市，是因为城市拥有乡村没有的就业机会。他倡导通过圈地推动大规模农业经营和农业革命。很显然，杨格是一位典型的现代化的推动者。

圈地运动主要是指乡村公地的私有化以及小农出卖土地两个方面的内容。圈地运动主要发生在1709年到1820年，初期以公地的私有化为主，其后逐渐演化为小农场的消失和大农场的出现，也就是说土地的集中化。需要指出的是，18世纪的圈地运动不同于15—16世纪的圈地运动。早期的圈地运动是为了增加牧场面积从而增加羊毛产量,曾经导致了大量农户的破产。因为那个阶段工业化和城市化还没有完全展开,失地农民很难得到就业,造成了巨大的贫富差别。托马斯·莫尔(Thomas Moor)认为,那场圈地运动把农场变成了牧场,贪婪的贵族和修道院剥夺了农民的土地,使他们陷入了贫困。

基于这样的教训,英国在1709年颁布了圈地条例。条例规定圈地必须得到利益相关方的同意,而且圈地者必须要有明确的土地利用规划,并最终得到地方议会的批准。英国18世纪开始的圈地运动的主体不再是原先的封建贵族力量,而主要是大地主和城市资产阶级;相比较而言,他们对农民的利益更加宽容,而且他们希望建立一个有利于他们发展的新的基于法制的社会秩序。但是无论如何,小农的破产依然十分严重。随着土地的集中,很多中小农场的破产农民转到城市成为工人阶级,有的则在当地成为农业工人。就连力主圈地的杨格到了晚年也开始对小农的命运感到忧虑,因此他提出为农业工人每人提供至少0.2公顷的土地以及能养活1—2头牛的牧场,从而保障他们生活的政策建议。

英国农业革命在制度上的变革也是多方面的。第一是农产品市场的发育。1840年前后英国全国范围的基础设施开始发生变化,随着全国范围交通条件的改善逐渐出现统一的市场。特别重要的是随着工业化的推进,中世纪以来对工业和商业的歧视性限制开始消除,形成了基于市场的竞争机制。第二是圈地以后土地的产权关系得到了确立,明确界定了地主—佃农—农业工人三方的责任关系,确保了土地使用权的稳定。第三是城乡之间劳动力的自由流动,尤其是地主阶级和城市商业阶级在城乡之间的自由流动,确保了市场管理和资金不仅能流动到城市,同时也能够进入到乡村。第四是农会的作用,农会最初的功能主要是向农民传授农业技术,其后逐渐演化为各种类型的合作社。

英国在工业化之前出现的农业革命对于英国城乡之间相对协调的发展仍具有重要的意义。农业革命导致生产力提升,极大地提升了土地的价值，很多闲置的土地转为生产用地。同时为了追求规模效益，出现了兼并小农场的行动。圈地运动虽然导致了很多农民破产，但在客观上推动了土地的规模经营，并且减少了乡村的贫困，因为小规模的农户很难在乡村生存，乡村贫困转移到城市。到19世纪中叶，英国小型农场的数量大大减少，78%的耕地为中型到大型的农场所使用，土地的集中为采用技术、实行机械化提供了重要的条件。英国的中型和大型农场在农业技术革命的推动下，大幅提升了单位面积的产量，扩大了英国农产品出口。1850年英国的农产品出口比1700年增加了将近三倍。

英国的农业革命是导致英国农业现代化的一方面的因素，另一方面的因素是工业化和市场化。英国的工业化不是突然发生的，是在农业发展的过程中逐渐出现的。工业化和城市化对于农业和乡村最大的影响是服务于城市的农产品生产和劳动力的转移。18世纪英国虽然已经开始了工业化和城市化进程，但是全国范围内的农业劳动力流动并不明显，仅仅在伦敦的中部和北部地区比较明显，当时伦敦的人口已经达到了将近60万人。到了19世纪中叶的工业化高涨阶段，农业劳动力加速流出乡村，农民的收入增长明显。1700年，75%的英国人口从事农业生产，到了19世纪末期，全国的大多数人已经在城市生活和就业。

从经济的角度理解英国的农业转型和乡村发展只是问题的一个方面。在讨论英国乡村的发展问题时，我们往往忽视了英国政治文化的农本特色。英国的"土地利益集团"主导着英国的政治社会生活。地主在英国的历史上是一个特殊的阶层，他们不是传统的贵族，而是在商业资本主义发展过程中，在乡村通过各种形式积累了财富的一批"乡绅"，算是所谓的新生有产阶级。他们在圈地运动中获得了大量土地，并通过不断兼并小型农场成为真正的地主。他们一方面在城市投资工业生产，另一方面又通过把土地出租给农场主获取农业的利润。与此同时，由于他们的财富发源于乡村，他们居住的庄园也在乡村，他们在政治上控制了英国地方议会，这就使得英国地方政府的政策一直都倾向于支持地主阶级的经营。与封建贵族阶级不同的是，英国工业化前期所形成的地主阶级是推动农业变革和工业化的主要力量。这一阶层的特殊作用使得乡村一直都是英国地方政治的中心，上层阶级的生活方式和文化偏好也以乡村为中心。从这个角度讲，英国乡村政治、文化和财富的价值合一性强化了乡村的社会价值，使乡村的价值并没有随着工业化和城市化的推动而逐渐流失。不仅如此，乡村的偏好甚至影响到了城市。在英国城市四处可见的公园绿化、家庭花园都是乡村文化进入城市的结果。今天依然可以看到英国很多的贵族学校都在乡村，很多有钱人都是周末到乡村的庄园里过。今天我们看到英国乡村那么美，除了特定的气候和英国乡村建筑以石和木为主等客观原因以外，一个重要的原因是贫困的农民不断流出乡村，留下的基本都是富裕的农民，他们有经济能力来不断修缮住宅和维护乡村的基础设施。由此可见，阻止乡村衰落不单单是一个经济的问题，而是一个系统的经济社会工程。

英国的农业革命和工业化对英国农业转型和乡村发展发挥了决定性的作用，但是这个过程也产生了负面的影响。只不过，这个阶段持续将近200年，除了当时的作家和一些有限的数据记录了这个阶段的问题以外，我们今天能看到的更多是一些正面的结果而已。英国乡村的衰落开始于16—17世纪的圈地潮。贵族与教会将农地圈为牧场，导致了农民失去土地，大量农舍被毁，村庄消失。为此，伊丽莎白女王颁布了村庄农舍重建的法律。英国的农业革命为地主阶层带来了巨大的财富，但是农业工人和小农场主的收入增长并不明显。从18世纪中叶农业革命开始到19世纪中叶将近100年的过程中，现代化过程在为乡村提供技术和资本以及吸收剩余劳动力的同时，英国下层农民的收入几乎没有增长，而且城乡之间的收入差距一直都在扩大。很显然，英国的工业化和城市化在某种程度上是以牺牲下层农民和城市工人阶级的福利为代价的。英国19世纪中叶之前被称为"黑暗"的时代，城乡居民的收入差距一直都在扩大；1850年之后，由于工业化的推动，特别是交通、城市管理、纺织业等对劳动力的需求的增长，农村劳动力加快流向城市，工作日趋固定化，底层人口收入开始提升，城乡收入差距开始缩小。无论如何，我们不能忽视的另一个问题是，当大量的农民进入到城市和工厂后，尽管他们的收入比在乡村有了改善，但毫无疑问他们中的大多数实际上沦为城市的贫困群体。

人少地多的美国农业

与英国不同的是，美国是一个移民国家，早期从欧洲到达美国的移民主要是开垦土地。因此从某种意义讲，作为英属殖民地的美国很长一段时间算是一个农业国。到1883年为止，美国90%的人口还都是农业人口，这个阶段英国的人口大多数是城市人口了。从18世纪到19世纪初，美国的农民还处在相对贫困的状态，农业的产量很低，基本属于自给自足的状态。相对于英国而言，美国是一个发展中国家。尽管如此，美国的农业从一开始就与贸易相联系。新英格兰是欧洲移民最早开垦的地区，这些地区从一开始就是以出口为导向的大型种植园农业。这些地区大致在18世纪中叶开始农业的转型。

如果把1800年到2000年每50年划为一个阶段的话，可以发现，1800—1850年，美国人均农业GDP年增长率为0.7%，1850—1900年为1.7%，1900—1950年为2.0%，1950—2000年为2.2%。1800年，美国的农业人口高达90%，到了1900年下降到40%左右，到1950年继续下降到20%左右。目前，美国的农业人口只有250万左右，基本上占到全国人口的1%，农业总产值占国民经济总产值的比重不到1%。2016年，美国城市人均年收入为4.9515万美元，农村人均年收入为3.5171万美元。虽然城乡之间仍然存在收入差距，但并非很大。在长达200年的发展中，美国农业持续增长，农业人口持续减少，农村收入持续增加,农业产值占比持续下降。可以说美国即便与英国不同,但是也属于农业转型成功的国家。

与英国先有农业革命,通过农业发展的资本积累推动工业化的发展路径不同,美国农业的发展是在跨大西洋的贸易和其后的工业化、城市化的驱动下发展起来的。当然,这也并不意味着农业对美国的现代化没有贡献。19世纪末期,美国的工业化发展是以交通为主要特点的基础设施的发展开端的。交通的改善极大地促进了农产品的国内和国际的市场化。与此同时,钢铁工业、造船、机械制造和建材工业的迅速发展,大量吸纳农业劳动力。1940年,美国农产品20%销售到城市,到了1870年,达到了40%。到1870年为止,美国出口收入中的80%以上来自农业的出口。今天美国的农业已经是世界上最为发达的农业。现代化的农业不仅为美国消费者提供了低价的农产品,而且也使得美国成为全球重要的农产品出口国。与英国相比,美国农业转型有其自身的特点。

第一,美国原本就是人少地多的国家。19世纪中叶的《宅地法》将国有土地低价卖给愿意种地的人,推动了美国西部的农业开发,使得美国西部成了今天具有全球影响的农业生产基地。即便土地广阔,美国还是从19世纪末到20世纪出现了土地集中化的趋势,这促进了美国农业的规模经营。美国农场的数量从1900年的600万减少到了1990年的200万,其中83%为家庭农场。种植规模的扩大为机械化和现代技术的应用奠定了基础。这是美国农业发展最显著的特点。规模经济极大地降低了农产品的生产成本。美国目前大约有190万个家庭农场,平均规模为2500亩左右。美国农业的规模经营是其具有全球竞争力的根本所在。我在美国农村问他们租一亩地一年多少钱,他们的回答让我吃惊,只有人民币20元。中国种植一亩小麦的成本大约在人民币1000元,美国不到人民币500元。这样的低成本主要是由于农业的规模大和机械化的应用。由于美国工业发达,农业机械的价格便宜,加上能源价格低廉,这些共同促进了农业生产成本的降低,工业化对于农业的支持主要体现在这个方面。

第二,美国的农业转型基本上是按照替代劳动力的模式展开的。土地丰富是美国的国情,劳动力价格高于土地价格。从19世纪末期开始,美国的农业开始由使用人力向使用畜力转型。1892年,美国制造出了全世界第一台汽油农业拖拉机。美国农业是20世纪中叶开始由使用畜力向机械化转型。美国1910年有1000多台拖拉机,到20世纪50年代已有156万多台。

第三,从技术的角度讲,美国农业转型的动力是多维度的。首先,美国人少地多,机械化发展替代人力,提高了劳动生产率。工业化和城市化拉动劳动力转移,又强化了劳动生产率的提升。农用工业品价格低再次强化了劳动生产率。这是美国农民收入高的基本原因。其次,生物学技术的突破极大地提升了土地生产率。在农业机械化发展的同时,现代农业科学技术开始在美国兴起,最重要的成果就是杂交玉米的出现和化肥与农药的陆续工业化生产。机械化和生物学技术的广泛应用推动了美国的农业现代化。

第四,伴随着机械化的发展和美国工业化的推进,农业人口不断减少,转向工业和城市。1900年,美国的农业人口为3000多万,1990年降到了450万,2000年降到了250万。19世纪中叶美国的非农人口大约占总人口的20%多,农业的技术革命和生产力的提升对劳动力的需求越来越少,特别是机械的应用,造成了大量的农村剩余劳动力。农业劳动力向工业和城市的转移,相对提升了从事农业人口的劳动生产率,但正如多数国家在现代化过程中出现青壮年和有知识的劳动力流出乡村一样,美国也出现了同样的问题。到20世纪90年代末期,美国农民平均年龄大约在54岁,农业从业人员的老龄化现象凸显。美国大规模的机械化农场的高生产率只是美国农业发展的一个方面。美国大约还有150万的小农场,这些小农场无法与大规模的农场竞争。在很多时候,这些小规模的农场都处于亏损状态,小农场土属于美国农村的相对贫困群体。1992年美国10%的大农场占有76%

的农地和70%的产值，而占比50%的小农场只占有4%的土地和2%的产值。因此，对这些小规模的农场而言，他们的生计无法完全依赖农业，非农收入是这类小农场主生计的重要来源。与我们往往想象的美国农场都是大型专业化农场不同的是，相当数量的美国家庭农场都是依靠兼业而生存的。在20世纪90年代之前，美国农业劳动者和相当数量的农户家庭从农业转型中所获得的收益是非常有限的。90年代是一个非常重要的时间节点，由于非农产业的发展，这些农户的收入才有了增加。1965年美国农户家庭的贫困发生率为31%，远远高于非农家庭贫困发生率的15%，到90年代以后，农户的贫困发生率才开始下降。

第五，美国农业转型和乡村发展最重要的动力是美国的工业化和城市化。从某种程度上讲，美国农业虽然具有土地资源丰富的优势，同时也具有传统的出口导向的贸易基础，但是真正推动美国农业转型和乡村发展的力量来自工业化和城市化。与原发性现代化国家英国不同的是，当美国开始进入经济发展进程的时候，已经存在一个国际的投资环境，美国的工业包括交通运输、基础设施等的投资大多数来自外部投资，也就是说，美国的工业化不是通过农业剩余驱动的内源工业化，理解这一点对于认识美国农业和乡村发展非常重要。以外来投资驱动为主来推动的工业化和城市化，一方面为农业发展提供了基础条件，另一方面吸纳了大量的农业剩余劳动力，形成了城乡相对融合发展的机制。

第六，进入到20世纪70年代以后，由于美国经济进一步向资本化和技术含量更高的部门转型，美国人均国民收入持续上升，农业在国民经济中所占的比重逐步下降，城乡收入差距开始增大。自此以后，美国联邦政府和州政府两个层面针对农业和乡村发展的干预开始不断加大。这些干预包括乡村社区的建设、基础设施的建设、公共服务的提升以及资源和环境的保护等。特别重要的是，为了支撑美国农户的生计和提升美国农业的全球竞争力，美国政府开始逐步加大对农业的补贴。美国的农业和乡村支持系统非常复杂，涉及所得税、遗产税、赠予税的减免，农业税收减免、农业保险、信贷利率优惠、直接补贴等不同方面。通过这些税费优惠，缩小了城乡差距。据不完全统计，美国农民纯收入的60%以上来自转移性收入。

如果说英国的农业和乡村是英国的社会价值基础的话，那么，美国的农民对于美国的国家建设同样有着非常重要的意义。杰斐逊说过，自己有土地，能自食其力的人，才有独立精神，这是共和国生命之所在。与欧洲农民多为佃户，屈服于地主而纳租不同的是，美国早期大多数农民都完全享有自己的耕地。他们反对君主和贵族，爱惜自己的土地，通过自己的劳动获得产出。他们维护土地的私有产权，崇尚自由和个人奋斗，这正是所谓的美国精神。美国新英格兰和其后开发的西部的农民基本都是获得土地的自由民。这些地区之所以比纽约等地区发展得更快，主要原因也在于土地制度。荷兰人最早建立的贵族大庄园土地制度在很大程度上抑制了殖民地的发展。

人多地少的日本农业

2018年的冬天，我去日本北海道旅游，顺道参观了北海道大学。在北海道大学的校园里，了解到早期日本农业教育的情况。1876年，札幌地方政府将札幌学校更名为札幌农业学校，1918年更名为北海道帝国大学，也就是现在的北海道大学。我对日本农业的了解源于我的老师郑丕尧教授。他早年在北京大学农学院毕业后留校，任助教。日本占领北平以后，北京大学农学院来了日本的教授，他给日本教授做助教。他的作物生理学和生态学的研究受到日本农学研究范式的影响。我读硕士研究生时，老师给了我很多日文的文献，并且希望我将来去日本学习。因为以前没有学过日文，只能开始日语的扫盲学习。1983年，我的老师请到了日本东京大学农学部的川田信一郎教授来华讲学。当时最深刻的印象是,日本人能把水稻的每一个根都搞得很清楚。川田教授是全世界知名的水稻根系研究的专家。那个时候我很困惑地想,农业生产需要把每一个根都搞得这样清楚吗?

大概也在那个时期,有植保系毕业的同学去了海关检疫处工作。同学偷偷拿了几个从日本游客那里没收的苹果,周末到学校来和我们分享。那个时候,我们只知道国光苹果,没见过很大、样子都一样的红富士苹果,真正感觉到了日本农业的发达。我一直想着要去看看日本的苹果,虽然后来和日本的联系很多,但因为主要在做国际发展研究交流,没能真正看看日本的苹果生产。今天红富士在中国到处都可以看到,而且中国的苹果生产技术也已经很高了。2019年的夏天,我终于安排了时间和我的几个同事系统地考察了日本的乡村振兴。我们去了青森县——日本苹果最发达的地区,参观了合作社、农户和农林省,也一起座谈讨论了日本的乡村振兴政策。在日本的参观、座谈中,我们发现日本的农业非常发达,农民收入也很高,大学的研究主要都是针对农业生产中的问题。但是,日本乡村人很少,农业劳作大都是老人在做,乡村衰落的现象非常明显。日本农林省的政策研究人员给我们详细介绍了日本乡村振兴的政策,但他们也说,即便有这些政策,年轻人还是不想到乡村去。我们在青森县的一个乡下参观了一个年轻人经营的民宿。她就是在政府返乡创业政策支持下的一个年轻人,她说自己不喜欢城市的生活,愿意在乡村工作。但她说来住的人不多,也挣不到很多的钱。虽然我们的农业和乡村的发展与日本相比还有很大的差距,但是很多方面又很相似。

19世纪末,日本农林渔总产值占国民经济总产值的比重为45%,农业人口占到总人口的70%以上,属于典型的农业国;到了1938年,这个产值的占比下降到了18%;1960年,农业就业人口占比下降到30%;到了1985年,日本的农林渔总产值占比下降到了3%,农业就业人口占比下降到了15%左右。我们访问了日本青森县的一户农家,和他们的座谈中,大致估算了他们的收入,大约为人均年40万元人民币。陪同我们的大学副教授说，比他们在大学的工资高。可以说，日本也和英美一样属于农业转型成功的国家。

与英国原发性工业化和农业现代化不同的是，日本属于后发性现代化的国家。明治维新的目标就是赶超欧美。日本的农业现代化过程是学习欧洲现代化的过程。与英国先有农业革命，然后通过农业革命推动工业化不同的是，明治维新推动了日本的农业和工业几乎同步开始现代化，可以说是农业和工业现代化同时推进。明治维新之前，日本属于一个封闭的农业国，到19世纪末期，日本75%的劳动力从事农业生产。

1868年明治政权的建立标志着日本工业化开始。这个时期，欧洲已经基本实现了工业化，进入了资本主义的发展阶段。欧洲资本主义的发展为日本的现代化提供了重要的物质技术支持和制度模式的参考。1868年到1885年期间，明治政府弃用外国专家，引进现代的设备建立一批国营的纺织厂、矿山、水泥厂、兵工厂、火柴厂、农业学校、农事试验场、化肥厂等所谓的"国有示范工厂"。与此同时，明治当局在1873—1876年间完成了日本历史上影响深远的土地税的改革。由以村落为基本单元征收土地税改为按照单个田块征税，提高了税收的可预测性。这使得土地税的综合税率在明治时期大大下降，在很大程度上为投资农业提供了制度的激励。在改革土地税的同时，明治政府聘请德国专家指导农业增产的技术变革。到1880年，日本受到德国李比希矿质营养理论的影响，在全国范围内推广化肥的使用。化肥的普遍使用也刺激了水稻品种的选育。通过杂交选育耐肥水稻品种是日本明治时期农业研究的核心，推动了水稻育种和栽培技术的突破。明治政府在推动农业研究的同时，建立了全国范围的农业推广体系，学习德国的农会建立了不同类型的农民协会和农业职业教育。这些都奠定了日本农业发展的制度基础。

明治时期农业的发展增加了地主阶级的财富，这些农业剩余大多通过各种银行在乡村投资小型工业，特别是纺织业。在1878—1900

年,轻工业,主要是食品加工和纺织业占到了制造业总产值的70%,对于经济发展的贡献达到了75%。去过日本的人都知道,在所有的旅游点都可以买到各种各样的小食品。日本的食品加工业是日本农业转型中最有特色的产业。日本农业发展还有一个重要的特点,就是随着明治初期的"国有示范工厂"的发展,小型私有企业数量不断增加。这些小型的私有企业都在乡村,属于类似中国的"农村工业"。这些农村工业主要是食品加工和纺织业,属于劳动密集的产业,因此就地吸收了大量的农业剩余劳动力。虽然说,日本从明治维新开始的现代化过程是农业和工业的现代化同时起步,但日本的农耕历史悠久,积累了坚实的农业发展基础。明治时期农业的发展改造了日本传统的农业。明治期间,日本的财政收入的70%以上来自土地税。尽管政府的财政收入也投向了农业,特别是研究、推广和基础设施建设,但是日本工业化的资本主要来自农业的贡献,这一点在本质上与英国的工业化有类似之处,不同的是农业支持工业化几乎是在同步发生。虽然由于农业的发展和工业的发展吸纳了农村的剩余劳动力,从而提升了农民的收入,但1922—1939年,日本一些地区农村的基尼系数高达0.5。工业化从某种程度上也牺牲了那个阶段农民的利益。

日本工业化期间的一个主要问题是,虽然农村劳动力的数量在减少,但是食品加工和工业产品的市场主要在国内,国内市场的主要消费者是占全国人口70%以上的农民。这与英国工业化以后,大部分农村人口转移到了城市和工业中不同。农村人口的收入不高,购买力不强,从而造成了明治以后工业产品的逐渐过剩。这就迫使日本开拓海外市场,导致了日本资本主义发展的帝国化和对外扩张。

"二战"以后,日本开始了一个新的工业化和农业转型的阶段。战前,在日本土地上劳作的45%为佃农,虽然战前日本政府就已经计划进行土地改革,但这一计划因为战争而搁置。1946—1947年日本实施了土地改革,不在乡村生活的地主不再允许占有土地,留在乡村的地主最多能拥有60亩土地。与此同时,日本战后的快速工业化大量吸纳农村劳动力，工业总产值持续增长。1960年，日本农业总产值占国民经济总产值的比重为14%，到1985年降到了3%，到2001年降到了1%。这期间，日本农业人口与非农人口的收入差距又开始扩大。因此，日本政府1961年颁布了《农业基本法》，开始出台一系列旨在提高农民收入的农业保护政策。至此，日本原来旨在促进农业生产的政策开始被农业保护政策所取代。

作为一个现代化的经济体，今天日本的乡村无论是基础设施、社会公共服务，还是农民收入，都和城市的差别不大，但是日本却存在严重的以人口稀疏为代表的乡村衰落现象。去过日本乡村的人都会问，为什么乡村这么好的条件，还会存在乡村衰落的现象？这也是日本政府面对的难题。从某种意义上讲，乡村能否吸引人留下来，自然与居住环境和就业有很大的关系，但是社会文化价值的作用不可忽视。日本的工业化导致了财富和政治经济中心全面向城市集中。与英国不同的是，日本的政治和社会文化权力都集中在大都市，人口随之流向大城市，仅东京都市区就有将近4000万人口。在乡村拥有庄园和土地并不是日本社会的文化取向，这一点很像中国的情况。当然，日本也在讨论逆城市化的问题，也出现了年轻人开始流向乡村的现象。

复杂的印度农业

印度的乡村与英国、美国和日本是完全不同的。2002年我与当时国务院扶贫办的同志一起访问印度，我是代表团的顾问加翻译。我们到村里访问，都会得到村民隆重的接待。他们把制作的花篮挂在我们的脖子上，以示对我们的欢迎。这种情景与我们到中国边远少数民族的山寨去做项目时几乎一样。但是，大家最深刻的印象就是印度的乡村有很多民间组织在工作，他们工作的重点都是保护妇女和儿童的权利。我们在中国农村，村里的干部都会介绍政府各种各样的发展项目,很少有像印度这样的情况。当然我们看到的仅仅是印度乡村的一角,印象都是表面和局部的。十多年之后,我在印度参加国际发展会议,其间我请接待我们的印度朋友安排去看看新德里郊区的农村。我和我的两位同事花了两天的时间访问了两个村庄。从新德里出来就到了郊区,从景观上看很像中国贫困地区的乡村,城镇很像中国的乡镇,村庄和我十多年之前见过的村庄一样。我的一个初步的感觉是印度乡村在十多年里变化不大。我们访问的村庄很大,有几百户人家,村里有安全饮用水,有的农户房子很大,有的却很小很破。从村庄的房子可以看到村庄的贫富差异还是很大的。农户都种水稻,大多能自给自足。富裕农户的耕地在20—30亩,但是有的农户没有地,主要给有地的打工,工资大约是一天30元人民币。村里也有人外出打工,但数量不大,所以到了村里发现人很多,不像中国的乡村人很少。我的同事初到印度乡村,直呼印度的乡村还很落后。让我惊讶的是,当我们和村民座谈时,大家讨论最多的也是妇女和儿童的权利问题,也讨论土地分配问题。我记得当时我们算了下这个村农民的收入大致为:富裕农户户均年收入为6万多元人民币,这样的农户有50—60亩的土地,而普通农户的户均年收入在5000多元人民币,两者收入差异很大。

微观的直接观察从某种程度上也反映了宏观数据。印度2022年人均GDP只达到了2300美元。农村人口占比为65%,农业生产总值占国民经济总产值的比重为16%。印度全国的极端贫困发生率依然在7%。印度政府的目标是到2030年全面消除绝对贫困。从宏观数据和微观的感受可以看出,印度并未完成农业的转型,整体的经济结构依然未进入现代化的轨道。

土地制度是影响印度发展的重要因素。我们在访问的村庄里发现,土地的占有非常不公平,村里很多农户没有地。农民也问我们中国农村的土地情况,我们说中国人多地少,农民都有自己的地,但中国的土地不能自由买卖。印度村民说,他们的地可以自由买卖。当然我们也问了陪我们访问的官员，他们说土地买卖也是有限制的。但我们访问的那个村的农民似乎觉得他们也没办法解决土地的问题。印度在独立以后就计划展开土地改革。50年代，印度50%的土地是由佃户种植的，尽管通过一系列的土地改革，这个比例下降到10%，但是几十年过去了，土地占有问题一直没有得到根本解决。因此，印度有一个所谓的"土地落实"的政策问题。根据印度2011—2012年农业普查的数据，印度占农户总数的4.9%的农户占有了32%的土地，富裕农户占有的土地规模是边缘农户的45倍，56.4%的农户属于无地农户。根据印度1972年颁布的法律规定，农民可以拥有两季的60—108亩的水地，或者162亩一季的水地，或者324亩的旱地；超过这个数量的土地被定义为"剩余土地"，政府将收回这些土地，分配给无地的农民。印度土地改革十分复杂，比如早期的法律限制大地主的土地出租，本意是抑制地主过多占有土地，但是在无地农民数量居高不下的条件下，又影响了这些农户的生计。

英国、美国和日本的案例说明，农业的转型与工业化的发展密切相关。1978年，印度制造业占总的GDP比重为17.1%，到1991年，降到15.68%，2018年则进一步降到了14.85%。与制造业占比下降同步的是制造业从业人员数量占比的下降。2017年，我邀请印度的朋友参加我们学院的年会，年会期间，我们安排了到义乌考察。在与浙江省的同志座谈时，我们讨论了中国的工业化问题。当时让印度的朋友最感兴趣的是浙江的乡镇企业。印度朋友在义乌的商埠询问了每个商品的产地，发现很多工厂就在浙江的农村，每个工厂雇用的工人几十个，这些给了这位朋友很深的印象。印度是一个工业国，有着传统的手工业的基础，但是这一基础没有能成为现代工业化的发展条件，印度农民收入中来自非农就业的收入很少。非农就业从50年代到90年代只增加了3%，巨大的农业人口，特别是无地农民滞留于土地严重影响了印度的社会稳定和经济的发展。这在很大程度上解释了印度农民收入低、贫困发生率高的原因。

印度的种植业以谷物，主要是水稻和小麦为主。印度的耕地面积大约在25亿亩，粮食总产量大约在3亿吨。而中国的耕地只有18亿亩，粮食总产量为6.69亿吨。从这个数字的对比可以发现，印度的粮食单产远远低于中国。按照国际粮食安全标准，人均粮食占有量为400公斤，印度的人均粮食占有量还不到240公斤，属于粮食不安全的国家，但印度又是一个粮食出口国。2021年，印度小麦出口785万吨，大米出口为2140万吨，接近全球出口总量的一半。一个粮食不安全的国家居然是一个粮食出口大国，难怪印度专家认为，印度对于全球粮食安全做出了重要的贡献。那么作为一个全球饥饿人数最多的国家为何同时又能成为粮食出口大国呢？

首先，印度土地占有的不平等导致了粮食生产和分配的不平等。占全国总数50%的小农户只占有1%左右的耕地。印度种植业主要以水稻和小麦为主，种植业多元化程度低。农民的生计集中在粮食生产上，现金收入也主要来自于粮食生产。同时，印度农户的兼业程度低，缺乏来自非农就业的收入，因此，大量的小农户为了获得现金收入，只能压低自身消费，出卖粮食换取现金，加上国际粮食价格上升，政府鼓励出口换取外汇。

其次，印度的饮食结构属于节约粮食型。印度人很少喝酒吃肉。我这几年接触的印度朋友很少喝酒，几乎都是素食主义者。中国每天人均总热量消费为2980千卡，印度为2472千卡。中国每天人均消费蛋白质为89克，印度为58克。中国每天人均总脂肪消费为92克，印度为53克。印度在植物蛋白上，主要是食用豆类，食用量远远高于中国。中国酒类消费消耗大量的粮食。中国从印度进口的碎米也主要用于酿酒。中国一年造酒消耗1500万—1800万吨粮食，饲料用粮的数量更是惊人。

最后，印度的农业补贴政策和市场干预也是印度农业发展的重要方面。印度实行生产者最低保护价。最低保护价政策确保了农民种植粮食和糖料作物的积极性，同时有利于社会的稳定和贫困的缓解，也促进了农民采用有效的技术提高生产力。90年代末期以来,印度水稻、小麦、甘蔗和棉花的产量明显提升,这与1997年以来实施的农业价格保护政策的落实直接相关。为了稳定价格和确保粮食分配,印度实施了限制粮食自由贸易的政策,这一政策反过来又影响了加工工业和市场的效率。价格保护政策虽然促进了粮食的生产,但最大的受益者多为乡村的土地大户。

附 录

乡村贫困的共性是"现代性缺失"

30年来,中国农业大学教授李小云一直在研究农村与贫困。每当他去不同发展中国家的农村时,总喜欢问当地村民一个问题:"你喜欢到城市生活和工作吗?"几乎所有人都说:"我们想啊,但是我们去不了。"

一方面,城市丰富的物质生活吸引着大多数农村人口;另一方面,城市也无法容纳数量庞大的农村人口,而且农村人口由于技能、教育方面的不足,到了城市也往往很难找到合适的工作。李小云认为,这恰恰是发展中国家和地区欠发达的问题,也就是说,非农产业发展不足,无法吸纳农村剩余的劳动力。

改革开放以来,中国虽然依靠发展农业和推动工业化以及城镇化,解决了数亿人口的脱贫问题,但直到2012年,依然有近亿农村人口挣扎在贫困边缘。2013年以来,中国举全国之力开展精准扶贫,随后8年间,这些人口纷纷脱贫,众多曾经深陷贫困的农村,也随之发生翻天覆地的变化。

李小云2015年来到中国西南边陲的一个小村庄驻村扶贫,他希望能通过实践,让这个传统的村庄走向现代。这些年里,他不断思考,贫困的元问题是什么?贫穷会产生循环吗?不能脱贫是因为懒惰吗?扶贫是为了什么?政策性脱贫如何持续？2020年之后，贫困还会存在吗？

2021年3月，李小云将他在脱贫攻坚历程中的思考和驻村扶贫的经历集结成书出版，取名为《贫困的终结》。5月17日，李小云就贫困的发生与终结、脱贫之后的挑战，接受《南方周末》记者采访。

《南方周末》：在改革开放初期，中国的贫困发生率超过90%，2011年中国贫困线升到2300元时，新口径下的贫困人口数量为1.22亿人。除了经济绝对值的增长，这些年我们对贫困的定义和扶贫方式还发生了哪些变化？

李小云：改革开放初期中国的贫困发生率是90%，这样一个数据主要是按照2011年制定的农村贫困线衡量的结果。实际上，由于不同阶段经济社会发展水平不同，贫困线也不同，贫困线所包含的福利含义也不同。

1986年中国政府正式确定农村绝对贫困线，为1985年不变价格的农民人均纯收入100元。2011年重新发布的农村绝对贫困线是农民人均纯收入2300元。按照1986年的标准衡量，1978年的农村贫困发生率为30.7%。贫困线的调整，一方面来自物价增长的因素，另一方面来自经济社会发展以后福利标准的提升。

2013年以来，中国实施精准扶贫，通过脱贫攻坚，到2020年年底消除了农村绝对贫困。而脱贫攻坚针对的贫困群体，主要是指在过去经济社会发展过程中，不断沉淀到社会经济底层的群体。

这些群体主要生活在山区、边缘地区和少数民族地区。他们所处地区的自然条件难以支撑他们展开能带来高收入的活动。同时，这些群体大多受教育程度低，很难通过劳动力转移、外出打工的形式提高收入。他们中还有一部分人因病致贫。因此，解决这一部分群体的问题，不可能通过一般的形式予以帮扶。同样，在解决这些绝对贫困群体的贫困问题时，还需要支持这些群体所在地区的整体发展。

《南方周末》：过去几十年一直有一种经典叙事，一个农村贫困家庭的孩子通过读书，上了大学，找到工作，在城市扎根，改变了命运。但你在书中也提到，随着市场经济发展，社会的贫富差距会加大，我们是不是可以理解为，贫困个体改变命运的难度也随之加大了？

李小云：改革开放初期，随着各项改革政策不断推进，农村人口普遍得到了改革开放的红利。也就是说，改革开放头十年里，受益的群体面很大。其主要的原因是改革开放之初我国社会不平等的程度比较低，农村的基尼系数不到0.2。

从经济和社会发展的角度做比喻，那时是多数人都在一个起跑线上，但随着社会经济的发展和市场经济的深化，出现了跑得快就跑得远、跑得慢就落在后面的现象，也就是社会的贫富差距开始加大。21世纪以来，我国的基尼系数高达0.4以上。在贫富差距不断加大的社会环境中，富裕的人越来越容易掌握致富的机会，贫困人口则越来越难在经济发展中受益，他们脱贫的难度就会增大。所以从这个角度讲，仅仅通过个体的努力来改变贫困的命运会越来越难，我们更需要从制度层面增加供给，比如为贫困群体提供"两不愁三保障"，帮助他们补上福利的缺口，这就是脱贫攻坚的意义。

《南方周末》：过去30多年里，尽管社会贫富差距有所加大，但社会整体发展水平也在不断提升。一个明显变化就是中国的温饱问题已经解决了。那在当下环境中讨论贫困和脱贫，是否也需要更深层次的评判标准？

李小云：贫困既是绝对的，也是相对的。如果我们把"两不愁三保障"作为脱贫目标，那么努力使所有人都实现这样的目标是可以达到的。也就是说消除绝对贫困的目标一旦明确了，这就是可以实现的。

但同时，贫困又是一个相对的问题。例如，改革开放初期贫困线的恩格尔系数高达70%以上，当时扶贫主要是保证吃饱。到了21世纪则有了2010年不变价格2300元的新贫困标准，若以恩格尔系数

60%为假设，2014年每年2300元的消费支出中，食品支出约为每天4.6元。这是什么概念呢？从2014年物价水平看，若食品支出每天大于4元，在农村地区每天大约就能消费1斤米面、1斤菜、1两肉，可满足农民健康生存需要的热量和蛋白质需求，做到"吃饱，适当吃好"。也就是说现行农村贫困标准中的食品支出，能够满足与小康生活相适应的基本营养需求。

20世纪末我们解决了温饱问题，到2020年年底，我们实现了全面消除农村绝对贫困的目标。但这并不意味着贫困问题就解决了，因为从相对贫困的角度讲，一方面，经济社会不断发展，总有一部分群体会落下来；另一方面，一旦出现各种各样的风险，还是会有返贫的群体。所以脱贫从某种意义上讲也是相对的，与贫困做斗争是一个长期过程。

《南方周末》：2015年开始，你到云南西双版纳勐腊县河边村驻村扶贫。那里属于滇西边境山区，为中国14个连片特困地区之一，对这类地区的村庄，你评价它们呈现一种"现代性缺失"，村民们面临的共通问题是"贫困陷阱"。如何理解呢？

李小云：我在云南省勐腊县的瑶族村寨河边村做了六年多驻村扶贫。这些年我在很多地方都说过，河边村处于深度贫困陷阱之中。

其主要原因有二：一方面，贫困是相对于富裕而言的。富裕是一个现代社会的符号，通常会用物质生活水平、社会服务、收入高低等多个指标来衡量，相对就形成了关于贫困的概念。所以河边村的"贫困陷阱"主要表现在从收入到基础设施等各方面，都与现代意义上的富裕形成强烈反差。另一方面，富裕也是现代社会生产关系的产物，如城市社会、公司、创新、保险、教育、医疗等都产生了富裕与财富。但河边村是一个传统的少数民族社区，它的社会关系并不生产财富，只生产生存安全。从这两个方面讲，我用"现代性缺失"的概念来总结河边村呈现的状态。

《南方周末》：后来河边村主要把乡村旅游作为扶贫产业，想要改变这种"现代性缺失"的状态。我们注意到，这也是这些年全国很多村庄脱贫的途径。为什么会有这种趋势？

李小云：脱贫攻坚以来，乡村旅游成了非常重要的扶贫产业。其中有很多原因。一方面，乡村旅游在我国的发展水平比较低，潜力很大。另一方面，很多贫困地区无论从自然条件还是文化条件等，都非常适合发展旅游，只是由于交通不便等各方面的原因，其潜力没有被挖掘出来。因此在脱贫攻坚时期，很多贫困村庄通过发展乡村旅游实现了脱贫。

但需要注意的是，并非所有乡村都适合发展乡村旅游，而且随着乡村旅游的发展，现在很多地区出现了产品结构雷同的现象。如果这些地方缺乏规划、盲目发展，无法吸引足够的客源，就容易造成公共资源的浪费。

《南方周末》：河边村没有引进任何企业，所有产业都是村里人经营管理。为什么？

李小云：乡村衰落主要表现为人才流失和资本流出。因此在乡村打造新业态，尤其是乡村旅游等新业态，很多情况下只能依靠外来企业。旅游文化业态实际上要求管理的门类繁多，相对技能要求也比较高，乡村一般没有这样的人才。但引入企业后，就会存在如何保证农民利益分配的问题。

这就是产业扶贫出现的能力替代困境。为了避免这个问题，我们在河边村就没有引入企业，而是花费较多时间，培养村里的年轻人逐渐成为管理新业态的"乡村CEO"，让他们在实践中逐渐接受现代的管理理念，培养技能。现在在云南昆明、临沧等地，都复制了"乡村CEO"这个模式。因为只有乡村里的年轻人掌握了现代企业管理的观念和技能，村庄的经济利益才能不过度流失。这个过程会很长，也很艰难。

《南方周末》：贫困地区在走向市场的过程中，一直存在抗风险能力较弱的"顽疾"。2020年新冠疫情期间，很多村庄封村、封路，脱贫工作因此受到很大冲击。河边村是怎样应对的?

李小云:新冠疫情之后,河边村同样受到了冲击。因为河边村的新业态完全和市场对接,在过去一年多的实践中,村民来自新业态的收入受到了很大影响。不同的是,河边村的扶贫实验一开始在产业设计上,就按照复合型产业来开发,已经考虑到了有可能出现的各种风险。所以2020年河边村出现了种植业和养殖业的弹性回归。这样的弹性回归又极大地补充了新业态的损失。

最终数据显示,2020年,河边村农户的农业收入在总收入中的占比从2018年的8.64%提升到34.58%,其中,经济作物户均收入从2018年的2478元提高到了7536元,养殖业的户均收入从2018年的111元提高到了3121元。

《南方周末》:脱贫攻坚过程中,以政府为主导的"政策扶贫"补齐了农村地区很多短板。全面消除绝对贫困后,现在到了五年的巩固脱贫攻坚成果过渡期。这一阶段需要注意什么问题?

李小云:脱贫攻坚消除了农村的绝对贫困,但很大一部分的贫困群体都是在脱贫攻坚政策支持下才能摆脱贫困,这样的脱贫会存在不稳定性。这就需要在一段时间内,脱贫政策和措施不能撤销。设置过渡期,主要是为了防止规模性返贫。

(2021年5月23日《南方周末》)

乡村振兴战略是脱贫攻坚的升级版

2021年,中央一号文件提出,要实现巩固拓展脱贫攻坚成果同乡村振兴的有效衔接,并设立5年过渡期,接续推进脱贫地区乡村振兴。中国农业大学教授李小云表示,乡村振兴是脱贫攻坚的升级版,在通过脱贫攻坚解决绝对贫困问题之后,乡村振兴将从根本上缓解农村的相对贫困。

在解读今年的中央一号文件时，李小云教授指出，脱贫攻坚是乡村振兴的有机组成部分，一定不能把文件上提出的脱贫攻坚和乡村振兴看成是两回事，这实际上是一个问题的两个方面。

多年以来，李小云教授都在致力于研究与解决农村的贫困问题。他对新京报记者表示，贫困的发生有自身规律，在我国农村，落入绝对贫困的主体，通过一般乡村发展政策并不能有效脱贫，所以需要一个瞄准绝对贫困群体的国家战略，也就是精准扶贫和脱贫攻坚。

李小云认为，脱贫攻坚是乡村振兴的有机组成部分，核心目标是消除农村的绝对贫困问题。通过打赢这场攻坚战，2020年，中国的国家级贫困县已经全部脱贫摘帽，下一步则转向相对贫困的治理阶段。解决了农村绝对贫困问题，就解决了乡村振兴的一个短板，而乡村振兴战略是从根本上缓解农村相对贫困的战略，其实是脱贫攻坚的升级版。从总体上看，乡村振兴工作未来主要还是要做好落后地区的乡村发展工作，毕竟发达地区的乡村条件更好，国家政策的重点还需要聚焦落后地区的农村。

中央一号文件明确，要实现巩固拓展脱贫攻坚成果同乡村振兴的有效衔接，李小云指出，两者的有效衔接必然是一个长期过程，难点在于区域差距、城乡差距、公共服务差异，这些差异都是历史上逐渐形成的问题，不可能在短期内解决。

李小云表示，要稳固和拓展脱贫攻坚战略成果，乡村振兴就是最有效的战略，而从脱贫攻坚到乡村振兴，会大量涉及城乡协调发展和城乡一体化，特别是城乡公共服务均等化。目前，脱贫攻坚战略已大大缩小了贫困地区和发达地区的差距，但东西部差距、城乡差距依然较大，尤其是城乡差距依旧是困扰落后地区经济发展的主要"瓶颈"。

李小云建议，想完成"有效衔接"，衔接措施就要体现在乡村的教育、卫生、人居环境改造等各方面，同时乡村振兴还离不开合理规划，从规划设计上就要充分考虑到乡村振兴与城镇化的关系、农村功能定位、三产融合以及乡村环境改善等各个方面。

此次中央一号文件提出，对摆脱贫困的县，从脱贫之日起设立5年过渡期。李小云表示，这个过渡期不能太短，也不能太长，5年是一个合适的时间段。首先肯定不能马上撤掉帮扶政策，脱贫地区和脱贫群体的经济支撑依然很脆弱，需要保证资金、人才、帮扶机制一定时间内不变，否则相关要素资源很快撤出后，脱贫地区很可能会返贫，应按照稳固和拓展脱贫攻坚工作的需要来接续配置原有的帮扶资源。"但这个过渡期也不能太长。"李小云强调，乡村振兴和扶贫在措施上并不完全重合，不可能一直采用脱贫攻坚这样的"瞄准式"扶贫。

李小云教授多年扎根农村，对脱贫工作有着丰富经验，他预测未来的乡村振兴工作依旧有很多硬骨头要啃，尤其是人才问题。这些年，乡村人才流失问题一直存在，甚至在一些农村都很难找到合适的人来担任村支部书记、村委会主任。李小云表示，乡村人才的缺乏是当下很大的发展短板，亟须补齐，今年的中央一号文件已经对吸引乡村人才做出了不少政策安排，各地应尽快因地制宜制定更多细则，激励有志于"三农"工作的人才留乡与返乡。

（2021年2月21日《新京报》）

通过乡村振兴解决相对贫困问题

2021年中央一号文件近日正式发布，引起各界广泛关注。这份文件的发布意味着，农业农村相关政策在"十四五"开局之年有了更多新的安排。

今年的中央一号文件全名为《中共中央国务院关于全面推进乡村振兴加快农业农村现代化的意见》。在往年强调"脱贫攻坚"的基础上，此次一号文件提出了"全面推进乡村振兴""全面促进农村消费""以县城为载体的新型城镇化"等新的政策方向。

2月24日，时代财经记者专访了长期从事扶贫工作政策研究的中国农业大学教授、国务院扶贫开发领导小组专家咨询委员会委员李小云，请他对最新的中央一号文件做出解读。

李小云认为，脱贫攻坚与乡村振兴的有效衔接，核心在于通过乡村振兴战略来稳固和拓展脱贫攻坚的成果。"过去一个阶段的脱贫攻坚工作，重点解决了农村绝对贫困的问题。未来的工作是要通过乡村振兴来统领农村发展工作，尤其是解决相对贫困问题。"

同时，在制度改革和政策层面，乡村振兴所涉及的领域也会更加广泛。李小云预计，针对各界关注的农村土地制度等问题，将会有新的举措陆续出台。

时代财经：在中国经济快速发展过程中，有哪些深层次的原因导致了城乡巨大差距和乡村贫困的现象？

李小云：毫无疑问，农村为中国现代化做出了巨大贡献。但是在工业化、现代化的过程中，出现了过度依赖城市化来推动国家现代化的趋势。长期以来，工业化和城市化是中国现代化的一个短板，因此，中国的现代化一定要从以乡村为主的社会向以城市为主的社会转型。但我们在发展过程中没有正确地处理大城市、小城市和农村的有机关系，造成了乡村的衰落。

乡村衰落的主要问题在于，乡村的人口不能有效地转移到城市。同时，还有大量人口在乡村的时候，乡村就出现了经济、社会和文化共同的衰落。从乡村的经济功能、社会功能等各个方面来看，这就成为影响现代化的一个很重要的问题了。从这个角度来看，在两个一百年奋斗目标之下，特别是在全面实现现代化的目标之下，"三农"问题就变成了我们全面实现现代化的一个短板。这是中央在此时强调乡村振兴的战略意义。

时代财经：在"双循环"发展格局与"十四五"开局的背景下，全面推进乡村振兴的提出有何深层次意义？

李小云：在中国实现现代化的过程中，国内外的变化存在着诸多的不确定因素。甚至有很多比较大的变量，正在影响和改变着我们改革开放以来已经形成的发展路径——通过不断地融入全球体系来推动中国现代化。从这个角度来讲，包括粮食安全、生态安全、资源安全在内，稳固乡村的基本盘对于我国未来稳定地实现现代化具有重要的作用。这几个方面的背景，促使我们把乡村发展作为一个大的战略。

时代财经：往年涉及农业农村问题的重要文件对脱贫攻坚的政策安排较多，今年则额外提出了"全面推进乡村振兴""全面促进农村消费"。如何处理好"脱贫"与"振兴"之间的衔接问题？

李小云：脱贫攻坚战略的重点是要解决农村的绝对贫困问题，过去几年提得比较多，意在推动解决这一问题。但同时，乡村发展的问题一直存在，贫困问题是乡村发展中的一个重要难题。从某种意义上来讲，脱贫攻坚解决了乡村发展中一个最重要的短板，但不是说乡村发展的问题就没有了。解决了绝对贫困以后还需要解决相对贫困问题，以及其他方面的诸多问题。所以，未来的工作是要通过乡村振兴来统领乡村发展工作，当然也包括统领相对贫困问题的解决。相对贫困问题当中包括城乡收入差距、社会公共服务差距、基础设施差距、东西部发展差距等。解决这些问题是一个长远的过程，所以乡村振兴本身也是长远的过程。中央一号文件强调"脱贫攻坚"与"乡村振兴"的有效衔接，其核心就在于，要通过乡村振兴的战略来稳固和拓展脱贫攻坚的成果。也就是说，已经脱贫的人不能再返贫，那怎么来保证不返贫呢？这需要继续提高收入，继续改善社会公共服务，包括教育、卫生、养老等方面。这些工作要通过乡村振兴战略来不断推进。

这是一个逐渐的过程，既需要资金投入，也是一个制度建设的过程。

时代财经：在涉及农业农村的制度改革和政策方面，接下来有哪些举措可以期待？

李小云：我个人认为，乡村振兴涉及的面是很宽的，它会涉及我们将来的乡村建设问题。乡村振兴不仅仅是指乡村建设，但是乡村建设问题会涉及土地制度问题，比如大家比较关注的宅基地问题。在乡村振兴战略的实施过程中，针对这些问题会有新的政策不断出台。而对于落后地区的基础设施还要继续推进建设，以及乡村旅游等产业方面，都会在乡村振兴的大战略下逐渐推进，很多新的政策会陆续出来。

时代财经：今年中央一号文件还提出"以县城为载体的新型城镇化"，这与过去所说的新型城镇化有何不同？

李小云：我们讲的县域经济，和城市经济、都市经济不太一样。在过去工业化的过程中，推动大的城市群发展——这是对的，因为城市群对经济增长的拉动力很大，另一方面我们还有大量的县域经济，而县域经济的特点是"（县）城小村大"，它就是一个县城、几个小镇，面对大农村。在这种情况下，继续推动新型城镇化就包括"城的城市化"和"镇的镇化"。过去我们认为，发展小城市经济效益不高，但现在看来，随着大中城市的不断出现和扩张，以县城为核心的县域经济发展大量的县城、小镇，也可以继续推动城市化的进程，并开始向新型城镇化转移。这样的话，我们可以形成新的消费，新的工业，形成推动经济增长的新动力，同时也把城市化和乡村振兴有机连接起来了。以县城为核心的县域经济，它不是完全建村子，也不是完全建城市，它是一个有机的连接点。

时代财经：农民工群体也是农业农村问题中的一个重点。你怎么看待农民工群体在乡村振兴中的角色？

李小云：农民工问题现在看起来不像过去提得那么多了，原因是很多的农民工事实上已经融入城市。最近江西省已经完全取消城市落户限制，未来还会有更多农民工转移到城镇，并且可以转成城市户口，那么他们实际上就变成城市人口了。随着乡村振兴工作的推进，出于家乡建设的需要，还有一部分农民工会回到乡村。这样的话，农民工这个群体会出现两个方向的流动。

（2021年2月26日《时代财经》）

应警惕乡村振兴成为乡建运动竞赛

随着脱贫攻坚工作的全面完成，乡村振兴接续而来。我国在《乡村振兴战略规划（2018—2022）》中，提出了2022年近景目标及2035年远景目标，这些目标如何实现？未来的乡村振兴中，又有哪些难题仍待攻克？近日，《新京报》记者专访了中国农业大学国家乡村振兴研究院常务副院长李小云。李小云认为："乡村振兴是一个长期性的战略，是全面实现现代化过程中，城乡融合发展战略的主要内容，不能简单地将乡村振兴理解为村庄建设，更不能搞成一个运动式的业绩竞赛。"

乡村振兴从未如此迫切

《新京报》：我国在2017年就已经提出乡村振兴战略，但在今年，不论是中央农村工作会议，还是"十四五"规划，都将乡村振兴作为工作重点提出，在今天，形势发生了怎样的变化？

李小云：在过去几十年国家现代化过程中，中国的农村、农业和农民，一直是国家实现现代化的重要贡献者。在这个过程中，由于中国的工业化和城市化快速发展，在不同方面、不同程度出现了过分依靠城市化推动国家工业化的发展趋势，从而导致了不同维度、不同程度的乡村的衰落。乡村的经济、社会、文化和生态功能不断削弱，成为影响国家现代化进程的重要因素。从具体的表现看，许多方面都体现出这一点：农民收入低，城市却不可能很快吸纳更多的乡村人口就业；乡村教育、医疗等社会公共服务差，无法留住乡村的人口；乡村产业结构单一，农业产业效益比较低，留不住青年人就业；乡村的基础设施薄弱、居住环境恶化，无法形成宜居的生活环境，也无法吸纳城市人口到乡村居住；大量的乡村人口在城市居住，加重了城市公共服务的负担等。这些问题都使得乡村振兴成为迫在眉睫的问题。

《新京报》：我国的城市化仍在推进，也有专家提出，未来还有2亿人进城，城市化和乡村振兴的关系是怎样的？

李小云：乡村振兴战略并非是否定新型城市化，中国的城市化和工业化还处在上升期，发展空间很大。乡村振兴仍然需要城市化和工业化来拉动，但是乡村振兴战略的政策含义在于，要科学地处理现代化过程中不同阶段的城乡关系。现在，国家工业化和城市化达到了一定水平，有能力反哺农村、农业和农民，但这并不意味着把所有的资源都投在乡村。因此，乡村振兴实际上是全面实现现代化过程中城乡融合发展战略的主要内容。

乡村振兴不能简单理解为村庄建设

《新京报》：从2017年提出乡村振兴战略，到2018年出台《乡村振兴战略规划（2018—2022）》，再到今天，乡村振兴战略其实已经推行了一段时间，今天再看乡村振兴战略，理解和之前有何不同？

李小云：实际上，中央从本世纪初开始就已经逐步提出了从根本上改变"三农"工作局面的一系列政策措施，包括免除农业税费、美丽乡村建设等。乡村振兴战略提出以来，各地也确实积极地相应开展探索乡村振兴的模式，这些探索为进一步推进乡村振兴战略的落实提供了先行的经验。但是，有一点非常值得重视，那就是不能把乡村振兴战略简单地理解为村庄建设。

《新京报》：为何不能将两者等同？

李小云：首先，城乡协调发展将是一个国家现代化的长期过程。乡村振兴是一个战略问题，涉及资源在城乡之间的有机流动，这不是通过建设几个乡村就能解决的。其次，乡村的基础设施、社会公共服务以及乡村产业的发展，都不是微观上的乡村建设可以解决的。这涉及国家经济的可持续发展问题，因为解决乡村建设中的短板，需要大量的资金，这个资金不可能从乡村获得，需要强有力的经济增长的支撑。同时，乡村建设所需要的巨量资金，也不可能在几年内得到满足，而是需要长期地投入。此外，实现城乡公共服务的均等化，同样涉及巨大的资金，这也不可能在很短时间内解决。所以，乡村振兴首先是一个长期性的战略，不大可能通过在微观上建设村庄来解决，这也是不能把乡村振兴简单地理解为乡村建设的主要原因。

《新京报》：这是否意味着，乡村振兴更重要的是整体政策的配套，而不是在乡村进行建设？

李小云：也不能这么理解。一方面，乡村振兴是国家全面实现现代化的一个总体战略，所以在落实的时候，不能将这一战略简单地看作在乡村进行建设，因为这一战略的落实会涉及很多宏观政策的配套。但另一方面，乡村振兴战略又需要通过具体的实践加以落实，乡村建设当然也是乡村振兴的抓手和体现，国家的乡村振兴战略和政策，都需要在乡村建设过程中不断地呈现出来。中央对乡村振兴提出了明确的目标，这一目标实际上也为乡村建设提供了具体的要求，产业兴旺、生态宜居、乡村文明、治理有效、生活富裕，就是在乡村建设中所要体现的内容和目标。

乡村振兴需警惕六大风险

《新京报》：过去许多年中，你一直在从事脱贫、乡村振兴方面的工作。在你看来，当前乡村振兴还有哪些问题需要解决？

李小云：按照我过去几年在农村地区的实践经验，我感觉到，在未来的乡村振兴中,要实现"产业兴旺、生态宜居、乡村文明、治理有效、生活富裕"这二十字要求,确实存在诸多挑战。

《新京报》:这些挑战主要体现在哪些方面?

李小云:第一,资金需求量巨大。过去一段时间,在各种乡村发展政策特别是脱贫攻坚政策的推动下,乡村地区与城市之间各方面的差距极大地缩小。但是按照乡村振兴的目标要求来衡量,差距依然巨大,主要体现在基础设施完善、村内污水处理、环境整治和生态资源修复等方面。

第二,社会公共服务的均等化程度问题依然突出,虽然医疗、教育等基础设施有了很大的改善,但是大量的乡村依然无法解决学前儿童的学前教育问题。在义务教育阶段,也存在师资质量堪忧的问题,很多乡村小学甚至中学开不出音乐课、体育课、外语课。还有一些地方,乡村医务室形同虚设,而在农民一方,他们收入本身有限,但却经常处于过度性治疗。这些问题如果不能得到有效解决,即便把一个乡村建设得很好,也不能说是实现了乡村振兴。

第三,乡村人才队伍匮乏,这是乡村建设工作中严重的短板。最近这段时间,在进行基层换届工作,在一些地方出现了找不到村里负责人的现象。乡村既缺乏致富带头人,也缺乏经营管理人才。而现行的国家人才政策,更多集中在城市如何吸引人才方面,如何帮助乡村吸引人才的政策几乎没有。

第四,乡村年年都在搞规划,很多规划都是建设部门来画图,结果出来的规划,并不是一个严格意义上的乡村发展规划。乡村建设规划需要考虑很多因素,比如未来人口的变动,比如乡村的功能、资源与环境之间的关系等。更重要的是,一个村庄不能搞一个规划,村庄的规划必须与乡镇发展功能,甚至整个县域的发展功能结合起来。如果这方面工作落后,必将严重地影响到乡村振兴战略的科学落实。

第五,在基层,通过乡村建设的路径落实乡村振兴的战略,是乡村振兴工作的一个抓手。问题在于,各地情况不同,却受到统一的政策法规的约束，无法按照各地情况进行创新，这突出表现在农地制度、宅基地制度、林地山地管理等方面。

第六，目前乡村建设的投资主体还是国家，国家通过各种类型的项目来支持乡村建设。这些项目分属不同的部门，都是在各个部门自己设置的程序和框架中进行，相互之间很难协调。同时，大量的资金投入，均需要通过各种形式的招标，结果，许多项目落入皮包公司的腰包，一项建设工程一般情况下管理成本高达30%以上，造成了本已稀缺的乡村建设公共资源的流失。所以，涉及乡村建设的投资资金管理模式急需改革。事实上，乡村有大量的组织和人力资源可以进行乡村建设，如何更合理地发挥他们的力量，是一个值得思考和探索的问题。

勿将乡村振兴搞成乡建竞赛

《新京报》：在你看来，未来乡村振兴中，是否有需要特别注意的误区或风险？

李小云：中央提出乡村振兴战略，并要求地方党政一把手抓好农村工作，主要是在全党统一对乡村振兴工作意义的认识。尤其是对于县域经济而言，农业和农村人口都占有重要的地位，县委书记抓乡村振兴，更具有实际的意义。而且，由于我们特殊体制的原因，会对抓乡村振兴工作形成相应的激励措施。但同时，需要注意的是，在落实乡村振兴工作时，相关部门也会形成一些具体的考核指标，这可能会在某种程度上形成比成绩的环境。不同地方相互比较，也容易产生一定程度的竞争。这样的情况，的确容易造成乡村振兴工作运动化和竞赛化。

《新京报》：怎样避免运动化和竞赛化的问题呢？

李小云：这需要上级和相关部门尽可能避免下达过于具体的业绩考核指标，不鼓励打造所谓的样板。乡村振兴是一个长期的过程，需要从宏观战略政策与微观落实方面有机结合，逐渐推进。当然，有些时候确实需要一些示范和样板，尤其是对于一些微观的、小型的建设，如村容整治、厕所改造等，也不能完全排除样板的力量。但在总体上，应避免把乡村振兴搞成一场运动型的业绩竞赛。

未来仍需着眼落后地区

《新京报》：前不久，《求是》杂志发表了署名"国家乡村振兴局"的文章，你对这个新的部门有何期待？你认为未来的乡村振兴工作，最重要的目标在哪里？

李小云：我注意到了"国家乡村振兴局"这个名字，还没有看到具体的官方信息。我认为，虽然农村的绝对贫困问题已经消除了，而且原来的贫困地区，在脱贫攻坚的过程中，都发生了巨大的变化，比如我在云南省勐腊县工作了6年的河边村，这里原是一个深陷极端贫困的村庄，今天已经发生了翻天覆地的变化。

但值得注意的是，广大的落后地区与发达地区之间的差距，是历史长期积累而形成的，在今天，这个差距依然很大，所以我认为，乡村振兴工作的重点，实际上还是落后地区乡村发展的问题。

《新京报》：为什么说落后地区乡村仍是重点？

李小云：发达地区的乡村，一方面，与城市之间的差距正在缩小，另一方面，这些地区本身也具有各方面的优势，并以此来带动当地乡村的振兴。而广大落后地区的农村，虽然绝对贫困问题解决了，但从收入、社会公共服务、基础设施等不同维度来看，它们依然是相对贫困最为严重的地区，所以，这些地区的乡村振兴工作难度依然很大。在国家财力有限的情况下，将乡村工作的重点放在这些地区，对于全面落实乡村振兴的战略、缓解东西部发展的差距、实现城乡均衡发展等，都具有重要意义。

（2021年2月20日《新京报》）

乡村振兴核心在城乡融合

中国今年的一号文件,主题是乡村振兴;"十四五"规划和2035年远景目标纲要也要求,"坚持农业农村优先发展,全面推进乡村振兴"。如果把视线拉长:从新中国成立前梁漱溟、晏阳初等倡导乡村建设,发起乡建运动,到后来政策层面推动新农村建设以及这次乡村振兴,改变农村的努力,近百年来一直在持续。但这也隐含着一个前提:乡村是个"问题",所以需要建设、改革、振兴。中国传统上一直是乡村社会,农业文明历史悠久,何以在20世纪后,乡村成为一个需要通过建设、改革、振兴去解决的"问题"?这个"问题"的实质是什么?何以国家此时在政策层面提出乡村振兴战略?如何振兴乡村?如何处理乡村振兴与城市化的关系?

针对上述疑问,《经济观察报》日前专访中国农业大学文科讲席教授、国际发展与全球农业学院名誉院长李小云。李小云教授自20世纪80年代末开始进入发展学、减贫问题的研究和实践,不仅参与过中国、非洲等很多农村减贫项目实践,自己更是在云南省西双版纳州勐腊县河边村发起了一个持续6年的减贫项目。他也曾多次受聘为原国务院扶贫开发领导小组专家咨询委员会委员。

在李小云教授看来,乡村振兴实质上是个国家现代化的问题,是一个落后的农业国向现代化工业国转变的问题。这也意味着,乡村的振兴,在很大程度上还取决于工业化和城市化推动。"我们今天讲的乡村振兴,是要把乡村从过去那样一个被动提供劳动力、资本、原材料的状态,转变为主动地成为社会经济有机组成部分,变成一个能动的力量——这是乡村振兴的核心问题。"李小云说，而这就需要让乡村和城市融合，让国内和国际的市场融合起来。"城乡融合的关键，是乡村产业结构拓宽——乡村不能单纯是一个农业产业、农业空间，要发展新业态，成为一个综合性的就业空间。"

乡村振兴不能脱离新型城镇化、工业化

《经济观察报》：今年的中央一号文件主题是乡村振兴，"十四五"规划确定的重点任务也包括乡村振兴。如何理解在这个时点国家将乡村振兴作为一项战略？乡村振兴和城镇化是什么关系？

李小云：首先要定义乡村振兴。按中央文件讲的是6个维度，乡村振兴本质上是中国共产党按照中国特色现代化的路径来把握中国的命运和发展方向，实质上是个国家现代化的问题。

这个现代化有两个内涵：第一，将从西方学到的现代化要素和国家现代化的过程整合到中华民族的文明进程中。这是非常重要的使命，也是巨大的挑战，目前还在进行中。第二，要有一个力量来领导这个过程。因为中国的现代化并非原发型，长期的国家主义传统造成了民间自发性组织能力的薄弱。因此，这样一个后发型现代化过程，就要有一个驱动力、政治引导力来把人统领起来，中国共产党承担了这样一个使命。中国共产党为什么既能领导扶贫，又能领导市场改革？原因就在这里。

乡村振兴的背后，实际上还是一个落后的农业国向现代化工业国转变的问题，因为，按照经典的"发达"的定义，中国还在追求现代化的过程中。从这个角度讲，乡村振兴就是现代化的过程，这也意味着，乡村能否振兴在很大程度上还取决于工业化和城市化推动，这是一个发展范式和路径依赖的问题。

很多人反对这一观点，不同意乡村的发展依赖城市化和工业化。其实，这个传统的道路，出现的问题很多，西方早就开始反思了；马克思的批判也很彻底，西方流行的批判发展也是这个意思。

但需要注意：西方资本主义发展道路也是一个动态的、处于不断修正和调整的过程中。恩格斯晚年对于资本主义的发展有很多新的认识，这一思想似乎没受到太多关注。我们现在讲的新发展观和生态文明，都是在修正传统发展方式，但方向没变，即改善物质生活水平，实现现代化。

假如定义乡村振兴是回归到农耕时代，大家都回去种地，男耕女织，不用现代物质文明来衡量，而用传统物质文明来衡量，那是另一回事；但我觉得现在定义的乡村振兴和农民希望中的乡村，好像还是现代化。两个一百年的奋斗目标，第二个就是全面实现现代化，说得非常清楚。所以，乡村振兴问题在概念上是明确的，在路径上就只能主要通过工业化、城市化和农业现代化的过程，来推动国家的现代化，这是乡村振兴的前提。在这个前提下讲的乡村振兴，是不是说乡村振兴就不重要？不是。

为什么在今天提出乡村振兴？

第一，从本质主义的角度讲，乡村的生活是人类政治社会生活不可缺少的部分，尤其对于中国这样一个具有长期农耕文明的国家而言，更是如此。有人讲，乡村是我们的根，也有的讲，乡村的价值是我们的本质价值，其实说的都是这个意思。在工业化和城市化的推动下，乡村的价值正在流失。所以，我们讲，希望能够复兴我们的乡村价值，但这并不意味着复古和回到过去。

第二，从功能主义的角度讲，乡村的功能正在发生变化。乡村不再是过去人们希望离开的地方，很多人希望回到乡村生活，乡村也不再是仅仅有农业的地方，而开始有了新的产业，乡村的经济结构正在宽化。而相对于这种变化，乡村的基础设施、社会公共服务远远落后于城市，想要到乡村生活，很不方便，住在乡村的人的养老、医疗都没有完全解决；农业都是老人在从事，劳动生产率也很低，吸引不了高素质的人来就业。从功能主义角度讲，乡村的现状正在拖国家现代化的后腿，所以，乡村需要振兴。

第三，我们的人均GDP达到1万美元，国家的经济发展水平达到了一个有可能补偿农村、农业和农民的条件——高报酬部门的不断增长为低报酬部门提供补偿成为可能了。随着人、资本不断流入城市，乡村的稀缺性出现了。过去，大家都待在农村；现在，大部分人都待在城市，乡村变得陌生了，乡村的相对价值也就提升了。但与此对应的是，乡村却在不断衰落——劳动力、资本都流出去了，但是基础设施建设没跟上，教育、卫生等各种社会服务的条件没有改善，乡村变成了一个知识、资本的沙漠。问题是，我们的城市化水平还没有到能够完全吸纳乡村转移出来的人口的程度，而且在政策上对农村人口在城市定居还有很多限制，这就出现了乡村的问题。

第四，全球化产生了很多不确定性。自从中国改革开放以来，尤其是加入WTO以来，中国人对未来的感受似乎非常确定，没有感受过不确定性，特别是城市中产阶级群体，但突然间一个新冠疫情，一个逆全球化，让大家产生了很大的不确定性。这时候就需要考虑：一个国家整体的社会安全点在哪里？于是乡村作为"压舱石"的概念就出来了，乡村的意义在于安定国民。因此，乡村振兴可能还会有这样一种并未表述的社会考量。

所有这些不同的方面，影响了新时期乡村振兴话语体系的形成。这个话语体系的背后有政治、经济、社会、文化等多方面的考量，并不是简单的一个策略，而是一个综合的政治社会景观的呈现。

总体来讲，按照经典现代化与社会转型的经验来看，直接从事农业的人口如果保持在很高的比例（这个农业不包括农业工业产业），农业、农村和农民不大可能实现现代化。很难想象，在30%以上的人口都在从事农业的情况下，乡村可以振兴（这种情况下，乡村振兴是有可能的，这取决于国际国内两个市场的需求）。

现在讲乡村需要人才，并不是说让城里人回到乡村，而是说在过去几十年中，乡村的人才流失严重，现在振兴乡村需要各种各样的人才，但这不是号召大家都回到乡村种地。我们现在每年进口数量庞大的大豆,也进口大米、小麦、玉米等。很多人说,我国南方、北方和东北土地肥沃,为什么要花那么多钱进口,不能自己生产?这一观点听起来很有道理,但是如果很多人回到农村去种大豆、大米和小麦,看起来我们没有进口,自给自足了,但是这样乡村就会振兴起来吗?我们今天讲的乡村振兴,更多的是要把乡村从过去那样一个被动提供劳动力、资本、原材料的状态,转变为主动地成为社会经济的有机组成部分,变成一个能动的力量。这是乡村振兴的核心问题。而这就需要让乡村和城市融合起来,让国内的市场和国际的市场融合起来。

城乡怎么融合?

城乡融合的关键,是乡村产业结构要宽化。乡村不能单纯就是一个农业产业,要搞新业态。这样,乡村就变成另外一个形态,不再是一个农业空间,而是一个综合性的就业空间,城乡的差距就会缩小。有了产业,就会有基础设施的改善,人也就回来了,这样就改变了乡村人才的结构。否则,没有一个新型的产业体系,人是不会回来的。可能会有一些人,包括老人会回到乡村居住,但年轻人是不会想从城里回来种地的。乡村产业结构的变化,也就带动了乡村功能的变化,很多人愿意住在乡村,这就是所谓的"宜居""宜业"。

我们现在讲,乡村建设是给农民建的,这个说法没错,乡村的建设要以农民为主体;但同时也要强调,乡村是为全社会建的,也是为城市人建的——就像城市也是为农村人建的。这叫城乡融合、城乡一体化。

所以,城乡融合的格局应该是:越推动新型城镇化,越有利于带动乡村振兴。过去只看到了城市化工业化的作用,没有充分认识到乡村和城镇化之间的有机联系所能带来的动能,更没有意识到乡村是国家工业化的一个积极的能动的部门。今天重视乡村振兴,并不是说不重视城镇化和工业化,而是要解决一个战略思维问题。比如,现在的政府都把重点放在城镇化方面,这本身没有错,但是,城镇化的工作存在着很多的浪费，城里的一条马路建好，年年在修，城市里到处搞完全没必要的建设——城镇化一方面在总体上不足，另一方面又在浪费资源。把那些浪费的资源拿过来，变成乡村振兴的资源，把乡村的路修好，把乡村的社会服务做好，乡村就可以有新的产业开发，同时也能够改善城镇化的质量。这是我们讲的城乡融合。

做这样的事，还得讲第一书记挂帅，这是中国的特色。就像脱贫攻坚号召全社会把资源拿出来，没有共产党这个权威是做不到的，乡村振兴同样需要这样的权威。

不能让5亿农民待在农村都生产农产品

《经济观察报》：中国目前常住人口城镇化率是60%多，常见的说法是，还有5亿多人在农村，乡村振兴是否意味着吸引这5亿多人留在乡村就地建设、振兴乡村？

李小云：讲这个问题，首先需要明确三个概念，即工业化、城镇化、乡村振兴，这三件事相辅相成；其次是人口流动问题，留在农村并不是问题的核心，核心是不能有数量庞大的农村人口都留在农村从事初级农业生产。这样，劳动生产率无法提高，收入也无法提高。如果真是那样，那只能是一个传统的落后的国家形态。

但是，并不是说让这5亿农民都进入城市——所以现在讲新型城镇化。我理解的新型城镇化，是乡村、小镇、小城市、中大型城市连为一体的一个系统。过去说小城镇基础设施过于分散，效率不高，应该发展大城市。很显然，这样的发展模式有很多教训，欧洲的小镇、小型城市和乡村的联系非常紧密，就是一个很好的模式。

也就是说，要在过去意义上的城与乡之间创造出相互联系的空间来，让人力资源、资本等各种要素能够流动，可以在乡村也可以在小镇里搞旅游，搞创投，搞养老。让这样一个中间性的空间能够吸纳过去在乡村完全从事初级农业生产的人口——既不是把这些人口继续留在乡村从事农业，也不是把他们全部吸纳到大城市里去。这应该是一个可持续的城乡融合发展模式。

我们现在能够宜居宜业的小镇特别少,甚至很多县一级的城市、中小城市,吸纳的人口也不多,大城市、超大城市的人口规模过大。主要原因在于,社会公共服务在不同规模的城市之间差距太大,经济的活跃度在不同规模的城市之间差异太大,人又是随着经济的活跃度和社会公共服务的完善程度而流动,这就产生了我们现在觉得是问题的恶性循环。

所以,我们现在要解决的,不是让5亿农民都待在农村,或者简单地让这些人都到城市里去,而是要解决城乡"共同富裕"的问题。我们在工业化和城市化的过程中,出现了很多问题,但严格来讲,并不完全是工业化和城市化的问题,而是在发展过程中没有很好地把握城市化的规模、空间布局与乡村的关系问题。工业化和城市化本身,并不是中国发展问题的原罪。

《经济观察报》:中国既经历过计划经济时期,又在通往市场经济的轨道上运行了这么多年,何以会出现这种发展过程中没有很好把握工业化、城市化在不同空间中的布局问题?

李小云:我们过去计划经济时代的问题,也恰恰是今天问题的根源。计划经济的时候,中国处于一个完全封闭的状态,在那种情况下要建立一个完整的工业体系,首先要发展重工业,如钢铁工业——如果不发展钢铁工业,就生产不出拖拉机、汽车,连盖房子的钢筋都没有;重工业最大的问题是,资本密集但劳动不密集,所以只能通过"剪刀差"的形式把农业的积累拿出来,通过户籍制度再把劳动力留在乡村里。到1978年,这种封闭的经济社会系统基本上走到了尽头。今天回过头来看,仅仅依靠国内的单一循环实现现代化是比较困难的,所以中央一直讲国际国内两个循环。

改革开放后,中国开始面对进入全球产业分工体系的机会,但要抓住这个机会,就必须通过低成本的方式进入;而低成本进入的最有效途径是,对基础比较好的沿海地区、东部地区和城市进行开发。这一区域差异型的发展战略,造成了各方面的投入向这些地区倾斜。而这些地区又不断地产生资本积累,越积累就越需要新的政策,从而产生了便捷性路径依赖。正是这种路径依赖加大了城乡之间、发达地区和落后地区之间的差距。我们今天面对的城乡之间的巨大差距,某种程度上也来源于这种区域差异战略所产生的问题。

通过确保农民利益的机制,循序渐进引入社会资本

《经济观察报》:乡村振兴需要城乡之间要素自由地流动,但我们政策上过去对"资本下乡"是很警惕、限制的;至于城市的人去农村,政策基本没有涉及。

李小云:现在中国大量的农民还在依赖土地生存——不像日本,日本农村那么好的房子,补贴卖,都很少有人去买,人还是往大城市里跑。在中国,第一,还没到城市可以完全吸纳那些剩余农村人口;第二,还有政策限制,所以很多人还得在乡村待着,依靠土地,但问题是他自己没有资本和能力开发那个土地。一旦这时候外部资本进入,外来的资本持有者和农民之间的能力是不对称的,农民并不知道要开发的成本是多少,外来的人不仅垄断了资本,还垄断了信息和市场的渠道;即便是外来的人和农民搞一个股份合作,其实会计也是他们说了算,盈利多少他们都会自己做账。所以,在这种情况下,农民的收入也增加了,但收益的大多数被老板拿走了,土地也没有得到很好的改良。我去过很多地方,老板种植的各种反季节农产品,都是过一年换一个地方,完全是掠夺式经营。所以,我也一直对资本下乡这个事情非常警惕。

但如果地根本没人种,荒了,老百姓也不想要,我倒是觉得可以鼓励资本下乡,否则谁去种那个地?现在,农民还得依靠土地,但又没有钱,外部的资本持有者有钱。资本要下乡来,怎么办?核心在于,确保农民拿到合理的收益份额,外来的资本持有者不要期望超额的收益。这样的资本下乡,我觉得也是需要的。

现在对于土地和宅基地的问题，在政策上设置了底线，就是因为要确保农民的生计安全，不能够因为把土地放开了，从而产生农民流离失所的状况。这一点虽然显得过于保守，而且很多人也认为没有这样的必要，但似乎也是合理的，这毕竟是个底线。如果土地对农户的生计不再重要了，政策就会逐渐地放松。假如，真正从事农业的人口只占到3%，那时候的土地制度和资本进入乡村的政策，恐怕就和现在完全不同了。从现代化角度讲，中国需要走到这一步。这里面核心的问题是，如何协调家庭经营与规模之间的关系。

《经济观察报》：从您在河边村6年的实践可以看出，要想在农村建立现代产业体系，非常不容易，乡村振兴过程中内生型力量、现代产业体系如何形成？

李小云：我在很多地方讲过，乡村的问题实质是传统和现代的关系问题。到了乡村，我们会发现，社会关系体系还是很传统的。比如，我工作了6年的河边村，它最大的特点是：社会关系体系是建立在低物质供给水平之上的，村民首先考虑的是风险，而不是承担风险的市场体系社会关系；整个村庄并不是一个基于个体主义的市场社会，而是一个基于集体主义的相对自给自足的社会。我在村子里发现，他们的很多特点、习惯、价值观，都影响了他们进入市场，影响了他们财富的积累，在这个村庄里，看不到财富积累、再投入以及创新等行为。我不是说他们不思进取，而是说他们首先考虑的是风险，随之使人看到的是平均主义。

在乡村中培育现代产业体系，不是一个简单的技能问题。比如，我们想在河边村发展自然教育这样一个新业态，这样的新业态涉及市场开发、产品设计等一条产业链的支撑，河边村的年轻人根本做不了。所以，我们只能让他们一点点学习，去对接。我们引入了旅悦集团（携程控股的民宿集团）一起合作，帮助村民来提升对接能力。同时，再把村里的幼儿园建起来，从长远上阻断贫困的代际传递，让传统和现代之间的联系一点点建立起来。我只有这个办法，没有别的办法。

城市贫困,主要是农民工问题

《经济观察报》:以往谈减贫,对象都是乡村里的人,随着城市化率提升,城市里的贫困人群也是客观存在的现象,城市贫困是否会成为接下来需要直面的一个发展命题?

李小云:当然,当然。城市贫困,主要还是个农民工的权益问题。如果你在一个单位工作,有各种保障,虽然收入不算高,但绝对不是贫困群体。因此,城市贫困的核心就是那些没有户口但长期待在城市的农民工群体的问题,其背后则是社会公共服务均等化的问题。很多城市,20%—30%的人口居住了几十年,但没有户口,这些人和他们的孩子,实际上处于风险状态,随时都有可能成为城市贫民;但很多人又回不到农村去,因为孩子在城市里长大。

国际减贫理论和实践对中国有何帮助

《经济观察报》:改革开放后,发达国家和国际组织在中国开展过很多减贫和发展的项目,您本人很早就参与其中,这对中国后来的扶贫和发展有启发吗?您后来在中国、非洲也做了很多这方面的项目,但您曾经也在一篇文章中讲"国际社会对于中国减贫的贡献几乎没有",怎么理解?

李小云:"国际社会对于中国减贫的贡献几乎没有",这句话讲得有些绝对,也不太符合实际,我做一个纠正。国际社会对于中国的减贫是有贡献的,我讲那句话的意思是,中国的减贫与其他国家相比,主要依靠中国自己的努力。

国际减贫和发展的基本框架是:第一,经济增长是财富积累的基本条件,并且经济增长必须基于市场经济,基于市场竞争,这个过程中需要一些政府作用(如制定规则),但政府作用不能太大;第二,通过自由民主的政治制度——透明的代表制,来确保财富分配、社会公平。世界银行、亚洲开发银行这些多边组织和很多发达国家的双边组织，都是按这套思路来设计它们的减贫和发展方案，而且将这个框架看作是一个普世性的框架。

在中国进入改革开放以后，国际组织纷纷进入中国开展工作，基于这一框架的很多理念都进入中国。很多发展与管理的理念，基本上都是基于西方国家发展的经验。不能说这些经验都没有用处，各个国家的文明都有其可贵之处，中国在改革开放的过程中，也吸纳了相当多的西方先进的发展与管理理念。但是，中国自始至终都是按照自己的政治经济社会逻辑发展自己。

中国和西方内在逻辑上的不同，可能源于世界观系统。中国人的精神世界里，一个是家，一个是国，国家主义和集体主义根深蒂固。我们按照这个逻辑，运作出中国模式、中国特色，经济发展起来了。在这个过程中，西方的很多东西虽然也起到了作用，但并没有发挥根本性的作用。

随着中国的不断强大，中国的文化自信不断提升，经济上也进入全球化阶段，中国人开始对外部世界好奇了，也要走出去。在这样的过程中，中国人在非洲、拉美、亚洲，不仅遇到了长期在这些地区活动的西方人，同时也遇到了另外一些被西方他者化的他者，出现了三重遭遇：当地文化、西方文化和我们的文化碰撞到一起。

我和我的同事在非洲前前后后工作了十年，发现在那个地方有三个不同的叙事：西方人认为我们不行；我们觉得西方人是殖民者，但我们同时发现当地人又很西方化；当地人也觉得，他们和西方处了那么久都没有发展起来，愿意学习中国，他们对中国的印象是，为什么你们发展起来了，我们没有发展起来？这里面有很多误解，很多非洲和拉美的朋友总觉得，我们和他们一样，都受到西方殖民侵略和统治，他们不知道，中国是个历史文明没有中断的国家，和他们不一样。所以，我们发现，他们学着中国的模式做，难度也挺大。

我们在坦桑尼亚的一个省推广一项玉米密植增产的技术，一项非常简单的技术，用了十年也没有能够在全省推开。为什么？很简单，通过简单地提高农业生产产量，并不必然提高他们的收入，因为并没有一个很强大的城市消费群体来消费他们的农产品，增产了，却又卖不出去了。所以，我一直强调，乡村的减贫也好，乡村的振兴也好，离不开城市化和工业化，就是这个意思。

减贫一定要嵌进当地的动态变化过程中，否则，我们按照我们的方式去帮助他们，发挥不了作用。中国的另外一个经验是，推动劳动密集的工业化，也就是我们在上世纪八九十年代推动的乡镇企业。这个对于非洲就很有意义。比如在埃塞俄比亚、卢旺达，推动劳动密集型工业化的工作，就很成功。

中国的经验到其他国家，有适用的，也有不适用的。产业政策是向中国学习的一个重要方面。这个问题国内这几年争议比较多，对于很多发展中国家来讲，产业政策对于它们还是有用的。很难想象，这些国家能通过它们自发的力量来推动现代化转型。

（2021年3月19日《经济观察报》）

乡村振兴，靠什么来吸引人才？

随着我国脱贫攻坚战取得全面胜利，乡村振兴成为今后"三农"工作的重中之重。脱贫攻坚如何有效衔接乡村振兴？乡村振兴靠谁来推动？如何防止贫困反弹？新华网思客就此采访了中国农业大学文科资深讲席教授李小云。

新华网：脱贫任务完成后，防止规模性返贫是各界关心的重要问题，如何进一步提升脱贫地区的内生动力和自我发展能力？

李小云：脱贫任务完成以后，防止规模性返贫需要解决两方面的问题：一是继续强化农村社会公共服务和社会保障体系。2020年突发新冠疫情，很多脱贫地区农业产业、乡村旅游等均受到很大程度影响，但由于实现了"两不愁三保障"，脱贫地区有了安全住房，在各种转移性收入的支持下，没有出现返贫。因此，防止规模性返贫的基础还是要强化以转移性收入为基础的社会保障。二是产业的稳定发展与提升改造。产业的稳定发展与提升改造在很大程度上取决于贫困人口在脱贫之后能否成为在市场中具有竞争力的"市场能动者"，这是防止规模性返贫和脱贫地区乡村振兴工作的中心。解决这个问题，不能单纯着眼于贫困人口本身，而应着眼于提供使贫困人口发挥能动作用的制度性因素，如市场性的服务、技术服务、农民的合作组织、农产品销售对接、保险等。我们不能把一个贫困人口变成"万能人"，社会化的服务是提升贫困人口自我发展能力的重要方面。

新华网：如何做好乡村振兴与巩固脱贫攻坚成果的有效衔接？特别是如何开展脱贫地区的乡村振兴工作？

李小云：脱贫地区的乡村振兴工作比发达地区和一般地区的挑战更大，核心挑战是如何巩固脱贫攻坚成果。脱贫地区做好脱贫攻坚与乡村振兴的有效衔接，关键在三个方面：一是基础设施建设的有效衔接。脱贫攻坚极大地缩小了贫困地区与其他地区在基础设施方面的差距，但是脱贫地区农村，特别是下沉到自然村，其基础设施仍然存在短板。因此，在这些地区要继续补齐基础设施的短板，并将重点放在污水处理方面。有些自然村庄还存在着安全饮水的缺陷，村内的公共照明、道路、公共卫生、垃圾处理，尤其是雨水收集和污水处理等存在巨大的短板。这是基础设施向乡村延伸的重中之重。二是社会公共服务依然是巩固脱贫攻坚成果，并与乡村振兴有效衔接的主要领域。"两不愁三保障"目标的实现，极大地缩小了贫困地区和其他地区农村公共服务的差距。应该说社会公共服务基础设施的差距已经基本消除，目前脱贫地区社会公共服务的短板是社会公共服务的质量，核心是学前教育、义务教育的质量不高，教师的素质有待提高等。义务教育向学前教育的延伸应成为巩固脱贫攻坚成果的新的工作领域,因为一旦忽视贫困的再生产,就势必会影响到脱贫攻坚成果的长远巩固问题。三是脱贫地区产业发展的基础依然非常薄弱。脱贫攻坚极大地促进了脱贫地区产业的发展,形成大批符合当地特色的产业体系。但是,大部分的产业体系都是在政府推动下建立起来的,存在着与市场对接不紧密,有的甚至存在着脱离市场需求的现象。因此,脱贫地区乡村振兴工作的核心是将这些产业继续推向市场,建立起基于市场的产业发展体系。

新华网:不少农村空心化突出,实现乡村振兴目标的可靠力量是谁?如何推动乡村人才振兴?

李小云:快速工业化和城市化导致了不同程度的乡村衰落,从某种意义上讲,乡村的衰落也是工业化和城市化过程中带有普遍性的问题。乡村衰落的一个重要特点是乡村的空心化。随着人口增长率的下降和城镇化的继续推进,乡村的数量还会减少。乡村振兴并不是要阻止乡村数量的减少,而是要在城市化、工业化的过程中根据人口、经济社会的变化规律,阻止乡村的过度衰落。尽管乡村的数量在减少,但仍然会有大量的乡村继续存在下去,对这些乡村而言,我们需要让它们振兴起来,形成新型城乡融合型的经济社会体系。

实现城乡融合发展需要新型的人才,我们不可能依靠留在乡村的老人来振兴乡村,也不可能依靠短期到乡村的志愿者,而是需要能把资本、知识、管理和各种信息带到乡村,并能扎根乡村的新一代"乡村人才",这是未来乡村振兴的中坚力量。

因此,乡村振兴的关键是人才。但乡村振兴不可能简单地把这些人才号召到乡村。使人才回到乡村、振兴乡村需要解决以下几个问题:一是乡村的基础设施要有利于吸引人才回村。二是乡村的社会公共服务,如医疗、教育、金融服务、市场服务设施等都是人才发挥作用的基础。三是乡村吸引人才的条件。在过去几十年的经济发展中,我们有成熟的工业化、城市化吸引人才的政策,包括工资、税收、住房、医疗、户口等很多方面,但目前对于人才到乡村创业,缺乏系统的政策配套。这些综合性条件如果得不到有效改善,真正的人才不可能到乡村去,没有人才,乡村振兴就无从谈起。

新华网:社会主义现代化离不开农业农村现代化,它和城市现代化有什么区别?实现农业农村现代化重点在哪儿?

李小云:我们正在进入实现第二个百年奋斗目标的征程,这个目标是把中国建设成为社会主义现代化强国。社会主义现代化强国的核心是现代化。现代化同时包括了城市现代化和农村现代化两部分。现代化不可能是只有城市的现代化,而农村依然落后。实现农村的现代化,核心是农业现代化。农业现代化主要是土地生产率和劳动生产率的大幅提升。而土地生产率和劳动生产率的大幅提升又与工业和城市的现代化程度紧密联系。农村现代化还包括了农村功能的多元化,农村由单一的农业转向多功能。

农业农村现代化的核心是农民收入、乡村基础设施和公共服务与城市的差距基本消除,农村的资源生态保护功能大幅度提升,最终乡村由衰落走向乡村振兴。

(2021年8月6日新华网)

培养"乡村CEO",不再是天真浪漫的想法

自从2015年深入云南勐腊河边村开始扶贫实验以来,李小云教授就与云南的乡村结下了不解之缘。如今他大部分时间都待在云南,在昆明、临沧、昭通、怒江、曲靖等地的十多个村子持续开展乡村振兴实验。

无论是在河边村建设"瑶族妈妈的客房",还是在宜良麦地冲村培养"乡村CEO",李小云的扶贫/乡村振兴实验多有

创新之举。这些创新举措为当地乡村的发展面貌带来了实实在在的改变，李小云也因此而成为国内公益和乡村振兴领域集理论研究与实践推动于一身的代表性人物，并于2021年被党中央、国务院授予"全国脱贫攻坚先进个人"的称号。

乡村振兴作为一项重大发展战略，其大幕才刚刚拉开，未来一定会有很多精彩的故事陆续上演，而在这个过程中，必然少不了对一些复杂性问题的研究，以及对各种具体挑战的创新应对。21世纪企业公民研究中心长期关注企业参与乡村振兴的议题，近期我们专访李小云教授，记录下他的思考和实践所得。我们希望这些来自于乡村振兴一线的洞察和认知沉淀，能够为企业如何更好地参与乡村振兴提供有益的启迪和借鉴。

21世纪企业公民研究中心：您在云南河边村的扶贫实验很受关注，这个实验已经开展快七年了，目前河边村的发展是否符合您当初的预期？

李小云：河边村的扶贫实验，其核心是要突破结构性的约束，把一个处于贫困中的群体拉出来。这个群体之所以深陷贫困，首先是因为他们不具备能够让他们在市场中竞争的最起码的资产，比如说他们连房子都没有，也没有钱在土地上投入，如果要摆脱贫困陷阱，那么首先就要补齐资产上的短板。

我们当时就把扶贫资源——给贫困户的住房资金支持——转化成能够让他们进入市场的资产。因此我们有了"瑶族妈妈的客房"，这里面还包括一些会议设施，这样就帮他们补齐了这个资产。

其次，贫困农户之所以贫困，是因为他们还缺乏人力资产，他们不具备进入市场竞争的能力，所以我们要对他们进行培训。而最重要的是，通过建立合作社，让他们形成一种集体性的组织能力，使集体能力和个体能力同时提升。这是当时我们在河边村扶贫的基本思路。

2016年，河边村户均年收入不到1万元，2020年和2021年经历了疫情，户均年收入维持在3.7万元—3.8万元之间，经受住了疫情的考验。我认为主要原因就是这两个资产发挥了作用，建立起了一个复合性的、有弹性的产业结构。

21世纪企业公民研究中心：对于您在河边村的扶贫实验项目，外界普遍认为是成功的。您和您的团队一手将这一项目做起来，这个过程中一定经历了很多事，遇到了不少困难，在您看来，这其中最大的困难是什么？

李小云：在这个过程之中，最困难的事情就是人力资本提升，这个问题直到现在也没有完全解决。

贫困群体摆脱贫困，需要和现代市场对接，即传统对接现代，这是我们的理念，也是河边村扶贫实验的核心。这其中最大的问题恰恰在于，一个传统落后的贫困群体，它往往依赖基于低水平物质供给的互助分享、互助生存的文化，这和市场经济所需要的基于个体的竞争性要求之间是有张力的。所以，传统对接现代的核心，就是要把原来基于低物质生产供给的集体主义共享的文化，与现代基于个体竞争的文化进行对接，难就难在这里。一直到现在为止，河边村始终存在合作社怎么有效运行的问题。

合作社需要按照现代市场经济规则来运行，而农民组建的合作社，事实上还是一种共同体文化的组织，其间的矛盾时隐时现。所以从这个角度来讲，不能说我们在河边村的扶贫实验就是一个成功的案例，只能说是一个还在探索中的案例。

这个案例告诉我们，脱贫和小农的现代化将是一个长期的过程，不可能在短短的几年内完成。要想巩固脱贫成果，就必须从根本上建立起脱贫的机制。不能说河边村已经建立了这个机制，我们是在探索如何建立这个机制。一个贫困群体，如果它的社会结构和社会价值体系不能够现代化，那它还是会返贫的。

河边村合作社的年轻人曾经都快干不下去了。合作社的任务是企业经营，而合作社里的农户都是他的亲戚朋友、家人。分配客房，分配客人，这是合作社要干的事，那你给谁不给谁就是一个问题，这可能引发的矛盾太多了。所以合作社解体过一次，现在是之后重组的新的合作社。

另外，到现在为止，河边村都没有完全形成能够自己进入市场的基础，还在很大程度上依靠我们，我把这叫作"现代化的断层"，主要体现在村民的技能、信息、知识结构等各个方面，远远不能满足市场竞争的需要，这是核心问题。

我们今天强调的脱贫攻坚与乡村振兴有效衔接，巩固脱贫攻坚的成果，我觉得这其中最大的问题，就是要缩小、弥合现代化的断层。不是说要给他们多少钱，让他们有多少产业，而是要帮助他们提升在市场中创造财富的能力。

21世纪企业公民研究中心：在您看来，河边村扶贫实验对河边村村民产生了什么样的影响？

李小云：最大的影响就是，彻底打开了一个非常封闭的少数民族群体的精神世界。

我2015年刚去的时候，河边村李支书跟我讲，这里的瑶族原本是处于一种热带雨林的游牧状态，上世纪80年代才开始逐渐定居下来。在2015年之前，除几个乡干部以外，这个村庄的人没有见过任何一个外来的人，更没有见过来自北京的人，非常封闭。我们的项目开始实施之后，去了大量的学生和老师，还举办了各种会议，有各种国内外的客人进入，这彻底打开了他们的精神世界。

一个最显著的变化就是个体化程度的提升，大家都开始个人忙活个人的事儿了，原来的那种相互帮助还存在，但越来越弱，共同体的特征越来越弱化，现代化、市场化对他们冲击很大。

这两年村子里考上大专的人数量在增加，初中、高中的入学率也提升了，都会讲普通话了；穿的也好了，很多家里都买汽车了；尤其是他们知道了教育的重要性，开始了解外面的世界。所以，最根本的变化就是河边村融入了现代市场经济的大潮里。

我觉得这个很难说是正面还是负面，就是这些事情都有了。河边村的卫生习惯也改变了，有领导来视察，不需要再通知村民提前打扫卫生，就已经打扫得很干净了，因为他们有了自觉性。我觉得河边村人的变化非常大，我们影响的是他们的精神世界，这个世界打开了。

21世纪企业公民研究中心：对于河边村的未来发展，您有什么样的期许？您的项目团队未来还会为河边村做些什么？

李小云：我们的团队2019年以后就撤出来了，河边村扶贫实验作为一个项目已经结束了，我们不可能永远在那里做项目。现在河边村进入到一个自我发展的阶段，我们以后在河边村不会再做大量的工作，它也不需要了，它要按照自身的规律去发展。如果它失败那就失败了，如果它成功那就成功了。

河边村现在有困难，但它还是在运行之中。这两年疫情严重，对乡村游不利。但河边村不是只有客房，"瑶族妈妈的客房"只是其中的一个项目，它还有农业、种植业、蜂蜜加工等，疫情对客房的影响被其他这些业务弥补了。河边村有复合型的产业，有它自己的多元生计体系，我们从一开始做的就是复合型产业。

我觉得河边村的未来应该是，在参与市场经济的过程中逐渐发育出它自身共同体的基本秩序，形成基于共同体和自身文化的、能够与市场经济对接的特点。它要在适应外部市场竞争的条件下不断发育，这是不能嫁接的。我们一开始给它提供资产的支持，以及能力建设和技术的支持，它要慢慢消化这些东西，形成它自身发展所需要的技能。这要花很长的时间，需要一代人的努力。

21世纪企业公民研究中心：您在昆明市多个县区的六个乡村也发起了乡村振兴的项目，并且在尝试引入"乡村CEO"制度。这是一个创新的做法，为什么会有这样的想法？一个合格的"乡村CEO"要具备哪些素质？

李小云：河边村的实验让我们有一个很深的体会，就是贫困乡村的村民，即便把他们组织起来，他们也无法运营自己的资产，他们有一个巨大的管理能力的缺口。要把这些农民培养成能做管理的人，难度特别大。为什么呢？首先，村里上学上得好的能干的人都已经离开了，乡村可以说是"人才的荒漠"；其次，这些人都是成年人，不是小孩子，要改变他们很难。

没有管理能力，农民就难以有效运营自己的资产，也就难以从中获得足够的收益。所以，我觉得要为他们填补管理能力的空白。那我就想：为什么不可以让这些农民自己做老板，雇用职业经理人呢？所以，当我2019年在昆明市的六个村开始乡村振兴实验时，便将培养"乡村CEO"作为一项重要内容。

培养"乡村CEO"就是培养一批农村的职业经理人，专门为农民合作社、农业企业服务。这个想法有点浪漫，因为这在某种程度上是一个逆城市化的思路。人才一定是流向城市的，除非是政府安排的第一书记。从个人意愿来讲，很少有人愿意去乡村做事。所以"乡村CEO"的想法本身有点天真，但如果我们现在不开始做这件事，那乡村就永远是一片人才的沙漠。

为什么我们今天又可以做这件事呢？这是因为，今天已经出现了乡村价值回归的趋势。周末大家不愿意待在城里而愿意去乡村游玩，乡村的价值在提升，不再只是一个种地的空间；乡村产业开始多元化，生态环境也在改善，已经具备一些吸引人才的条件。而农民也有自己的资源和经济价值，比如说在政策允许的情况下，他们闲置的土地和荒地，可以用来建亲子乐园、种植园等。在这样的情况之下，我们培养"乡村CEO"就不再是一个天真浪漫的想法，而是一个实际的需要。去年中国农业大学与腾讯合作发起了"乡村CEO"培养计划，就是想把这个想法往前推一把，真正付诸实践。

一个合格的"乡村CEO"，他首先要知道，他面对的是乡村社会共同体，这是一个复杂的乡村社会，他面对的是一个受教育程度不高、亲缘关系错综复杂的群体，当然他还要面对市场。我认为一个合格的"乡村CEO",他的能力绝对不会低于城市里某个公司的总经理,因为他要同时面对复杂的乡村社会和充满竞争的城市社会。

21世纪企业公民研究中心:您在昆明市六个乡村的项目与河边村有什么不同?现在的进展如何?

李小云:我们在昆明六个乡村的项目已经不是在做扶贫,我把它叫作都市驱动型乡村振兴实验。这几个村子地处昆明市郊区,过去多年的城市化进程对它们产生了很大的影响,导致这些村庄要么几近消失,要么衰落。那么,怎么能够把城市的动能引入乡村,转化为乡村振兴的动力呢?我们尝试通过建立与城市需求相关联的产业体系,将人才、资本"黏住",用城市的动能给乡村赋能,让城市的要素进入乡村,实现乡村振兴。我们希望城乡融合发展,而不是城市发展乡村消失。

与河边村不一样,我们希望将这几个村子的闲置资产盘活,之后发育出各种各样的业态。这是我们在昆明做的实验,我们已经做了两年半的实验,今年会进入总结阶段。

我们摸索到了一些基本的线索,其中的关键是要把握好四个关系:一是政府主导和以农民为主体的关系,二是社会资本与农民利益的关系,三是农民个体与村集体的关系,四是尊重农民愿望与推动农户现代化的关系。

21世纪企业公民研究中心:在这个实验的过程中,"乡村CEO"制度的运行是否顺利?

李小云:2021年农历腊月二十五,昆明市宜良县九乡乡麦地冲村村民自己入股组建的麦地彩居文化旅游发展有限公司召开了分红大会。入股的农民1股分到了500元,大致相当于年化利息20%。投资了10股的农民,半年的时间就分到了5000元。这个分红数额虽然并不多,而且只涉及入股公司的少数农户,但是意义很大,它表明农民能够成为自己资源收益的主要受益者。

在麦地冲村,我们找村里外出打工的年轻人,看有谁愿意回来创业。最后,有四名在外打工、有中专学历的年轻人加入到麦地冲村建设团队。他们全程参与了最初的建设工作，之后又参与了麦地彩居文化旅游发展有限公司的组建，并成为公司股东，同时他们也成为公司的"乡村CEO"。我们通过"送出去"和"请进来"的方式对这些年轻人进行培训，让他们掌握账务、客房和餐饮店管理等各种技能。

在疫情期间，这几位"乡村CEO"依然坚持工作，在半年时间内实现了将近30万元的收入。这次公司的分红也正是他们努力工作的成果。但是，即使他们在村里可以挣到很多钱，我也不能肯定这几个年轻人会一直坚守在麦地冲村。我能察觉到他们对大城市和现代化的那种向往。这其实恰恰是埋在我们每个人心里的对乡愁情结隐隐的纠结，也是建设乡村的现代化道路上必须面对的困境。

21世纪企业公民研究中心： 曾有人对您在云南的扶贫项目有过议论，他们认为您是在干预，而乡村发展应该是一个自然的过程，对此您如何回应？

李小云： 我是做发展研究和实践的，同时我也研究社会学、人类学，对于发展干预可能产生的负面影响，我个人是非常敏感的，我具有一定的文化自觉性。

对于中国这样一个总体上是赶超型、学习型的现代化国家，其发展很难做到一个自然的过程。我们不是原发性现代化，所有的后发性现代化，前面都有别人走过的路，这是大前提。

所以，这个过程中就避免不了所谓的有计划的发展干预。这个发展干预是在提供机会，让他们具备一些条件之后，逐渐形成自己的共同体秩序，在这方面我不主张对农民进行所谓的教育。我在河边村很少开会，你不是要去改造他们，而是为他们提供一些条件，让他们在这个过程中自我改造、自我适应。因此，这样的一个过程，不是强制性的改造，这种干预是温和的。

（2022年4月15日《21财经》）

把城市的动能带到乡村

2022年7月,中国农业大学人文与发展学院教授李小云再次去云南的村子里调研,查看他所指导的乡村振兴创新实验项目的进展,昆明市的雁塔村、麦地冲村已经是周边小有名气的旅游村,临沧市萝卜山村的"农品市集"迎来首次营业,昭通市的大苗寨村、石水井村和范家坝村的核心试验区刚刚建成。

李小云给这些村庄设计了不同的发展路线,共同点是在乡村建立更现代化的产业,并且培养农民管理者,这样才能"把城市的动能带到乡村",让乡村在市场经济中更加受益。这套模式来源于他研究贫困问题30余年的经验。

1993年,32岁的李小云结束了在欧洲为期两年的发展研究学习,回到当时的北京农业大学中德综合农业发展中心,对接国际援华项目,他自称是发展的"捐客"。有一次在中央农业干部管理学院的培训班讲课时,一位干部邀请他去宁夏看看,帮忙做点工作。李小云去了父亲曾长期工作的盐池县,又去看了隔壁属于陕西省的定边县,那是他出生的地方。

李小云的姥姥住在定边县,爷爷奶奶本是甘肃人,20世纪60年代来投靠亲戚,也在定边的山沟安了家。李小云的童年在定边度过,他记得这里的风沙从开春一直刮到入夏,姥姥在县城的房子很简陋,土房矮小,进门就是土炕,屋里仅有一张桌子和几个小板凳,爷爷奶奶住在条件更差的窑洞里。20多年后,李小云回到爷爷奶奶住过的山沟,发现这里的景象依旧熟悉,贫困而落后。

他开始重新思考农村的贫困和发展问题,1994年引入农民作为主体的"参与式发展"概念,1998年通过中国农业大学向农业部和教育部申请建立中国第一个发展学本科专业，2002—2009年组织进行大规模农村发展状况调研，每年编辑出版《中国农村情况研究报告》，为中国发展过程中"三农"问题的解决提供参考。

2015年以后，李小云转变以往的调研模式，决定"沉入"村庄，做一场实验：一个深度贫困的村庄能否通过现代产业脱贫？

河边村是他选定的第一个村子。三年后，这个云南大山深处的瑶族村寨，从全村都是没窗户的破旧木房、土路纵横、举村负债的境况，变成一个环境优美、有着特色客房的旅游村落。之后，李小云在云南更多村庄进行改造，探索如何借助城市的力量带动乡村振兴。

与此同时，国内的乡村振兴经验也被李小云带去了非洲。比起发达国家，发展中国家之间有着更为相似的社会背景，能让中国经验在非洲落地生根。2011年起，他和团队在坦桑尼亚推广玉米密植增产技术，2021年又因地制宜地提出玉米套种大豆计划。2022年6月，在大豆收获的季节，他去项目村品尝了当地村民制作的豆浆。

贫困的根源是什么，现代与传统的伦理悖论如何解决，怎样让农民真正成为发展的主体，这些问题李小云还不能完全给出答案。但和贫困交手30余年，李小云的思考和实践能让我们更加了解乡村发展的过去和现在。以下是《南方人物周刊》与李小云的对话。

《南方人物周刊》：在《贫困的终结》一书中，你说自己开始接触贫困问题是因为1993年在德国访问了一个非政府组织，在此之前，你是如何看待贫困问题的？

李小云：我在20世纪90年代初出国学习之前，对贫困问题是不敏感的，可能在那个阶段国内在整体上都处于相对落后的状态。我从西北家乡到北京来读书，当然也感受到了很大的差距，但没有当时我们和西方国家的差距大。我到了德国学习后，才理解了中国为什么是一个发展中国家。无论基础设施还是社会公共服务，我们与德国的差距还是很大的。德国的乡村路都修得很好，学校和医疗设施也都很现代，而在国内，即便住在楼房里，房间的装修也都是很简单的，更不用说会想到把卫生间装修得很好了。

《南方人物周刊》：你第一个扶贫项目在北京延庆县展开，为什么选择了这个村子？采取了怎样的做法？当时国内外普遍的扶贫方式是怎样的？

李小云：我当时只想做一个"项目"。我对"项目"的概念印象很深，读研究生的时候，当时的北京农业大学（现中国农业大学）得到了一个中国－联邦德国支持的项目，我被任命为该项目的负责人。这个项目第一期投入800万德国马克，那个时候的800万德国马克相当于人民币4000多万元，在80年代是一个天文数字。所以我在德国的时候和我认识的发展组织的负责人商量，能不能在我回国以后也交给我们一个项目。回国后我请他来中国，一起在延庆考察、选择了一个村庄，这就是我做的第一个扶贫项目。

当然，我们国内的扶贫工作从20世纪80年代就开始了，90年代初的时候我在原国务院农村发展研究中心的同事何道峰，就和国外的基金会开始在中国做扶贫项目，他也同时参与世界银行在中国的扶贫项目。当时已经提出开发式扶贫，在特困地区进行基础设施建设，特别是涉及农业生产的基础设施建设，比如水利、农田基础建设等，但还没有形成类似脱贫攻坚那样的精准扶贫的策略。应该说，那个阶段是开发式扶贫的初级阶段，主要还是鼓励劳动力转移、外出打工等。

贫困是一个他者化的话语，我自己对贫困并不敏感，但是当时中国整体的不发达状态在发达国家和国际组织的眼中是一个贫困状态。在延庆做的第一个扶贫项目采用了最简单的方式，把现金交给乡政府，乡政府召开全村大会，公布优先给予支持的农户名单，然后把资金发放给这些农户。这些农户养羊，然后再繁殖小羊传给下一批农户，这样循环。

《南方人物周刊》：项目是随着资金用完而逐渐消失的吗？是繁殖小羊的做法并没有得到持续，还是养羊并没有改善他们的生活？

李小云：现在来看，那实际上是一个不可持续的项目。乡村社会里，通过这种物品的传递，会遇到很多具体的问题。比方说，你支持了一户养羊，确定了他家养殖、繁殖的小羊归属另外一户，但是如果农户养的羊因为疾病死掉了，就会出现由个体的不成功而导致的集体的失败，这样的管理成本非常高。当时，延庆人民生活还比较艰苦，养羊本身在发展第一批养殖户时非常有效益，他们的生活改善了很多。但三年之后，项目就消失了。

《南方人物周刊》：这段经历对你后来的扶贫工作有怎样的启发？

李小云：从延庆开始的扶贫项目是直接由农户参与，通过公开透明的方式展开的，同时也引入了政府的主导性。参与式扶贫是我在国外学习的概念，政府主导是中国的特色，这两个概念实际上对我以后的扶贫和乡村建设工作产生了重要的影响。

《南方人物周刊》：我国过去常见的扶贫方案有哪些？它们有高低之分或先后层级吗？如果有，你会怎样排序？

李小云：我觉得主要有两个方面：一是制度性方案，也就是说通过改造使穷人长期处于贫困的制度、社会关系和观念，通过教育、城市化，逐渐将穷人带入现代市场的轨道。第二个方案是技术方案，就是通过技术培训、通过发展生产给农民提供技能。

这两个方案没有高低之分，但是我觉得对于长期处于贫困状态的群体而言，制度性的减贫是基础性的。穷人的贫困不是因为他们个人的失败，而在很大程度上来源于现代化过程中不利于穷人的制度性的缺陷，很多技术性的扶贫之所以不能够成功，就是因为技术必须要在制度的基础上发挥作用。

我认为脱贫攻坚的全面胜利有一个非常重要的意义,即从制度层面建构一个有利于落后地区的人的经济和社会分配的制度体系,在某种程度上是一种制度的创新。

《南方人物周刊》:在《贫困的终结》里你将贫困的根源归结为现代性的断层,认为扶贫的元方案就是将现代性扩张到没有掌握现代性伦理的群体,我们应该怎么理解这一结论?

李小云:让乡村发展起来需要产业,而发展一个产业需要人才,就像阿里巴巴、腾讯这样的创新企业,核心是人才。乡村的资本是在不断流失,乡村的人才也在不断流失。我们逆着流失的趋势,到乡村来推动发展,遇到的问题就是资金的缺乏和人才的缺乏。

不论是乡村的产业、组织形态还是人才的结构,都不能够胜任现代市场经济的要求。比方说我在云南很多村庄的政府的主导下建设了村庄和新的业态,但是村民很难参与到这些新的业态中。面向市场的是基于契约的市场主体,而乡村社会都是由熟人组成的社会关系共同体,村民很难成为这些业态的工人。同时,留在乡村的人不具备经营新业态的现代管理技能。这归根到底还是一个现代性在乡村缺失的问题。

《南方人物周刊》:扶贫工作给河边村带来了哪些改变?假如没有外力的帮助,靠他们原有的生活方式能够逐步脱贫吗?

李小云:河边村的工作已经经历了七年,相比过去,农民都有了自己满意的住房,收入有了很大提升,精神面貌也有了很大改善。他们与外界的联系也越来越紧密。如果没有脱贫攻坚中政府提供的大量资源和社会公益组织提供的帮助来填补他们的资产不足,为他们开发出能够产生收入的新的业态,他们依靠原来的种甘蔗、在雨林里采集砂仁的生活方式,很难达到今天的程度。

《南方人物周刊》:帮助河边村走出贫困的难点是什么?

李小云:最核心的问题是把一个贫困的群体带到发展的列车上,它的难度是非常大的。河边村的脱贫并不意味着村民就此迈上了致富的道路,农民如何自己组织起来进入市场,正是河边村村民现在面临的重大挑战。

最近村里合作社的成员都不想干了,原因是他们觉得为村民服务也得不到足够的补偿,而村民好像也不太愿意提高总体收益中合作社分成的比例。一个原来相互帮助维系生存的乡村共同体受现代业态的冲击,而建立起新的适合市场的机制又很难发育。

《南方人物周刊》:现代化导致共同体社会的解体是一种必然吗?

李小云:乡村现代化的过程在某种程度上意味着传统生产方式和社会关系的紊乱,这是现代化不可避免的结果。农民更加原子化、个体化,更加趋向于市场,这也是乡村现代化不可避免的结果。所以我对河边村所出现的问题从一开始就具有高度敏感性,也让我的博士生对这一方面展开了研究。避免乡村共同体的消失,目标是能够逐渐发育出具有中国特色的、植根于地方文化价值的乡村伦理体系。这听起来有些浪漫,在理论上是一个地方现代性的问题。

《南方人物周刊》:2020年11月,我国832个国家级贫困县全部脱贫摘帽,完成全国脱贫攻坚目标任务。你说这是贫困人口在统计上的消失,而不意味着农村贫困的终结?

李小云:绝对贫困消除以后,贫困并不会消失。这是因为贫困永远都是一个相对的概念。随着生活水平的不断提升,贫困的标准也会发生变化,总有一部分人由于各种各样的原因达不到这样的标准。相对贫困更大程度上是不平等造成的,主要表现为收入的不平等和社会公共服务的不平等,这是我们今后很长一段时间内贫困问题的主要特征。乡村振兴和共同富裕的战略正是要瞄准不平等问题。我们设定了2020年年底实现全面建成小康社会,2035年基本实现社会主义现代化,2050年全面实现社会主义现代化的目标,这三个目标已经确定了实现共同富裕的路线图。

《南方人物周刊》:从脱贫攻坚衔接到乡村振兴,你这两年来的乡村实验重心有了哪些变化?

李小云：脱贫攻坚和乡村振兴是一个问题的两个面：脱贫攻坚解决乡村中部分群体的基本生活和社会公共服务问题，而乡村振兴则针对乡村发展的多个方面。这几年我一直在云南的乡村推动乡村产业的拓展，一旦乡村有更接近现代的产业，能够把城市的动能带到乡村，农民就会有一个稳定的、较高的收入。

《南方人物周刊》：目前选择了哪些村庄展开实验？设计了哪些不同的发展路径？

李小云：我正在云南展开的乡村实验有不同的类型。第一种类型是城市周边的乡村，这种类型的乡村在快速的工业化和城市化的影响下，村落景观逐渐消失。我们工作的重点是把城市动能带到乡村，通过盘活这些乡村的闲置资产，把古村落和古民居保护起来，让这样的乡村留下来。保护这样的乡村文化不能仅仅靠政府的投资，所以我们正在实验在这样的乡村发展和城市密切相连的新的业态。

第二种类型是处于山区的一些村庄。这几年，乡村的稀缺性越来越明显，很多山区的村庄，基础设施都有了很大改善，进村不再困难。这些乡村恰恰又都是乡村文化很浓厚、自然景观很好的村庄，有时候比城市周边的村庄更能够调动城市的动能。昆明宜良县麦地冲村就是一个山区村落，我们把村里的烤烟房、马圈以及闲置民房改造成特色民宿。村里的稻田修成彩色稻田，发展农旅融合的产业。暑假期间客房基本处于爆满的状态。

城市化和工业化的快速发展正在很大程度上改变乡村的经济社会学意义，乡村的价值在不断地提升，这样的价值就是我们推动乡村振兴的最重要的资源。

《南方人物周刊》：你一直鼓励让村里人成为乡村振兴的主体。

李小云：我们在云南乡村建设实验中最难的一个问题就是乡村建好了、业态搞好了之后，缺乏产业经营管理人员。虽然我们也招聘了一批"乡村CEO"，但说实话，这些年轻人还无法承担起经营乡村的重任。乡村职业经理人才的缺乏是推动以农民为主体的乡村建设的重要短板，就如同一个企业家搞了一个企业，却找不到各种管理人才一样。要确保这些资源产生的利益能够主要让村民、村集体受益，就需要有为乡村集体经济和农民的合作组织服务的经营管理人才。

《南方人物周刊》：过去的几十年里，我国城市化进程速度很快，许多村庄变成空心村或整体搬迁进城，乡村在未来还有发展空间吗？

李小云：城市化是现代化的一个必然趋势，随着新型城市化的不断推进，乡村的数量仍然会减少，空心化的现象也会不断凸显。但同时，我们需要调整以往城乡分割发展的格局。在工业化和城市化不断推进的情况下，通过某种程度的逆城市化来投资乡村，改造乡村，让乡村留下来。

《南方人物周刊》：前一段时间你的团队在坦桑尼亚开展的玉米套种大豆的项目受到当地好评，项目是依据什么设计的？给当地带来了怎样的改变？

李小云：我们在非洲已经从事了整整十年的乡村发展工作，与国内乡村发展工作相比，在内容上虽不一样，但实质是一样的。初期我们推动建立了在坦桑尼亚莫罗戈罗区的玉米密植增产技术示范点，我们希望农民首先能够提高产量，产生剩余。在这个基础上，2021年我们开始示范玉米间套种大豆，同时推广饮用豆浆，从而形成农业、畜牧业、人类营养健康这样一个综合性的系统。

这是我们基于当地的实际提出的方案。因为玉米是当地农民的主食，种植豆类也是当地的传统。当地并没有饮用豆浆的习惯，但玉米本身缺乏多种人体所必需的氨基酸，而大豆包含了这些氨基酸。此外，在非洲当地推广牛奶涉及经济问题，很难推广。所以我们推动这样的体系，既在非洲解决了农业问题，又推广了中国的农业经验。我们将这样的做法看作一个平行经验分享的做法。

《南方人物周刊》：从20世纪80年代末担任中德综合农业发展中心项目的中方副代表，到2011年以后与中国国际扶贫中心团队一起在坦桑尼亚展开援助工作，你经历了从受援国代表到援助国专家的身份转变,你觉得中西方在援助方式上存在哪些差异?

李小云:我在80年代末是以一个受援国代表的身份介入援助工作的。当时我们一直都是学习西方的先进管理经验,当然我自己也一再讲我们现在依然需要学习西方先进的管理经验和技术。随着中国经济的发展,我们不仅积累了物质的财富,同时也积累了新的发展经验,形成了相应的发展知识体系。我觉得中国和西方在援助方面最重要的差别在于,西方援助非洲更多地基于差异性经验,而中国更多地基于平行经验。

差异性经验主要是指发展的阶段不同,从而形成对社会制度、治理、技术等诸多方面的不同认识。因此,差异性经验复制、运用的时候就必然会出现不适应性。西方在非洲的援助,为了消除这种差异,发展出了一系列技术性框架,如社会经济评估、可行性评估、技术评价等。这些技术性框架帮助西方经验更加适用于当地实际。但是由于经验的差距太大,往往会造成很多援助的失败。

平行经验恰恰相反,主要是指所面对的问题和针对问题的解决方案都比较相近但不一定相同,从而在援助当地时容易产生适应性。简单举例而言,我们在坦桑尼亚推广玉米间套种大豆并推广豆浆加工,农户用自己的土办法创新了豆浆的制作方式,这就是一个典型的平行经验适用的案例。

《南方人物周刊》:完成脱贫攻坚的目标任务后,我国在国际援助的角色和影响上发生了什么变化?

李小云:中国应该成为国际发展中的一个重要力量,成为帮助发展中国家尤其是非洲国家的重要力量。中国在过去40年中如何实现经济发展、如何实现减贫的经验是很多非洲国家都想努力学到的。把经济发展和减贫经验作为中国对外援助的重要内容是最具有中国特色的援助内容,也是我们能够为发展中国家提供的最好的援助方案。

(2022年8月29日《南方人物周刊》)